高等院校电子商务专业系列教材

# 网络营销

主　编　陆宇海　邹艳芬
副主编　刘　凯　赵祎馨　万良良

微信扫码
查看更多资源

南京大学出版社

图书在版编目(CIP)数据

网络营销/陆宇海,邹艳芬主编.—南京:南京大学出版社,2020.3
ISBN 978-7-305-23116-2

Ⅰ.①网… Ⅱ.①陆…②邹… Ⅲ.①网络营销 Ⅳ.①F713.365.2

中国版本图书馆 CIP 数据核字(2020)第 049157 号

| | |
|---|---|
| 出版发行 | 南京大学出版社 |
| 社　　址 | 南京市汉口路 22 号　　邮　编 210093 |
| 出 版 人 | 金鑫荣 |

**书　名** 网络营销
**主　编** 陆宇海　邹艳芬
**责任编辑** 武　坦　　　　　　编辑热线　025-83592315
**助理编辑** 张亚男

| | |
|---|---|
| 照　排 | 南京开卷文化传媒有限公司 |
| 印　刷 | 南京人文印务有限公司 |
| 开　本 | 787×1 092　1/16　印张 16　字数 369 千 |
| 版　次 | 2020 年 3 月第 1 版　2020 年 3 月第 1 次印刷 |
| ISBN | 978-7-305-23116-2 |
| 定　价 | 47.00 元 |

网　　址：http://www.njupco.com
官方微博：http://weibo.com/njupco
官方微信：njuyuexue
销售咨询：(025)83594756

\* 版权所有,侵权必究
\* 凡购买南大版图书,如有印装质量问题,请与所购
　图书销售部门联系调换

# 前　言

本教材是一部高等院校本科电子商务类专业的通用教材,也适合于市场营销类专业,同时可以作为其他管理类专业参考书。

编者多年从事本科教学实践和研究,结合以前编写相关教材的经验,考虑到目前学生参加各类电子商务类学科竞赛的要求以及学生未来工作需求等,编写时,整体考虑了教材既要有一定的理论深度,同时又要结合网络营销的新机遇和新挑战,侧重于创新、创意实践。本书系统梳理了网络营销最新的发展概念和原理,整合了本学科建设和发展新信息、资料及相关成果,从案例导入入手,突出在互联网环境中从事有效网络营销活动所需要的知识与技能。

本教材主要内容包括以下十个章节:网络营销概述、网络营销战略、网络营销市场分析、网络市场调研、网络营销产品策略、网络营销价格策略、网络营销渠道策略、网络营销促销策略、基于营销的企业网站建设、网络营销方法演进。

本教材主要有以下几个特点:

第一,教材的内容选取和专业术语的表述,都是按照国内电子商务的营销实践规范来写的。案例也多以本土知名电子商务企业的营销实践为主,力求做到理论结合实际,让读者真正学习到具有中国特色的网络营销理论与实践方法。

第二,教材的实用性与可操作性,选材上尽量介绍企业中经常使用的已经成熟的网络营销方法,用案例来说明理论的应用策略,把实用性强、操作性佳的网络营销方法作为重点介绍对象,考虑到学生知识储备的需要,通过课后的思维拓展,适当介绍一些正在发展中的理论与方法。

第三,教材有配套的课外学习资源,为师生提供了专业教学平台,提供课程相关的PPT、慕课视频、课后练习等(https://mooc1-2.chaoxing.com/course/205531560.html),为读者提高学习兴趣,开阔眼界,提供帮助和辅导。

本书由陆宇海、邹艳芬主编并负责统稿。具体编写由邹艳芬、刘凯、赵祎馨完成。在资料的初步收集、整理和编写过程中,感谢江西财经大学工商管理学院研究生池城、江西财经大学统计学院研究生陆琳苗、江西财经大学工商管理学院研究生黄慧霞等给予的大力支持;在编写的过程中,还得到了江西财经大学现代经济管理学院诸多领导、专家和同行的帮助;江西聚恒电子商务有限公司万良良董事长提供了大量相关文献和案例的设计,本教材是充分吸收了众多专家学者的优秀成果。在此,谨向所有提供帮助的领导、老师和同学们致以深深的感谢!

  本教材在写作过程中参阅了国内外大量文献和网络上相关资料,在此向国内外给予支持与帮助的同行表示衷心的感谢。

  由于编者水平所限,书中难免有不当和疏漏之处,望广大读者批评、指正。

编 者

2020 年 2 月

# 目 录

## 第一章　网络营销概述 ... 001
案例导入 ... 001
1.1　网络营销的基本概念 ... 002
1.2　网络营销产生的基础与优势 ... 005
1.3　网络营销的理论基础 ... 008
1.4　网络营销的环境分析 ... 017
复习思考题 ... 022
思维拓展 ... 022

## 第二章　网络营销战略 ... 024
案例导入 ... 024
2.1　网络营销战略分析 ... 025
2.2　网络营销战略理论 ... 026
2.3　网络营销战略制定与实施 ... 034
复习思考题 ... 041
思维拓展 ... 041

## 第三章　网络营销市场分析 ... 045
案例导入 ... 045
3.1　网络消费市场 ... 046
3.2　网络营销市场细分 ... 050
3.3　网络消费者行为因素分析 ... 059
复习思考题 ... 069
思维拓展 ... 069

## 第四章　网络市场调研 ... 072
案例导入 ... 072

4.1　网络市场调研概述 ················································· 077
　　4.2　网络市场调研步骤 ················································· 082
　　4.3　网络市场调研设计 ················································· 088
　　4.4　网络数据分析 ······················································· 093
　　复习思考题 ································································ 097
　　思维拓展 ··································································· 097

第五章　网络营销产品策略 ················································ 102
　　案例导入 ··································································· 102
　　5.1　网络营销产品管理 ················································· 103
　　5.2　网络营销新产品开发策略 ········································ 107
　　5.3　网络营销品牌策略 ················································· 113
　　复习思考题 ································································ 119
　　思维拓展 ··································································· 119

第六章　网络营销价格策略 ················································ 122
　　案例导入 ··································································· 122
　　6.1　网络营销定价分析 ················································· 123
　　6.2　网络营销定价方法 ················································· 126
　　6.3　网络营销定价策略 ················································· 128
　　6.4　网络营销免费价格策略 ··········································· 133
　　复习思考题 ································································ 137
　　思维拓展 ··································································· 137

第七章　网络营销渠道策略 ················································ 140
　　案例导入 ··································································· 140
　　7.1　网络营销渠道设计与建设 ········································ 142
　　7.2　网络营销与物流配送 ·············································· 148
　　7.3　网络直销策略 ······················································· 156
　　复习思考题 ································································ 160
　　思维拓展 ··································································· 160

## 第八章 网络营销促销策略 ······ 166
  案例导入 ······ 166
  8.1 网络营销促销策略概述 ······ 167
  8.2 网络公共关系策略 ······ 171
  8.3 网络广告策略 ······ 178
  复习思考题 ······ 188
  思维拓展 ······ 188

## 第九章 基于营销的企业网站建设 ······ 195
  案例导入 ······ 195
  9.1 企业网站建设要素 ······ 198
  9.2 企业网站建设规划 ······ 202
  9.3 企业网站建设评价 ······ 210
  复习思考题 ······ 215
  思维拓展 ······ 215

## 第十章 网络营销方法演进 ······ 219
  案例导入 ······ 219
  10.1 搜索引擎营销 ······ 220
  10.2 电子邮件营销 ······ 222
  10.3 网络事件营销 ······ 228
  10.4 微博、博客营销 ······ 231
  10.5 网络社区营销 ······ 234
  复习思考题 ······ 236
  思维拓展 ······ 237

**参考文献** ······ 247

# 第一章
# 网络营销概述

> **案例导入**
>
> **网上赚钱网下赔钱的生意**
>
> 一位43岁的美国妇女为她姨妈向政府申请了一个免费的轮椅,她所做的就是准备一些必要的文件和填写一些表格。为此,她写了一篇如何向政府申请免费轮椅的报告。
>
> 申请成功之后,她在网上以每份2美元的价格出售她的报告,后来她每月可赚3万美元。简直难以置信,如此简单的事会有市场,会有如此的潜在利益!随后她又在报纸、杂志上刊登广告,然而这次她在赔钱。很奇怪,这份报告只能在网上赚钱。
>
> 如果你反过来看这一现象,在许多情况下,通常的市场中(直接销售、通过报纸、杂志、电视等)并没有取得成功的产品,也许在网上能赚钱。虽然这是一个非常古怪的例子(从一个简单的报告中每月赚3万美元),但这确实发生了。你可能在联想……也许下一个简单、奇怪的例子又会在网上产生。
>
> (资料来源:www.Elysian.Corn.en.)
>
> **案例思考**:案例中的这位美国妇女的那份报告为什么在网上可以赚钱而在传统媒体上却赔钱?网络营销有什么特点?

网络营销是伴随网络市场而诞生的带有很强的实践性的课程。就其本质而言,网络营销仍然属于营销的范畴,是排除或减少障碍,引导商品或服务从生产者顺利转移到消费者的过程。从商品供求的角度来说,这个过程包括商品或服务从设计创新到销售和消费实现的全过程;从营销系统的角度来说,这个过程包括信息传递与沟通、商品与货币价值交换、产品运输与服务的全过程。在这个过程中,存在着种种时间或空间、意识或技术上的障碍。通过市场营销或网络营销的策略和手段,尽可能在一定程度上减少和排除这些障碍,实现企业的价值,树立企业的品牌形象。网络营销由于充分利用了网络手段与技术,相对传统的市场营销而言,从生产者到消费者的价值交换更便利、更充分、更有效率。例如,企业为了更好地了解市场需求,通过互联网展开充分的市场调查,分析产品的目标受众,设计开发满足顾客要求的产品,了解市场上同类产品的现状和竞争对手的情况,设计有效的经营和营销方案,并将产品信息有效地送达到必要的目标受众,以吸引消费者与使用者足够的注意力,促成和引导交易的实现。

## 1.1 网络营销的基本概念

网络营销的产生是科学技术的发展、消费者价值观的变革以及商业竞争等综合因素所促成的必然结果。随着市场竞争的日益激烈化,为了在竞争中占有优势,各企业都使出了浑身解数,想方设法地吸引顾客。

开展网络营销,可以节约大量昂贵的店面租金,减少库存商品资金占用,使经营规模不受场地的制约,便于采集客户信息等。这些都使得企业经营的成本和费用降低,运作周期变短,从根本上增强企业的竞争优势,增加盈利。

### 1.1.1 网络营销的界定

广义地说,凡是以网络作为主要手段,为达到一定的营销目标进行的营销活动,都可以称之为网络营销。目前,对网络营销的界定虽然很多,但其内容基本一致,主要如下:

(1) 网络营销是指利用互联网技术,最大限度满足客户需求,以达到开拓市场、增加盈利为目的的经营过程。

(2) 网络营销是企业整体营销战略的一个组成部分,是为实现企业总体经营目标所进行的,以互联网为基本手段,营造网上经营环境的各种活动。

(3) 网络营销是企业整体营销战略的一个组成部分,是建立在互联网基础之上,实现一定营销目标的一种营销手段。

(4) 网络营销是利用互联网技术提供的各种方便、高效的手段,按照现代营销理论中"一切以满足客户需求为中心"的宗旨,以较低的成本、较高的效率对企业经营过程中所涉及的相关商务活动进行管理,如市场调查、客户分析、产品开发、生产流程安排、销售策略决策、售后服务、客户反馈等,同时需要完善的电子支付、法律环境、配送系统作为底层支撑。

以上这些定义实际上都包括了四个主要方面的内容:

(1) 面对新的营销环境,应该充分利用新的营销手段。利用网络为基础的信息技术,包括网站建设、搜索引擎、E-mail、链接、数据库、数据挖掘、多媒体技术、虚拟现实技术、通信技术等,为企业和市场提供了以前无法想象和达到的获得信息和处理信息的技术能力。

(2) 无论网络营销还是传统营销,基本的营销目的和原理是相同的。网络营销是传统营销在互联网上的应用和扩充,是企业整体营销战略的一部分。网络营销就其实质是指利用互联网技术最大程度地满足客户的需求,达到开拓市场、增加盈利的一个经营过程。其目的仍然是千方百计地满足客户的需求和实现企业产品和服务的销售和盈利。

（3）网络营销要特别注意和研究这些网络技术和特性对交易的影响。网络营销是通过互联网进行信息交换的，它具有许多网络带来的新特点，如空间的虚拟性、全球性、时间的无限制性、沟通的互动性和廉价性等，可以实现无店面销售，实现 7/24 经营。

（4）网络营销是整合营销。网络营销不等同于网上销售，更不是简单地建立企业网站，或者利用网络做一个广告。网络营销是企业整体营销战略中的组成部分，涵盖企业网站、产品、顾客、服务商、合作伙伴、供应商、销售商等因素，与传统的营销共同形成一个营销体系。

### 1.1.2 网络营销的特点

网络营销和传统营销之间不存在相互取代的关系，其最终目的都是占有市场份额。但是，网络营销符合数字化潮流，是对营销方式的重组和创新。网络营销的特点表现在以下几个方面。

**1. 跨时空与交互性**

跨越时间和空间，没有传统营销模式上的时间性、地域性的限制，企业突破了营业场所大小、地域、距离、营业时间和国别的限制，可以用低廉的价格开展全球营销；消费者也突破了地域和距离的制约，拥有了更多的灵活性，更多的选择时间和空间。

互联网通过展示商品图像，商品信息资料库提供有关的查询等来实现供需互动与双向沟通，企业通过网络向顾客发布丰富生动的、即时的产品信息和相关资料，进行市场调查、产品设计调查、产品测试与消费者满意调查、售后服务等营销活动；同时，消费者还可以通过网站、搜索引擎、E-mail、社交 App 或其他软件工具，方便了解和比较所需信息，理智地选择，甚至提出自己对商品从设计到服务的要求。

**2. 富媒体与个性化**

可以传输多种信息（如文字、视频、图像、动画等）的载体，互联网被设计成可以传输多种媒体的信息，如文字、声音、图像等信息，使得为达成交易进行的信息交换以多种形式存在和交换，可以充分发挥营销人员的创造性和能动性。

在销售前，通过网络向消费者提供丰富的产品信息和便利的查询比较工具，以利于消费者做出购买决策；在销售中，提供个性化的购物环境和支付手段，以及各种个性化的奖励手段，并采取送货上门的方法；在制造中，可以小批量采购和生产，甚至可以按照每一个用户的订单制造；在购买后，提供随时与厂家联系的渠道，方便地得到及时的服务和技术支持。同时，可以利用网络的各种信息机制，为用户提供更为个性化的关怀和周到的服务。

**3. 经济性与高效性**

网络技术的应用为企业营销活动和消费者购买商品提供了降低成本的基础。企业利用网络既可以加强与主要供应商之间的协作联系，也可以很容易地将供应商的范围扩大至全球范围，将原材料与产品制造过程有机地结合起来，降低企业的库存和采购成本；同时，网络营销的直销性降低了传统营销迂回式、多层次流通的损耗和费用，因此，网络营销在市场调查、宣传促销、经营管理等方面也减少了费用,可以无店面销售,免交租金,节约水电与人工成本等。

网络营销是由网络通信技术和计算机技术作为技术支撑,可传送的信息数量与精确度、表现出来的商业智能化和个性化,远远超过现有的其他媒体和营销手段。网络海量的数据存储能力,快速准确的数据处理和传输能力,信息的可测量性和交互能力,以及现代银行电子支付技术的完善,使整个交易过程更加简单、高效。例如,当当和京东就是通过其高效能的表现,令所有的传统书店不得不纷纷上网竞争。

4. 超前性与整合性

互联网本身就是一种功能最强大的营销工具,它同时兼具渠道、促销、电子交易、顾客互动以及市场信息分析与提供的多种功能,具备"一对一"营销能力,符合定制营销与直复营销的未来趋势。随着互联网技术的日趋普及,越来越多的企业加入网络渠道、促销、电子交易、互动顾客服务,以及市场信息分析,使用者多属年轻、高教育水准的群体,这部分群体购买力强,具有很强的市场影响力,因此网络营销是一项极具前途的营销手段。

互联网上的营销可使商品由信息的收集、发布至收款、售后服务一气呵成,因此也是一种全程的营销渠道,具有整合的特点。企业可以借助互联网将不同的营销活动,进行统一设计规划和协调实施,如网上广告和电视(或广播)广告相结合,以统一的传播渠道向消费者传达信息,避免传播不一致性产生的消极影响,提高整体营销的效果,这就是目前营销最具前景的线上线下的整合。

### 1.1.3 网络营销的管理

1. 网络营销的组织管理

网络营销涉及企业整体规划,在网络营销环境下,独自作业的商业形式将转移成互相信赖的跨部门作业。因此,网络营销更加强调团队精神,以使客户期望与企业内部的运营速度能够赶得上商品交易速度。这便要求企业网络营销和运营管理具有全局性方针。

因为网络营销既涉及营销部门又涉及信息技术部门,所以企业必须明确地规定网络营销的负责部门,以免出现责权不明的现象。网络营销可以采取营销部门负责制,因为营销部门对整个企业的状况、产品、市场、企业的发展方向和目标等都比较了解和明确;由信息技术部门协助完成相关的企业网页设计等技术细节,因为该部门可能更注重技术细节,有时难免忽略营销的整体效果,结果反而可能适得其反,达不到预期目标。但是营销部门应和信息技术部门通力合作,对新的技术工具的优点、缺点、用途应有一个概括的了解,信息技术部门也应积极参与网络营销计划与开发的过程,保证能用最新的技术手段最好地实现营销目标。

另外,企业也可以专门设置一个管理部门来实现网络资源和企业其他部门的协调。这个管理部门称为 WIRE(Web/Internet Resource Executive),主要负责企业范围内关于电子商务的信息交流与协调;同时应紧密配合现有最高管理层的工作,它不具有任何计划的否决权，仅作为一个辅助性的机构存在，从企业整体的角度出发，向企业最高管理层提供专业的建议。企业如能较好地利用 WIRE 的协调职能，便能提高企业适应环境变化的能力；反之，企业则可能处于一个较为分散的状态，降低工作效率。

2. 网络营销的信息反馈管理

网络双向互动的特性决定了网络会收到大量的反馈信息，企业要专门对这些信息进行管理，至于由谁对这些信息进行管理则取决于企业的类型和网页的内容，有的企业可能由产品部门经理负责，有的可能是由顾客服务部门经理负责，有的企业可能两者都要负责。

反馈信息中有一部分内容是顾客提出的各类问题，对这些问题企业有关部门应尽可能快、尽可能详细地给予答复。对一些常见的问题可通过预先设置自动应答器立即给出预备的答复；对一些不能答复的问题，企业应回复提问者，告诉他已收到他的问题，并承诺他给出答复的时间限制——通常在 24 小时内。

3. 网络营销的人力资源规划管理

网络营销战略的实施，使得信息技术与业务之间的关系比过去的任何时间都要更加紧密。网络技术所需要的软、硬件的开发与维护仅仅是保障网络营销能够顺利进行的一个方面，而人员素质才是最具有弹性，并最终决定网络技术应用效果的因素。网络营销观念正在逐步成长的过程中，未来将发生许多巨大的变化。要想适应这些变化，弹性与适应力就应该成为组织及人力资源的发展方向，企业必须重视对员工的系统化培养与教育。在网络营销战略环境下，企业需要以下四种类型的人才：

（1）业务服务人才。最需要的是业务技能，不十分讲求有关信息技术的知识和经验，不过现在已很难找到与信息技术完全无关的业务职能。

（2）业务支持人才。已成为管理人才的主流，他们需要丰富的业务技能，并适当了解网络及其他信息技术，他们在进行本部门日常业务的同时，还负责与信息部门密切合作，以开发新的系统。

（3）技术支持人才。需要更丰富的技术技能，对于业务也要具有一定的知识。许多信息部门为了能够更好地满足业务部门的需求，纷纷设立新的"业务分析"职能，将业务部门视为客户，并派专人负责，这样，信息部门就成了为业务部门提供网络技术支持的部门。

（4）技术服务人才。对于大型电商企业而言，营销部门也需要大量的网络及软件专家，主要是完成网络系统在设计、实施和操作上的复杂工作，这些专家负责提供网络操作系统方面重要的技能，或者负责前端系统的开发。

这四类人才都将是企业所必不可缺的，尤其是中间的两部分通用型人才需要占据主要部分，这正是企业目前所缺少的，也是培养的重点。

## 1.2 网络营销产生的基础与优势

互联网是一个虚拟的世界，在这个世界中，有消费者、商家、产品和服务，形成了一个名副其实的虚拟市场,既然有市场的存在,就必然产生营销活动,网络营销的产生是科学技术的发展、消费者价值观的变革和商业竞争等综合因素所促成的。

### 1.2.1 网络营销产生的基础

**1. 网络营销产生的技术基础**

在信息时代,网络技术的应用改变了传统信息的分配和接收方式,改变了人们的生活、工作、学习、合作和交流的环境。传统的市场营销是为创造实现个人和组织的交易,而规划和实施创意、产品、服务构想、定价、促销和分销的过程,面对快速崛起的网络技术,企业必须充分利用网络新技术的"快车",促进企业飞速发展。网络营销是以互联网为媒体,以新的方式、方法和理念实施营销活动,能够更有效地促进个人和组织交易活动的实现。网络营销的效益是网络使用人数的平方,如果入网用户呈指数倍增加,网络的效益也随之以更大的指数倍增加,随着无线接入费用的下降、5G 的普及,新兴的网络市场具有更大的潜力。

**2. 网络营销产生的观念基础**

满足消费者的需求,是企业经营永恒的核心。利用网络这一科技制高点为消费者提供各种类型的服务,是取得未来竞争优势的重要途径。当市场经济发展到今天,物质产品无论在数量还是在品种上都已极大丰富。消费者能够以个人意愿为基础挑选和购买商品和服务,需求也具有多样性,消费者的选择不单是商品的使用价值,而且还包括其他的延伸,这些延伸及其组合可能各不相同,因此每一个消费者都可以成为一个细分市场。在社会分工日益细分化和专业化的趋向下,消费者对传统的"推式"营销普遍感到厌倦和不信任,会主动通过各种可能渠道获取与商品有关的信息进行比较,增加对产品的信任和争取心理上的满足感。同时,处于快节奏的工作压力和精神高度紧张下的消费者会以购物方便为目标,追求时间和劳动成本的尽量节约;一些自由职业者或家庭主妇还希望通过购物来消遣时间,寻找生活乐趣。虽然营销工作者倾向于以各种差别化来减弱消费者对价格的敏感度,避免恶性价格竞争,但价格始终是消费者心理的重要影响。这说明即使在当代发达的营销技术面前,价格仍然是消费者最为关注的,也是普通消费者消费观念形成的重要基础,只要降价幅度超过消费者的心理界限,消费者就难免会改变既定的购物原则,网络比价也成了消费者购物的理性选择。

**3. 网络营销产生的现实基础**

随着市场竞争的日益激烈化,为了在竞争中占有优势,企业都使出了浑身解数想方设法去吸引顾客,很难说还有什么新颖独特的方法能够出奇制胜。一些营销手段即使能在一段时间内吸引顾客,也不一定能使企业盈利增加,市场竞争已不再依靠表层营销手段的竞争,更深层次的经营组织变革已经开始,以便尽可能地降低商品从生产到销售的整个供应链上所占用成本和费用比例,提高运营管理效率。对于经营者求变的要求,网络营销是最便捷的方式,可以节约昂贵的店面租金,减少库存商品资金占用,使经营规模不受场地的制约,便于客户信息的采集,并通过大数据的分析寻找到消费者的偏好等。这些都可以使得企业经营的成本和费用降低,从根本上增强企业的竞争优势。

### 1.2.2 网络营销的优势

传统营销的精髓集中在 4P(产品、价格、渠道、促销)策略,而网络营销也有其营销组合。由于因特网本身的独特性,企业开展网络营销方式与传统营销方式差异很大,具有传统营销不可比的优势。

**1. 产品方面**

在网络营销中,消费者不能触摸到产品实体,所以网上的产品以提供信息为主要内容。网络利用计算机的声、像及多媒体等功能将产品的性能、特点、品质以及为用户提供的服务展示出来。传统营销只能对现有产品开展营销活动,由于成本和信息的原因,很难做到针对每个消费者提供个性产品或服务;网络营销可以通过开展网上交流、消费者的浏览偏好,了解消费者需求和市场趋势,寻求市场机会。通过在网上设立消费者意见专栏和自我设计区,征求消费者对产品的意见和建议,允许消费者在网上对自己订购产品的颜色、样式、配件等组合提出要求,为消费者实施"定制营销",从而最大限度地满足消费者的个性化需求,为消费者提供个性化服务。网络营销可以实现自动服务系统,可以根据产品销售的品种适时提供有关产品的服务信息,它不仅可以同时服务于所有上网用户,而且可以开展"一对一"的信息咨询服务,消费者可在网上得到某一类产品的全部信息,也可以参与到生产厂家的制造产品的过程中去。因此,网络营销既可以使消费者个人满足程度大大提高,又能使消费者在更大范围内选择需要的产品。

**2. 价格方面**

由于网络营销的费用大大低于传统营销费用,并且网上商品交易价格完全公开,某一企业的产品价格要受到同行业、同类产品价格的约束,因此,网上产品的价格具有传统营销不可比拟的价格优势。网络营销中价格策略的制定,应当充分考虑每个消费者的价值观,消费者购物基本属于理智型,价格是否合适取决于其价值理念。企业要充分掌握消费者购买信息,使买卖双方能够充分相互沟通。价格策略的制定主要做法如下:

(1) 提供价格查询。客观准确地提供同类产品或相关产品的不同厂商的价格目录,便于消费者了解行情及市场总体水平,为其做出理性判断提供必要信息。

(2) 开发自动调价和智能议价系统。自动调价系统可根据季节、市场供求、促销状况等调整价格水平;智能议价系统是给消费者提供一个在网上直接协商价格的环境,以满足其心理需要。

(3) 设立价格讨论区。对企业新上市的产品,可以通过该区了解消费者普遍接受的价格,为制定和调整价格策略提供参考。

**3. 渠道方面**

由于网络化本身就是渠道的最佳形式,它使整个交易过程都在"鼠标点击"过程中完成,真正实现消费者与厂商的直接沟通,方便消费者购买,同时信息反馈也更加及时。网络营销使生产企业可以直接面对消费者,将货物展现在他们面前,并回答有关产品的信息咨询,接受订单。对中间商的选择与传统的要求发生了一定的变化,特别是选择国外中间商不再是以代理商为主,而是负责送货的寄售或销售代理。渠道策略的制定主要做法如下:

(1) 设立产品展示区。对产品的图像进行电脑技术设计,通过立体形象的声、影、形、色等虚拟的产品橱窗展现在上网用户面前,并且根据各国文化、季节等需要,可以24小时为客户提供服务。

(2) 选择合适的销售代理。网络营销面对全球顾客,企业可以在各国建立相应的销售代理网点,以保证按时送货、销路畅通。

(3) 网络营销与银行结算联网,开发网络结算系统。将网上销售的结算与银行转账系统联网,使消费者能够轻松地在网上购物、网上结算。

4. 广告和促销方面

传统营销是单向的,同时企业成本也较高,作为消费者,无论是否需要这类产品的信息,甚至根本就没有购买意向时,各类广告也经常充斥在消费者的生活空间。而网络促销主要借助网络广告,企业可以根据消费者群体在互联网的浏览路径或者消费习惯,有针对性地将信息传输给消费者,使广告辐射到全球每个角落,并与消费者建立"一对一"的联系。广告和促销策略的制定主要做法如下:

(1) 网络广告促销。一类是规范的产品和企业信息发布;另一类是以趣味性、信息性、知识性的卡通片促销。

(2) 开展网络公关。宣传企业文化和经营理念,以增强消费者对企业及其产品的信心。

(3) 举行丰富多彩的网上联谊活动。吸引消费者经常参与,以加深对企业的印象,扩大企业的知名度。

## 1.3 网络营销的理论基础

由于网络营销手段的变化,使得传统营销理论需要进一步发展和完善,针对网络特性、消费者的需求和购买行为进行重新整合,形成具有网络特色的营销理论。网络营销理论基础主要包括整合营销、互动营销、病毒营销、关系营销等理论,这些理论对开展网络营销实践具有一定指导作用。

### 1.3.1 整合营销理论

整合营销是一种对各种营销工具和手段的系统化结合,根据环境进行即时性的动态修正,以使交换双方在交互中实现价值增值的营销理念与方法,是为了建立、维护和传播品牌,以及加强客户关系而对品牌进行计划、实施和监督的一系列营销工作。整合就是把各个独立的营销工作综合成一个整体,以产生协同效应,这些独立的营销工作包括广告、直接营销、销售促进、人员推销、包装、事件、赞助和客户服务等。

1. 整合营销的特征

在整合营销传播中,消费者处于核心地位,企业的核心工作是培养真正的"消费者价值"观,与那些最有价值的消费者保持长期的紧密联系。整合营销以各种传播媒介的整合运作手段进行传播,满足企业市场营销所提出的新要求,有利于配置企业资源,优化企业组合,提高企业经济效益,实现企业的持续发展,更好地满足消费者的需求;通过企业上下各层次的整合,以及从观念到行为的整合,有利于企业各种营销策略的整合。

概括而言,整合营销具有以下特征:

(1) 以整合为中心。以消费者为中心并把企业所有资源综合利用,实现企业的一体化营销。整合既包括企业营销过程、营销方式以及营销管理等方面的整合,也包括对企业内外的商流、物流及信息流的整合。

(2) 讲求系统化管理。整体配置企业所有资源,企业中各层次、各部门和各岗位,与总公司、子公司、产品供应商、经销商及相关合作伙伴协调行动,形成竞争优势。

(3) 强调协调与统一。企业营销活动的协调性,不仅仅是企业内部各环节、各部门的协调一致,而且也强调企业与外部环境协调一致,共同努力以实现整合营销。

2. 整合网络营销模式

建立在互联网基础上的整合营销,被称为整合网络营销。整合网络营销就是在深入研究互联网资源、熟悉网络营销方法的基础上,从企业的实际情况出发,根据不同网络营销产品的优缺利弊,整合多种网络营销方法,为企业提供网络营销解决方案。在网络营销中,消费者处于优势地位,或者说处于中心地位。因为在互联网环境下,网络上信息丰富的特征使顾客的选择余地变得很大,不仅参与的主动性增强,而且选择的主动性也得到加强。产品交易的实现关键在于消费者的选择,归根结底在于企业或产品是否满足消费者的需求,特别是个性化需求的满足。因此,企业必须树立新的营销观念,即在营销中充分考虑消费者的个性化需求、价值取向和接受程度,以及如何方便和引领消费者。以上这些因素,意味着传统强势营销影响力在减弱。网络营销应该把顾客整合到整个营销过程中来,从他们的需求出发,并将其贯穿整个营销过程,包括以下几个方面:

(1) 以顾客为中心。由于互联网具有很好的互动性和引导性,用户通过互联网在企业的引导下对产品或服务进行选择或提出具体要求,企业可以根据顾客的选择和要求及时进行生产并提供及时服务;企业的产品和服务必须给顾客带来价值和回报,否则企业的利润难以实现。因为顾客在有很多商品选择余地的情况下,不会选择对自己没有价值或价值很小的商品,企业应在此前提下寻找能实现企业利益最大化的营销决策,则可能同时达到利润最大化和满足顾客需求两个目标。

(2) 以顾客能接受的成本定价。传统的定价方式主要是以生产成本为基准来制定商品价格。但是,在网络环境下,企业与顾客的合作更为紧密,顾客的中心地位和选择权要求新型的价格制定方法,要求产品的价格水平是顾客能够接受的,并依据该成本来组织生产和销售。在互联网上，顾客可以提出可接受的价格，企业根据顾客的价格提供柔性的产品设计和生产方案供用户选择，直到顾客认同确认后再组织生产和销售。所有这一切都是顾客在公司服务器程序的导引下完成的，并不需要专门的服务人员，因此成本也极其低廉，并会产生双赢的效果。目前，美国的 Dell 公司允许顾客在互联网上通过公司的网页和网上软件系统，自己选择、设计和组装满足自己需要的电脑，并根据提示来调整价格水平。Dell 公司根据用户的要求生产电脑，并通过用户的价格反馈和市场情况，灵活地调整价格水平，满足客户要求。

（3）销售以方便顾客为主。网络营销是"一对一"的分销渠道，是跨时空进行销售的，顾客可以随时随地利用网络订货和购买产品，足不出户即可得到产品。互联网和现代物流体系形成了良好的直销渠道，如京东可以在一天之内将顾客所购商品送达顾客手中，并可以通过遍布全国的渠道方便地退货。

（4）便捷顾客沟通和联系。传统的促销是企业为主体，通过一定的媒体或工具对顾客进行强制式灌输，从而影响顾客对公司和产品的认知度和接受度，顾客是被动接受的，企业与顾客的沟通和联系是单向的，企业并不知道顾客到底需求什么，或者需要花很大的代价去与客户沟通，因此，公司的促销成本很高。互联网上的营销，顾客可以参与到公司的营销活动中去，因此更能加强公司与顾客的沟通和联系，更能了解顾客和需求，更易引起顾客的认同，其沟通方式的特点是双向的和低成本的。网络的即时交互为实现网络整合营销提供了物质基础。消费者个性消费是网络整合营销的内在动力，个性消费的复归促使企业需要和顾客对话，了解他们的个性需求，而企业必须把顾客整合到传统营销的过程中来。从以上分析可知，网络整合营销过程的起点是消费者的需求，最终实现的目标是满足消费者需求和企业利润最大化。

## 1.3.2 互动营销理论

### 1. 互动营销的特点

互动是互联网的核心本质，"互动"这一互联网的核心本质能够非常深入地发掘每个用户的潜能，把那些在传统媒体里"沉默的大多数"，鲜活地呈现在互联网上。在互动营销中，互动的双方一方是消费者，一方是企业。只有抓住共同利益点，找到巧妙的沟通时机和方法，才能将双方紧密地结合起来。互动营销尤其强调双方都应采取一种共同的行为。互动营销具有以下特点：

（1）互动性。互动营销强调的是商家和客户之间的互动。一般都是通过前期策划，然后针对某一话题，网络营销公司进行引导，网友参与，这是比较常规的互动。互动性是互动营销发展的关键，在企业营销推广的同时，更多信息应该融入目标受众感兴趣的内容之中。认真回复消费者的留言，用心感受消费者的思想，因此也更能唤起粉丝的情感认同。这就像是朋友之间的交流，时间久了自然会产生一种微妙的情感连接，而非利益连接。像官网、企业微博、微信公众平台等媒介营销，在自己掌握的信息渠道上传播自己的信息，从而获得外界对自己的关注及认可。

（2）舆论性。互动营销主要是通过网民之间的回帖活动，间接或直接对某个产品产生正面的或者负面的评价，其中意见领袖的作用也彰显重要地位。例如，《快乐大本营》的节目主持人杜海涛曾说过："我们微博转什么产品，什么产品就卖到脱销。"这正是说明了名人效应对消费者的影响力十分巨大，同时也表明在未来市场竞争日益激烈的情况下，舆论中的意见领袖对企业的品牌口碑作用依然不可小觑。

（3）关注性。互动营销主要就是吸引网民的眼球，如果一起互动营销事件不能吸引眼球，那么无疑这起互动营销事件是失败的。互联网本身就是眼球经济，如果没有网友的关注，就谈不上互动。要想获得更多的互动效果，不仅要考虑到眼球经济，更为重要的是定位要精准，吸引目标顾客对相关信息关注，一旦你的"粉丝"质量提高了，对于企业而言，更容易从其身上转化出商业价值。

（4）营销性。互动营销可以帮助企业向消费者传达企业的品牌或者促销的信息。互动营销可以有两种事件模式：一种形式是由于企业的公关事件或由此引发的话题得到了广大目标群体的共鸣，于是目标群体积极响应，甚至扩大宣传，和企业共同把公关事件造成轰动效应，这一形式是公关事件成功的主要方式。另一种是自己制造事件来引起消费者关注。网络营销把事件运作好，引起消费者的关注，无疑需要抓住网民内心的需求，也就是网民上网喜欢做的事情，或者他们对什么事情比较感兴趣。

**2. 互动营销的主要形式**

意见领袖在互动营销中起着关键的作用，他们往往具有新思想，对新鲜事物充满好奇，追求品质至上，并始终走在时尚前沿，这是意见领袖鲜明的特征。这些特征与互联网新媒体下的文化精神彼此印证、互为促进，尤其具有营销价值的是，除了单个用户与互联网之间的人机交流之外，消费者个体之间不再是信息孤岛，他们之间出现了比传统物理世界中都要便捷和高效的联络。在张扬个性之外，新互联网媒体上的消费者更看重他们之间的认同和组织，成为某个群体中的偶像、追求"达人"成为他们的目标。

在互联网世界中，越来越多的品牌出现，买方成为市场主导的时候，发掘、调动消费者的主动性成为市场领先的关键。从海量品牌中脱颖而出，唤醒消费者的消费意识，进而建立品牌的长期认知与美誉度，这些步步深入的工作，真正的出发点都是如何才能点燃消费者对品牌的情感，而互联网恰恰量体裁衣地为每一位消费者提供了表达和受尊重的机会与权利。

**3. 实施互动营销需要的基本要素**

（1）参与的隐私便捷性。互动营销是要访问者很方便地参与其中，而不是要经过复杂的过程才能参与其中，否则访问者参与互动的概率就会小了很多。人是有惰性的，如果参与互动比较复杂，就会点点鼠标离开，不会参与其中。比如申请试用产品、参与调查等，应该要便捷，申请表格简单明了、不涉及隐私等。例如，IBM 的网站在互动营销方面做得比较好，其互动营销便于访问者参与，需要填写表格也十分简单，大大方便了访问者的参与。

（2）访问的利益驱动性。比如网络调查，可以进行有奖调查、产品的免费试用。想要访问者参与互动营销,对访问者必须要有利益的驱动,对访问者如果没有产生一定的利益驱动,其参与的概率也会大为降低。

(3) 访问的用户体验性。互动营销更要注重其用户体验,如果其用户体验不好,是不可能成为企业的潜在客户或准客户,这就会与互动营销的目的相违。如果企业免费提供试用产品,那这个产品的用户体验要好,产品质量要过硬,并在使用过程中不断对其使用情况进行跟踪以及服务(虽然是免费,也一样要提供服务)。就好像 Google 的 Adwords 广告,如果 Adwords 用户体验不好,投放了关键词不产生效果,估计 80% 以上的广告主都不会续费再进行广告投放,可见,互动营销用户体验要好才可能获得成功。

随着网络营销的不断发展,互动营销也将会出现更多的创新方式,也将更深层次地渗透到企业的网络营销当中,互动营销也会有越来越多的企业来实施。但互动营销的三个基础要素一定要遵循,否则很有可能造成互动营销的失败。

### 1.3.3　病毒营销理论

病毒营销是指通过用户的口碑宣传网络,信息像病毒一样传播和扩散,利用快速复制的方式传向数以千计、数以百万计的受众。也就是说,通过提供有价值的产品或服务,"让大家告诉大家",通过别人为你宣传,实现"营销杠杆"的作用。病毒营销已经成为网络营销重要的手段,被越来越多的商家和网站成功利用。

病毒营销的核心在于找到营销的引爆点,如何找到既迎合目标用户口味又能正面宣传企业的话题是关键,而营销技巧的核心在于如何打动消费者,让企业的产品或品牌深入消费者心坎里去,让消费者认识品牌、了解品牌、信任品牌到最后的依赖品牌。病毒营销是网络营销方式中性价比最高的方式之一,深入挖掘产品卖点,制造适合网络传播的舆论话题。

#### 1. 病毒营销的特点

病毒营销主要是利用公众的积极性和人际网络,让营销信息快速地传播和扩散。病毒营销具有以下的特点:

(1) 低成本的病原体。病毒营销是低成本的,主要指它利用了目标消费者的参与热情,但渠道使用的推广成本是依然存在的,只不过目标消费者受商家的信息刺激自愿参与到后续的传播过程中,原本应由商家承担的广告成本转嫁到了目标消费者身上。因此,对于商家而言,病毒式营销是无成本的。目标消费者并不能从"为商家打工"中获利,他们愿意进行传播的原因在于,传播者传递给目标群的信息不是赤裸裸的广告信息,而是经过加工的、具有很大吸引力的产品和品牌信息,而正是这一披在广告信息外面的漂亮外衣,突破了消费者戒备心理的"防火墙",促使其完成从纯粹受众到积极传播者的变化。

如网络上盛极一时的"流氓兔"证明了"信息伪装"在病毒式营销中的重要性。韩国动画新秀金在仁为儿童教育节目设计了一个新的卡通兔,这只兔子相貌猥琐、行为龌龊、思想简单、诡计多端、爱耍流氓、只占便宜不吃亏,然而正是这个充满缺点、活该被欺负的弱者成了反偶像明星,它挑战已有的价值观念,反映了大众渴望摆脱现实、逃脱制度限制所付出的努力与遭受的挫折。流氓兔的 Flash 出现在各 BBS 论坛、Flash 站点和门户网站,私下里网民们还通过聊天工具、电子邮件进行传播。如今这个网络虚拟明星衍生出的商品已经达到 1 000 多种,成了病毒式营销的经典案例。

(2) 几何倍数的传播速度。大众媒体发布广告的营销方式是"一点对多点"的辐射状传播,实际上无法确定广告信息是否真正到达了目标受众;病毒式营销是自发的、扩张性的信息推广,它并非均衡地、同时地、无分别地传给社会上每一个人,而是通过类似于人际传播和群体传播的渠道,产品和品牌信息被消费者传递给那些与他们有着某种联系的个体。例如,目标受众接收到一则有趣的信息,他的第一反应或许就是将这则信息转发给好友、同事,无数个参与的"转发大军"就构成了成几何倍数传播的主力。

网络产品有自己独特的生命周期,一般都是来得快去得也快。病毒式营销的传播过程通常是呈 S 形曲线的,即在开始时很慢,当其扩大至受众的一半时速度加快,而接近最大饱和点时又慢下来。针对病毒式营销传播力的衰减,一定要在受众对信息产生免疫力之前,将传播力转化为购买力,方可达到最佳的销售效果。

(3) 高效率的接收。传统大众媒体投放广告有一些难以克服的缺陷,如信息干扰强烈、接收环境复杂、受众戒备抵触心理严重。以电视广告为例,同一时段的电视有各种各样的广告同时投放,其中不乏同类产品"撞车"现象,大大降低了受众的接受效率。而对于那些可爱的"病毒",是受众从熟悉的人那里获得或是主动搜索而来的,在接受过程中自然会有积极的心态;接收渠道也比较私人化,如手机短信、微信、QQ、电子邮件、封闭论坛等(存在几个人同时阅读的情况,这样反而扩大了传播效果),这就使得病毒式营销尽可能地克服了信息传播中的噪音影响,增强了传播的效果。

**2. 病毒营销的基本要素与策略**

美国著名的电子商务顾问 Ralph F. Wilson 博士将一个有效的病毒营销战略归纳为六项基本要素,一个病毒性营销战略不一定要包含所有要素,但是,包含的要素越多,营销效果就越好。

(1) 病毒营销的基本要素。提供有价值的产品或服务;提供无须努力地向他人传递信息的方式;信息传递范围很容易从小向很大规模扩散;利用公共的积极性和行为;利用现有的通信网络;利用别人的资源。

病毒营销的核心思想是让他人获利,同时宣传了自己,是典型的双赢模式。比较常用的方式有免费从企业网站下载打折券、免费邮箱、搞笑视频和动画、免费服务等。

(2) 开展病毒营销的策略。互联网中有一个强大的定律:免费模式。要是你能提供优秀的内容,如免费的电子书、免费的试用装、免费的网络服务等,那么用户就会帮你传播,转发给朋友,给用户利益,使得消费者无法抗拒。互联网是娱乐经济,是注意力经济,因此病毒营销的设置,应该具有娱乐精神,回顾一下火爆网络营销的江湖,从早期的芙蓉姐姐、贾君鹏等都具有娱乐的底色,同时又将"病毒"巧妙地掩藏起来,合理展示出来。

在开展"病毒"传播之时同样需要考虑,如何让用户简单就可以传播起来,简化营信息,让用户容易复制、传递、转帖、下载、邮件发送等,需要充分考虑用户在使用互联网的习惯和传播成本。如果病毒传播成本大于传播获得的乐趣,用户将不会去传播;反之,传播成本越低,获得病毒传播的机会就越大。

进行病毒营销传播也是需要寻找易感人群、传播的平台,针对设计的病毒,寻找容易感染、反馈、参与病毒营销的潜在易感者。比如,设计的病毒目标载体是时尚年轻人,那么需要事前进行病毒测试,感染性怎么样,是否容易使这些目标受众感染;寻找开展病毒营销的平台也很重要,年轻人喜欢在哪些互联网上聚集,就去这些平台上开展病毒营销。在设计病毒营销的时候,必须全程监控营销传播的效果和反应,面对用户的反应,适时地修改、调整。

3. 病毒营销的实施

病毒营销并不是随便可以做好的,需要遵照一定的步骤和流程。一般而言,成功实施病毒营销需要五个步骤:

(1) 病毒营销方案的整体规划和设计。

(2) 病毒营销需要独特的创意,病毒营销之所以吸引人,就在于其创新性。

(3) 对网络营销信息源和信息传播渠道进行合理的设计,以便利用有效的通信网络进行信息传播。

(4) 对病毒营销的原始信息在易于传播的小范围内进行发布和推广。

(5) 对病毒营销的效果进行跟踪和管理。

尽管病毒营销在实施过程中通常无须费用,但病毒营销方案设计是需要成本的。虽然病毒营销通常不需要为信息传递投入直接费用,但病毒营销方案不会自动产生,需要根据病毒营销的基本思想认真设计,在这个过程中必定是需要一定资源投入的,因此不能把病毒营销理解为完全不需要费用的网络营销,尤其在制订网站推广计划时,应充分考虑到这一点。此外,并不是所有的病毒营销方案都可以获得理想的效果,这也可以理解为病毒营销的隐性成本。

成功实施病毒营销五个步骤中的第四步就是关于对病毒营销信息源的发布和推广,因为病毒营销信息不会实现自动传播,需要借助于一定的外部资源和现有的通信环境来进行。这种推广可能并不需要直接费用,但需要合理选择和利用有效的网络营销资源,因此需要以拥有专业的网络营销知识为基础。在传播病毒时,应该选择那些人群集中、互动性强和传播迅速的平台,如微信、QQ、微博、论坛、邮箱等都是常用的渠道。

### 1.3.4 关系营销理论

1. 关系营销的概念与特征

所谓关系营销,是指把营销活动看成是一个企业与消费者、供应商、分销商、竞争者、政府机构及其他公众发生互动作用的过程,其核心是建立和发展与这些公众的良好关系。

1985年,巴巴拉·本德·杰克逊提出了关系营销的概念,使人们对市场营销理论的研究又迈上了一个新的台阶。关系营销理论一经提出,迅速风靡全球,杰克逊也因此成了美国营销界备受瞩目的人物。

关系营销的特征可以概括为以下几个方面:

(1) 双向沟通。在关系营销中,沟通应该是双向而非单向的。只有广泛的信息交流和信息共享,才可能使企业赢得各个利益相关者的支持与合作。

(2) 合作。一般而言,关系有两种基本状态,即对立和合作。只有通过合作才能实现协同,因此合作是双赢的基础。

(3) 双赢。即关系营销旨在通过合作增加关系各方的利益,而不是通过损害其中一方或多方的利益来增加其他各方的利益。

(4) 亲密。关系能否得到稳定和发展,情感因素也起着重要作用。因此,关系营销不只是实现物质利益的互惠,还必须让参与各方能从关系中获得情感的需求满足。

(5) 控制。关系营销要求建立专门的机构,用以跟踪顾客、分销商、供应商及营销系统中其他参与者的态度,了解关系的动态变化,及时采取措施消除关系中的不稳定因素和不利于关系各方利益共同增长的因素。

此外,通过有效的信息反馈,也有利于企业及时改进产品和服务,更好地满足市场的需求。

2. 关系营销的原则

关系营销的实质是在市场营销中与各关系方建立长期稳定的相互依存的营销关系,以求彼此协调发展。关系营销必须遵循以下原则:

(1) 主动沟通原则。在关系营销中,各关系方都应主动与其他关系方接触和联系,相互沟通信息、了解情况,形成制度或以合同形式定期或不定期碰头,相互交流各关系方需求变化情况,主动为关系方服务或为关系方解决困难和问题,增强伙伴合作关系。

(2) 承诺信任原则。在关系营销中各关系方相互之间都应做出一系列书面或口头承诺,并以自己的行为履行诺言,才能赢得关系方的信任。承诺的实质是一种自信的表现,履行承诺就是将誓言变成行动,是维护和尊重关系方利益的体现,也是获得关系方信任的关键,是公司与关系方保持融洽伙伴关系的基础。

(3) 互惠原则。在与关系方交往过程中必须做到相互满足关系方的经济利益,并通过在公平、公正、公开的条件下进行成熟、高质量的产品或价值交换,使关系方都能得到实惠。

3. 关系营销的基本要素

在关系营销中,发现顾客需求,满足需求并保证顾客满意,进而营造顾客忠诚,构成了关系营销的基本要素。

(1) 企业要分析顾客需求。顾客需求满足与否的衡量标准是顾客满意程度,满意的顾客会对企业带来有形的好处(如重复购买该企业产品)和无形价值(如宣传企业形象)。

(2) 顾客维系。市场竞争的实质是争夺顾客资源。维系原有顾客,减少顾客的流失,要比争取新顾客更为有效。维系顾客不仅仅需要维持顾客的满意程度,还必须分析顾客产生满意感的最根本原因,从而有针对性地采取措施来维系顾客。

4. 关系营销的形态

关系营销是在人与人之间的交往过程中实现的,而人与人之间的关系多种多样,错综复杂,归纳起来大体有以下几种形态:

(1) 亲缘关系营销形态。这是指依靠家庭血缘关系维系的市场营销,如父子、兄弟姐妹等亲缘为基础进行的营销活动。这种关系营销的各关系方盘根错节、根基深厚、关系稳定、时间长久、利益关系容易协调,但应用范围有一定的局限性。

(2) 地缘关系营销形态。这是指以公司营销人员所处地域空间为界维系的营销活动,如利用同省同县的老乡关系或同一地区企业关系进行的营销活动。这种关系营销在经济不发达,交通邮电落后,物流、商流、信息流不畅的地区作用较大。在我国社会主义初级阶段的市场经济发展中,这种关系网络营销形态仍具有一定的价值。

(3) 业缘关系营销形态。这是指以同一职业或同一行业之间的关系为基础进行的营销活动,如同事、同行、同学之间的关系,由于接受相同的文化熏陶,彼此具有相同的志趣,在感情上容易紧密结合为一个"整体",可以在较长时间内相互帮助,相互协作。

(4) 文化习俗关系营销形态。这是指公司及其人员之间具有共同的文化、信仰、风俗习俗为基础进行的营销活动。由于公司之间和人员之间有共同的理念、信仰和习惯,在营销活动的相互接触交往中易于心领神会,对产品或服务的品牌、包装、性能等有相似需求,容易建立长期的伙伴营销关系。

(5) 偶发性关系营销形态。这是指在特定的时间和空间条件下发生突然的机遇形成的一种关系营销,如营销人员在车上与同坐旅客闲谈中可能使某项产品成交。这种营销具有突发性、短暂性、不确定性特点,但这种偶发性机遇又会成为企业扩大市场占有率、开发新产品的契机。

5. 开展关系营销的具体措施

(1) 关系营销的组织设计。为了对内协调部门之间、员工之间的关系,对外向公众发布消息、处理意见等,通过有效的关系营销活动,使得企业目标能够顺利实现,企业必须根据正规性原则、适应性原则、针对性原则、整体性原则、协调性原则和效益性原则建立企业关系管理机构。该机构除协调内外部关系外,还将担负着收集信息资料、参与企业的决策预谋的责任。

(2) 关系营销的资源配置。面对网络时代的顾客、消费变革和外部竞争,企业的全体人员必须通过有效的资源配置和利用,同心协力地实现企业的经营目标。企业资源配置主要包括人力资源和信息资源。人力资源配置主要是通过部门间的人员转化,内部提升和跨业务单元的论坛和会议等进行。信息资源共享方式主要是利用电脑网络、制定政策或提供帮助削减信息超载、建立"知识库"或"回复网络"以及组建"虚拟小组"等网络资源。

关系营销是在传统营销的基础上,融合多个社会学科的思想而发展起来的,吸收了系统论、协同学、传播学等思想。关系营销学认为,对于一个现代企业来说,除了要处理好企业内部关系,还要与其他企业结成联盟。企业营销过程的核心是建立并发展与消费者、供应商、分销商、竞争者、政府机构及其他公众的良好关系。无论在哪一个市场上，关系都具有很重要的作用，甚至成为企业市场营销活动成败的关键。所以，关系营销日益受到企业的关注和重视。

## 1.4 网络营销的环境分析

网络营销环境按照不同的角度，可以有许多种划分，本书主要是从对企业营销活动影响因素的范围进行划分，包括宏观环境因素和微观环境因素。网络营销的宏观环境是由人口、自然、经济、技术、政治、法律等在内的企业不能控制的，并对企业营销活动产生间接影响的因素构成的。网络营销的微观环境是由企业自身、供应商、顾客、竞争者及社会公众等因素构成的。

### 1.4.1 宏观环境分析

**1. 人口环境**

任何市场都是由具有购买欲望与购买能力的人所组成的。网络营销活动的最终对象是产品的购买者，人口数量、地理分布、人口结构、家庭结构等构成了网络营销活动的人口因素，它影响市场规模及其结构，进而成为影响企业营销活动的重要因素。人口环境因素影响和制约着企业的目标市场选择与定位，企业应充分分析人口环境的发展和变化，适时调整营销策略，具体分析如下：

（1）人口数量。一个国家或地区的人口数量基本上可以反映出这一国家或地区消费市场的规模。我国一直被商业企业看作是全球商业必争之地，其中很重要的一个原因就是我国是人口大国，有巨大的消费潜力，虽然人口规模的大小与市场购买力水平的高低并无必然联系，但一个有着大量人口的发展中国家的市场潜在需求，相比于一个人口数量较少的发达国家的市场潜在需求要高得多。

（2）人口构成。包括自然构成和社会构成，前者指性别、年龄等；后者则包括收入、职业、教育等。由于不同地区人口构成存在着差异，必然产生不同的消费需求和消费方式。性别和年龄等差异对网络营销产生着重要影响，目前我国中青年女性是网络营销的主要购买力量。

（3）人口的地理分布。由于人们所处的地理位置、气候条件、文化习俗等不同，因而消费需求和购买行为也不同，主要反映在吃、穿、住、行等方面的差异性。研究人口的地域差别和变化，对网络营销有着重要的意义。

（4）家庭结构。现代家庭是社会基本组成单位，也是商品的主要采购单位，随着经济的发展和家庭观念的更新，家庭结构出现了新的变化，客观上有利于网络营销活动的开展。目前我国三口之家居多，如何针对三口之家开发设计具有特色的产品，是网络营销的一个有价值的课题。

2. 经济环境

经济因素是影响企业经营的最基本、最重要的因素,国家的经济发展水平直接决定着居民的购买力,因此对经济环境进行充分分析有利于网络营销活动的成功开展。

(1) 国民经济发展状况。一个国家或地区居民的购买力与他所处国家或地区的经济状况有着密切的关系,企业通过对国民经济发展所处阶段的研究,可以分析衡量一个国家或地区的经济实力。我国经济正处于一个平稳、快速的发展阶段,国家通过各种政策刺激消费、拉动内需,国家重点发展经济,不断提高人民群众的物质和文化需求,这就为网络营销创造了良好的经济环境。

(2) 居民个人收入。居民个人收入是一个与顾客消费水平密切相关的经济因素,决定着顾客的购买能力,企业通过对居民收入的研究分析,可以充分了解目标市场的规模、潜力、购买水平和消费支出的行为模式。在居民个人收入中,个人可支配收入与消费关系更为密切,一个居民的个人可支配收入越多,可用于消费的开支就越多。通过对个人可支配收入的调查研究可以以顾客可以接受的成本为出发点,为不同收入层次的顾客研发、设计产品。

(3) 消费者的支出结构。人们通常把家庭用于食物的支出占家庭收入的比例称为恩格尔系数(是衡量一个国家或地区、城市、家庭生活水平高低的重要标准),恩格尔系数越大表明越贫穷,因为这说明人们的家庭收入主要用来进行食物支出了。通过对恩格尔系数的分析,可以了解居民的消费支出,有利于企业了解目标市场的需求特点,把握市场进入机会,确定营销战略。

(4) 消费储蓄和信贷。消费者的储蓄包括银行存款和购买债券,储蓄来源于收入,最终目的还是为了消费。当消费者收入一定时,储蓄量越大,现实购买力越弱,潜在的购买力就越强,消费者不仅可以用其货币收入购买所需商品,而且还可以利用信贷购买商品,即消费信贷。人们利用消费信贷进行消费已经越来越普遍了,随着我国经济的发展和市场经济体制的进一步完善,消费者的信贷规模将不断扩大。

3. 政治法律环境

网络营销活动受到法律环境的规范和约束,它规定了国民经济的发展方向和发展规范。国家的方针政策总是随着经济形势的变化而变化,它对网络营销活动有直接的影响。网络营销活动中,要寻求国家方针政策给企业带来的市场机会,网络营销活动受到政治体制、经济体制、政府行为等多方面的影响。

随着互联网的不断发展,网络营销得到了快速发展,但是也存在着诸多的网络安全隐患问题。为了杜绝不正当的网络营销,降低安全隐患,我国电子商务法律体系正在不断完善,以此来解决顾客的后顾之忧。2013年12月7日,全国人大常委会正式启动了《中华人民共和国电子商务法》(以下简称《电子商务法》)的立法进程;2018年8月31日,十三届全国人大常委会第五次会议表决通过《电子商务法》,并于2019年1月1日起正式施行。

4. 自然与科技环境

自然环境处于不断的发展变化之中,人类对环境的影响越来越大,随着工业化进程的加快,污染日益严重,生态环境遭到破坏,对网络营销也产生着重要的影响。随着人民的环保意识的增强,与环境相关的产品越来越多地出现在互联网上。比如,由于人们对环境的担忧,致使许多人通过互联网进行海外采购,对本国的国民经济造成了一定的影响。因此,在互联网经济的发展中应注意对自然环境的保护,保持生态环境平衡,增强顾客对本国产品的信心。

科学技术直接影响到企业的产品开发、设计、销售和管理,决定了企业在国际市场上的竞争力。高科技成果,尤其是互联网技术给企业的经营带来了巨大影响,科学技术的发展为消费者创造了更多的娱乐消费工具,并使服务项目不断更新。随着各种新技术的广泛应用,市场营销的销售方式也发生了重大变化,网络营销越来越受到广大青年消费者和部分偏远地区人们的青睐,高科技使企业得以拥有自己庞大的营销网络,这种营销网络不仅是产品的销售,而且还包括将企业的新观念传达给世界各地的用户。

5. 社会文化环境

社会文化环境是企业面临的诸多环境因素中较为复杂、特殊的一种环境因素,它不像其他环境因素那样显而易见、易于理解,却又对企业的市场营销活动产生深远的影响。文化影响和支配着人们的生活方式、消费结构、主导需求以及消费方式。它可以分为文化和亚文化。社会文化环境是由一个国家和地区的民族特征、文化传统、价值观念、宗教信仰、风俗习惯等因素所组成的。

### 1.4.2 微观环境分析

1. 企业自身

任何一个企业的市场营销活动都不是某个部门的孤立行为,在网络营销管理中,应特别强调企业对环境具有能动性作用,企业不仅有适应环境必要,而且还要对周围的环境进行积极创造和控制。企业的内部机制情况直接影响着周围环境的作用效果,这也就是为什么在同样的外部环境下,有的企业获得了空前成功,而有的企业却遭遇失败。在网络营销快速发展的时代,不是仅有那些新诞生的新兴互联网企业走在了时代的前沿,同时也包括那些能够顺应时代的发展,力求全方位地满足顾客的多样化、个性化的需求,率先采取网络营销的传统企业,因此企业的网络营销意识尤为关键。

2. 供应商

在互联网经济中,供应商就是为企业的生产提供资源的机构和个人。企业在经营过程中总是需要各种资源,包括原材料、能源、资金、信息和劳动力等。供应商提供产品质量的好坏直接影响着企业的产品及服务质量。如果企业没有选择良好的供应商,生产质量将会下降,就不可能为市场提供质量优良的产品和服务。企业必须寻找适合本企业产品特质的供应商,并与其保持良好的关系,保持供货的稳定性与及时性,质量的一致性,这样本企业产品的质量才可以得到保证,顾客满意度才会提高。同时,企业应当注重培养和供应商的战略合作伙伴关系,只有这样双方的关系才能稳定而坚固,因此在选择供应商时一定要注意甄选。

### 3. 顾客

顾客在网络营销中扮演着重要的角色,是目标市场,是产品的购买者、使用者和信息的传播者,是营销的中心。企业只有抓住顾客的心,满足顾客的需要,才能在市场竞争中占有一席之地。顾客的数量和需求决定着企业营销决策的制定和服务能力的形成。在网络营销中,要更加关注顾客的需求,一切以顾客为中心,从顾客的利益出发,努力研发设计出能够满足顾客个性化需求的产品。

### 4. 竞争者

随着科学技术的不断发展和进步,同一产品、服务拥有一定数量的供应者,满足同一消费需求的企业不断增多,市场竞争日益激烈。在网络营销活动中,每个企业都充分利用网络资源开展各种营销活动,因此企业应致力于网络营销渠道的拓展,不断改进营销模式,不断创新网络营销方法,才使企业能够与竞争对手相抗衡。网络营销的竞争者主要包括愿望竞争者、一般竞争者、产品形式竞争者和品牌竞争者四种类型。愿望竞争者即购买者当前想要满足的各种愿望的提供者,不同愿望的企业存在着竞争关系。一般竞争者也叫平行竞争者,即指提供能够满足同一种需求的不同产品的竞争者。产品形式竞争者即指拥有同一类产品但形式不同的竞争者。品牌竞争者即能够满足购买者愿望的同类产品的各种品牌。通过对竞争者的了解我们可以看出,从愿望竞争者、一般竞争者、产品形式竞争者到品牌竞争者,竞争在不断加剧,而网络营销为企业提供了一个更加广阔的市场空间。

### 5. 社会公众

社会公众是指任何对企业实现其经营目标产生一定影响或有一定利害关系的社会群体。企业必须与周围的有关公众建立良好的关系,为企业的营销活动创造一个良好的环境,并努力通过公众的传播效应达到提高企业社会形象的目的。作为微观环境因素的公众环境,主要表现为以下几个方面:金融公众、媒介公众、政府公众、公众团体、地方公众、一般公众、企业内部公众等。金融公众是指那些为企业融通资金的企业或个人,主要包括银行、投资公司、证券交易所或个人等,帮助企业进行投资及提供信贷支持等。媒介公众是指各种新闻出版机构,如报社、杂志社、电台、电视台、门户网站等,它对企业的声誉有着广泛的影响。政府公众是指对企业的经营活动进行管理的部门,如发改委、税务、工商行政管理部门等,它们对企业的活动行使着监督权。公众团体是指由共同利益产生共同行动的群众组织,包括保护消费利益的组织、环境保护组织和少数民族组织等。地方公众是指企业附近的居民群众和地方官员等。一般公众,指不一定成为企业的顾客,但其舆论对企业网络营销有着潜在影响的个人。企业内部公众是指企业的全体员工,上至高管,下至普通员工,企业内部公众对企业网络营销活动的影响最为直接。

## 1.4.3 网络营销环境的协调

从企业网络营销活动的内容和形式来看,网络营销的开展就是营造网上经营环境的过程,也就是说,网络营销的开展需要企业内部环境与外部环境的相互作用和相互协调，因此，企业应正确认识和处理内部环境与外部环境的关系。内外环境相协调的核心思想包含两个方面的含义：一是对外部环境的适应和选择；二是对内部环境的创造和利用。

对于网络营销的外部环境，企业自己无法去改变它，因此，需要对各种网络营销外部环境因素有充分的了解，学习、适应并合理选择利用外部网络营销资源，尽可能达成与环境的协调，这样才能营造和谐的外部环境。例如，搜索引擎在网络营销中具有非常重要的作用，但一个企业不可能为了自己开展网络营销的需要而自己开发、经营一个搜索引擎，只能利用搜索引擎服务商所提供的服务来为自己的网站进行推广。为了获得最理想的效果，就必须研究各个搜索引擎的算法规则、对网站设计的一般要求、搜索广告投放技巧等。因为搜索引擎为企业提供了被用户发现的机会，但并非每个网站都能获得搜索引擎的收录并在搜索结果中位居前列而受到用户关注。合理利用这种机会也就是营造企业网络营销与外部环境相适应的过程。可见，企业与外部网络营销环境的协调性也反映了网络营销的专业程度。

网络营销的内部环境，则在很大程度上是企业自己可以掌握和控制的。对于各种可以影响网络营销效果的因素，企业都可以通过自己的努力得以改善，因此企业应该掌握网络营销的一般原理和方法，努力创造并充分利用有价值的网络营销资源，只有这样才能真正让网络营销发挥其应有的作用。例如，企业网站是开展网络营销的基础之一，尽管每个企业都有完全自主的权利建设自己的企业网站、发布自己的企业信息，但不同的企业网站在内容、功能和表现手段等方面有较大的差异，这种差异直接决定了企业的网络营销水平。对于实力相当、提供相同业务的竞争者来说，对内部网络营销资源应用状况的不同也在很大程度上影响了各自进一步扩大市场份额的能力。

### 1.4.4 网络营销环境的变化

网络环境下，企业的营销有了新的变化，也给企业营销提出新的要求，在新的形势下，企业应该采取新的应对策略。

1. 企业与消费者的关系

在传统经济条件下，企业虽然重视对消费者的研究，但这种研究的基础是抽样调查，企业难以全面了解每一个消费者的需求。绝大部分企业是在市场细分的模式下，实施所谓的目标市场营销，发展相应的市场营销组合。所以，企业根本不可能满足每一个消费者的欲望和利益。绝大部分消费者只能在企业已经生产出来的产品和服务中做出选择，这样的选择无论如何都不可能是一个主动过程。因而，传统经济并不支持消费者的主动地位，营销是"企业营销"，消费者只是作为企业的营销对象而存在。而在虚拟的网络空间，互联网的现代化信息技术构筑了直接的互动环境，借助互联网无时不在的高速信息通道，消费者能够面对全球范围内所有可能的潜在供应商，与之进行"一对一"的交互式信息沟通，消费者的意愿、利益和偏好真正成为企业营销活动的中心。在这种背景下，消费者的主动地位不仅得到确立，而且，他们已经介入了企业的营销实践中，消费者不再只是单纯意义上的顾客,而是作为营销活动的参与者,与企业一起,共同构成了市场营销的主体。既然网络背景下的市场营销已经成为企业与消费者共同执行的行为过程,那么,仍然将顾客视为外在环境因素的判断,在逻辑上就失去了合理的基础。

2. 企业间的相互关系

在网络背景下,企业是一种职能被虚拟化了的存在。虚拟企业只执行自己拥有优势的职能,而非优势职能则通过业务外包的形式,交由其他专门化的组织或机构执行,企业奉行的是外部整合职能的运作模式。供应链上的所有企业更像是一个紧密合作的整体,顾客价值最大化是它们唯一和共同的追求。被传统营销理论界定为微观环境力量的供应商、营销服务机构等,在一个更为广阔的空间,具有了相当程度的"内部"属性,它们与企业一起,共同构成营销活动的主体,而不纯粹是某种意义上的环境存在。

3. 企业与宏观环境力量之间的关系

菲利普·科特勒将政治权力作为营销组合因素来对待,实际上已经揭示了这样的一个事实,即企业与宏观环境的界限并不是恒定不变的,而这种非恒定状态,在网络空间被进一步放大,这在技术领域的表现尤为明显。互联网是一个标准化的体系,众多的技术标准是互联网赖以正常运行的必要保障。而标准的每一次发展和完善,都有企业的积极贡献,如微软的视窗系列,就是企业参与规则制定的典型。在专业化实施优势职能的前提下,许多企业都有参与的机会和可能。当某种技术或者模式为互联网所认可,成为虚拟世界共有的标准,我们将很难将其做可控与不可控的区分。

总之,互联网改变了企业与消费者、企业与企业的相互关系,使得传统经济中企业可控因素与不可控因素的边界趋于模糊。在这种背景下,运用可控因素以适应不可控因素的逻辑,已不再具备坚实的实践基础。只有突破这一局限,透过一个新的视角,才有可能寻找到适合虚拟企业的营销模式。应当承认,在互联网和网络营销环境下,仍然存在着大量影响营销活动和营销绩效的因素。这些因素虽然不易作可控或者不可控的区分,但它们都是客观的存在。值得注意的是,其中的某些因素,不仅对企业有着不容忽视的重大意义,同时也可以被企业加以充分的运用。

 **复习思考题**

1. 简述网络营销产生与发展的各种条件。
2. 网络营销的界定及其内容是什么?
3. 简述网络营销与电子商务的关系。
4. 互动营销的特点是什么?

 **思维拓展**

2019年3月5日下午,91岁的原云南红塔集团有限公司和玉溪红塔烟草(集团)有限责任公司董事长、褚橙创始人——褚时健去世。

褚橙并不是一夜爆红,而是经过了漫长的沉淀,然后借着互联网的风口,迅速发展,最终到达了一个平衡点。

那么,褚橙为何能够经久不衰,并利用自媒体,从无到有地成就了自己的品牌呢?

可以总结成:起伏的人生,自我 IP 运营。

比如:

(1) 云南烟王,被查下马。

(2) 75 岁再次创业,85 年的跌宕人生。

(3) 耕耘 10 载,结出 2 400 亩累累橙果。

……

这些标签及褚时健的人生经历,都让褚时健和褚橙成为当时互联网上的火爆一时的大 IP。

褚橙从街边无人问津的普通橙子通过互联网营销摇身一变成了直供中南海的"贡橙",这里面的营销之道是十分值得深究的。

首先,从产品本身出发。褚橙的生产地在哀牢山区,那里拥有独特的气候条件,使果品汁水饱满、味道佳,产品质量得以保证。产品质量的保证使得后续的电商和互联网相结合的营销运营模式得以成功。

接着,在《经济观察报》上刊登有关"褚时健与其褚橙"的励志传奇故事,利用传统媒介的影响力进一步推销褚橙。再者,通过微博——这种大数据媒体门户的转载将这种影响进一步扩大。在微博发出的 10 分钟后,万科集团执行总裁——王石先生就转发了微博,他还引用巴顿将军的一句话"一个人的高度不在于他走得多高,而是在于他低到谷底以后能反弹到多高"。王石的转发就像多米诺骨牌一样,他身边的一些商圈朋友都迅速做了一个转发,当时百度的搜索量一下子排在了第二位,也登上了微博热门话题榜,热搜量也在短时间内不断攀升。

接下来一周不到的时间里,第一车进京、数量为 20 吨的褚橙就被销售一空了。网站也从一日销售数量七十多单提高到五六百单,褚橙的网络营销一下子就成功了。

在进行褚橙的推广、营销之前,褚橙的整个包装团队进行了调查。第一,他们充分了解了褚橙这个产品的特性。第二,他们确定了在网络营销推广中主要面向的群体为 80 后、90 后,因为这类人群是网络市场的主要消费者。同时又选用了这类人群中具有代表性的意见领袖——韩寒和蒋方舟将褚橙本身所拥有的价值更加进一步地体现。

同时褚橙的成功也对生鲜电商带来了一定的启示。在进行产品包装、推广时要充分了解产品的特点,充分挖掘产品背后的故事。要在大数据时代确定明确的市场消费群体,以 80 后、90 后为主力军,充分扩大市场的份额占有率。网络市场营销是一场有明确目的的、有计划性的大数据推广的计谋,它的背后也需要流量人群、事件和热点的支撑。

(资料来源:https://new.qq.com/omn/20190306/20190306B1CX7K.html)

# 第二章
# 网络营销战略

## 案例导入

### 世界杯与银行的营销战略

2014年8月,四年一度的足球盛宴如约而至,银行也用自己的方式"玩"起了世界杯。

在本届世界杯期间,多家银行的营销不约而同跟风世界杯:建行在其"中国建设银行"微信公众号推出只要加微信,即可邀请好友一起来猜球,或登录建行官网"悦生活"平台办理一笔符合条件的缴费业务,即有机会赢取 iPhone 5、佳能微单、投资金条、善融商务电子券、手机话费等奖品;广发银行推出的活动则给客户带来更多"暴富"的机会,手机银行客户端、微信营业厅购买足球彩票的前500名客户,即可免费向他人赠送一注足球彩票;农行在世界杯揭幕战当天,推出"球迷网银专享"理财产品,预期年化收益率5.1%。

据统计,2013年,金融机构投放市场的各类理财产品发行规模达到44 492个,如此众多银行理财产品必须寻找出路。曾经"一本正经"的银行,悄然放下身段,开始走亲民路线。从这一层面上来说,银行理财产品搭车世界杯,是应该值得肯定的事,反映了银行产品对社会生活的反应度、贴紧度明显增强,得到了社会的广泛认同,也给银行自身带来不菲的经济效益和社会效益。

要真正做好银行理财产品及其他产品和服务,不但要有好的宣传"噱头",更要练好"内功":一方面,要积极迎合市场,通过与社会热点的有效契合,借势营销,达到宣传、营销效果的最大化;另一方面,要老老实实地做好产品服务,提升产品的品质,以更扎实的服务功底、流畅的业务渠道、良好的业绩支撑,把适合的产品推介给合适的客户,这才是明智之举、服务根本。绝不能急功近利,急于求成,甚至抱着忽悠的心态,以文字游戏、口头承诺来蒙骗客户,因为这样最终不但无法赢得客户,还可能引发投诉,造成一定的"舆情"风险。

银行营销策划搭车世界杯,要防止对待宣传工作的两种倾向。一种是对待宣传,用力过猛、用力不当的问题。据悉,为了这次世界杯活动,某家银行共准备6万多份礼品,现金价值150万元,应该说,放在全国范围内这点钱并不算多,但起到的宣传效果却比较明显。老实说,当下银行无不高度重视宣传工作,投入大量人力、物力和财力。

> 宣传工作要想达到事半功倍的效果,一定要研究产品特点、媒体特点、目标消费者群体及公众心理分析,有的放矢,并做好科学预测和后续评估工作。以此为基础,才能达到"四两拨千斤"的宣传效果。那种人云亦云、跟风盲目宣传甚至奢侈浪费的做法,其结果只能是花了很多冤枉钱,却难以达到预期的效果。另一种倾向是,对宣传活动蜻蜓点水、应付了事的现象。当前,金融创新可谓层出不穷,"酒香也怕巷子深",如果没有鲜明的、有特色的宣传,就无法得到社会广泛认可,就会形成被动、尴尬局面,甚至被市场所淘汰。
>
> (资料来源:和讯网.)

在网络经济的今天,利用互联网进行企业产品宣传和市场推广已成必然趋势,企业要想在激烈的竞争中生存,就必须制定并策划网络营销战略。它涉及公司的组织、文化和管理等各个方面,突破常规营销方法,创造出独特、新颖、有创意、具吸引力、持久的网络营销战略,只有这样,才能提高公司知名度及产品销量。

## 2.1 网络营销战略分析

商业管理界公认的"竞争战略之父",美国哈佛大学的迈克尔·波特教授强调网络对现代经营战略的重要性,其著名论断如下:关键的问题不是考虑是否利用网络技术,而是如何应用它,因为公司如果想保有竞争力的话就别无选择。

### 2.1.1 网络营销战略与企业战略的关系

企业战略是指企业为了适应未来环境的变化,寻找长期生存和稳定发展的途径,并为实现这一途径优化配置企业资源、制定总体性和长远性的谋划与方略。网络营销战略是企业战略的重要组成部分,是以市场需求为导向,在企业内外部环境分析的基础上,对企业网络营销的任务、目标以及实现目标的方案、重点和措施做出的总体的和长远的谋划。它是指导企业网络营销活动、合理分配企业网络营销资源的纲领性文件。

企业应该在充分分析外部环境和内部条件的基础上,选择和确定能实现企业目标的有效战略,并将战略付诸实施,对战略的实施过程进行控制和评价,以实现企业的网络营销战略目标。

### 2.1.2 网络营销的层次

网络营销不仅仅是一种新的技术手段,更是一种影响企业未来生存及发展的长远目标选择。按照企业对互联网作用的认识及应用能力，根据互联网在企业营销活动中的应用程度，网络营销的研究可归纳为三个层次：网络营销的职能体系；网络营销的信息传递原则；网络营销中的顾客价值。这三个层次形成了相互关联的网络营销层次，分别属于网络营销的战术、策略、战略层面，分别解释了网络营销的职能范围、网络营销的一般指导思想以及网络营销的最终价值。

网络营销职能体系：构成了网络营销体系的基础，是网络营销的战术层面，解释了企业为什么要开展网络营销；通过对这一层面的研究可以明确网络营销的范畴，对网络营销管理及效果评价具有指导意义。

网络营销信息传递：构成了网络营销体系的躯干，是网络营销的策略层面，是网络营销的核心工作，也是实现顾客价值的支撑体系，研究的是网络营销如何做才更有效，通过对网络信息传递的研究最终能将分散的网络营销方法归纳为一般规律和原则。

网络营销顾客价值：构成了网络营销体系的头部，是网络营销的战略层面，体现了网络营销的最终目标，这样才能使网络营销坚持正确的方向可持续地发展下去。

这三个层面形成了相互关联的网络营销研究层次，它们三者的层次关系被形象地称为"网络营销体系的人体结构模型"。

### 2.1.3　网络营销战略的重点

互联网使企业营销活动的视野扩大，并可重新界定市场的范围，缩短与消费者的距离，取代人力沟通与传统媒介的单向营销功能，改变市场竞争形态。企业网络营销战略的重点也相应体现在以下几个方面。

1. 顾客关系的再造

网络营销成功的关键是如何跨越地域、文化、时空差距，再造顾客关系，发掘网络顾客、吸引顾客、留住顾客，了解顾客的愿望，以及利用个人互动服务与顾客维持关系，即企业如何建立自己的顾客网络，如何巩固自己的顾客网络群体。

2. 定制化营销

定制化营销是指利用网络优势，"一对一"地向顾客提供独特化、个性化的产品或服务。网络环境下，巩固顾客、扩大网上销售的重要手段是通过定制化营销，提升顾客满意度。

3. 建立网络营销伙伴

网络营销争取顾客的关键在于如何适时地获取、分析、运用来自网上的信息，如何运用网络组成合作联盟，并以网络合作伙伴所形成的资源规模创造竞争优势，建立网络联盟或网上伙伴关系，以吸引更多的网络顾客。

## 2.2　网络营销战略理论

网络营销战略的制定应以企业战略管理理论为基础，以现代管理理论和方法为指导，与现代网络营销理论相结合，只有这样，网络营销战略的制定才能具有理论上的合理性，管理理念和策略上的先进性，方法措施上的可操作性。

### 2.2.1 企业战略管理理论

网络营销是对传统市场营销的继承和发展。因此，传统的企业战略管理理论依然是网络营销战略的理论基石。这就是20世纪70年代以来，企业战略管理界出现的三个学派，即竞争位势理论、资源基础理论和动力能力理论。它们从不同的角度阐明了企业的性质、企业竞争位势的取得、利润的来源和企业成长的因素等有关企业发展的重大问题，为现代企业的发展起到了重要的指导作用。

1. 竞争位势理论

1980年，以迈克尔·波特为代表的哈佛学派提出了竞争位势理论，并逐渐成为当时企业战略管理的主流。其理论核心是以企业竞争者、购买方、供应方、替代产品和潜在竞争者五种产业结构力量形成的竞争力量模型，也称为波特的"五种力量模型"。波特认为，企业制定战略与其所处的市场环境是高度相关的，并且最关键的因素是企业所在的产业。产业的吸引力和企业在市场中获取的位势是企业竞争优势的主要来源，为了保持这种优势，企业必须不断地进行战略性投入以构筑行业壁垒，保持优势位势。

尽管该理论不能挣脱新古典企业理论的束缚，在现实中显露出一些不足。但是，寻求提高竞争位势是其核心思想，可以借鉴这种战略思想，通过开展网络营销以求扩大企业影响、开拓市场、增强市场竞争能力。

2. 资源基础理论

迈克尔·波特的"五种力量模型"忽略了对企业内部的挖潜。因此，以 Barney 和 Rumelt 为代表的资源基础理论学派对此进行了猛烈的回应。资源基础理论学派形成了一个分析企业内部资源分配和使用的框架，即以"资源—战略—效益"的逻辑关系制定企业战略，该框架表达的中心思想是：企业竞争力的差异是由战略的差异，或者更进一步地说是由企业资源差异来解释的，是一个从资源到战略，再到竞争力的因果关系。而且 Barney 认为，对企业的竞争力而言，只有战略性资源是有用的，而战略性资源必备的特征是有价值、稀缺、不可完全模仿、不能完全替代。从性质上讲，战略性资源只能是异质的、不完全流动的。

资源基础理论由于过分强调企业内部而对企业外部重视不够，这是它的最大缺陷。但是，该理论将企业内部资源作为制订战略计划的基础，因此，可以借鉴这种思想，通过开展网络营销加强企业的内部管理，整合和优化企业内部资源，实现企业内部资源重组，以增强适应环境，开拓市场的内力。

3. 动力能力理论

1997年，Teece 为弥补资源基础理论的不足，提出了核心能力理论，即动力能力理论，该理论把企业的资源分为公共资源、专有资源、组织与管理能力、创新能力。

动力能力理论强调为适应不断变化的外部环境，企业必须不断取得、整合、再确认内外部的行政组织技术、资源和功能性能力。动力能力可以使企业在给定的路径依赖于市场位势的条件下，不断地获得新竞争优势。动力能力理论兼顾企业的内部和外部来考察企业战略问题，同时将一些新的资产（如制度资产、市场资产）也纳入研究的范围，企业不但可以利用动力能力理论准确地制定发展战略，发挥与维持企业的竞争优势，更重要的是该理论指出，企业可以通过学习获取和使用外部能力（市场中或其他企业的公共资源和部分战略资源），更好地保持企业竞争优势对市场环境的敏感性。

因此，动力能力理论为企业制定网络营销战略提供了较为完善的理论基础。

### 2.2.2 现代管理理论

网络营销既涉及合理地对企业内部资源的综合利用和管理，又涉及与外部客户和供应商的宣传、洽谈咨询、交易支付、物流配送、售后服务和客户关系等多个方面。因此，在制定网络营销战略时，应考虑以现代企业管理思想、理论为指导。

1. 供应链管理理论

供应链是指围绕核心企业，从配套零件开始，制成中间产品以及最终产品，最后由销售网络把产品送到消费者手中，将供应商、制造商、分销商直到最终用户连成一个整体的功能网链结构，供应链是一个动态的系统，随时间而不断地变化。

供应链管理是指在满足一定的客户服务水平的条件下，为了使整个供应链系统成本达到最小化，而把供应商、制造商、仓库、配送中心和渠道商等有效地组织在一起来进行产品制造、转运、分销及销售的管理方法。

供应链管理包含丰富的内涵：把产品在满足客户需求的过程中对成本有影响的各个成员单位都考虑在内，包括从原材料供应商、制造商到仓库，再经过配送中心到渠道商。供应链管理的目的在于追求整个供应链的整体效率和整个系统费用的有效性，总是力图使系统总成本降至最低。供应链管理是围绕把供应商、制造商、仓库、配送中心和渠道商有机结合为一体展开的，因此，它包括企业在许多层次上的活动，如战略层次、战术层次和作业层次等。

供应链管理具有如下特点：它是对互动界面的管理，是物流管理的更高级形态，是协商的机制，强调组织外部一体化，对共同价值有着更大的依赖性，是"外源"整合组织，是一个动态的响应系统。研究表明，有效的供应链管理总是能够使供应链上的企业获得并保持稳定、持久的竞争优势，进而提高供应链的整体竞争力。因此，在制定企业的电子商务网络营销战略时，应充分考虑和制定在供应链每个环节上的分战略及其战略优化。

2. 客户关系管理理论

客户关系管理（CRM）是指企业为提高核心竞争力，利用相应的信息技术以及互联网技术协调企业与顾客间在销售、营销和服务上的交互，从而提升其管理方式，向客户提供创新式的个性化的客户交互和服务的过程。其最终目标是吸引新客户、保留老客户以及将已有客户转为忠实客户，增加市场份额。

客户关系管理实施目标就是通过全面提升企业业务流程的管理来降低企业成本，通过提供更快速和周到的优质服务来吸引和保持更多的客户。作为一种新型管理机制，极大地改善了企业与客户之间的关系，实施于企业的市场营销、销售、服务与技术支持等与客户相关的领域。随着移动网络的发展，客户关系管理已经进入了移动时代，移动客户管理系统就是一个集移动技术、智能移动终端、VPN、身份认证、地理信息系统（GIS）、Web Service、商业智能等技术于一体的移动客户关系管理产品。随着5G的时代来临，它将原有的客户资源管理、销售管理、客户服务管理、日常事务管理等功能迁移到手机，既可以像一般的客户关系管理产品一样，在公司的局域网里进行操作，也可以在员工外出时，通过手机进行操作。这样客户不仅可以随时查看信息，而且也可以通过手机给公司内部人员下达工作指示，同时也可以使用平台所提供的所有功能。

客户关系管理通过满足客户个性化的需要、提高客户忠诚度，实现缩短销售周期，降低销售成本，增加收入，拓展市场，全面提升企业盈利能力和竞争能力。任何企业实施客户关系管理的初衷都是想为顾客创造更多的价值，即实现顾客与企业的双赢，这已经成为现代网络营销的一种重要方法和手段。

3. 企业资源计划理论

企业资源计划（ERP）理论概念是由美国Gartner公司于20世纪90年代初提出的，是信息时代的现代企业发展的更高层管理模式。它跳出了传统企业边界，从供应链范围去优化企业的资源，优化了现代企业的运行模式，反映了市场对企业合理调配资源的要求。它对于改善企业业务流程、提高企业核心竞争力具有显著作用。ERP管理思想不仅体现了供应链管理的思想，还吸纳了准时生产（JIT）、精益生产、并行工程和敏捷制造等先进管理思想。ERP既继承了MRP II管理模式的精华，又在资源管理范围、生产方式管理、管理功能、事务处理控制、财务管理、跨国（地区）经营事务处理等许多方面对MRP II进行了扩充。

所以，ERP是指通过利用建立在信息技术基础上，以系统化的管理思想，为企业决策层和员工提供决策运行手段的管理平台，对企业的各种资源，包括硬件资源（厂房、生产线、加工设备、检测设备和运输工具等）和软件资源（人力、管理、信誉、融资能力、组织结构和员工的劳动热情等），以及生产要素，进行合理调配，最大限度地发挥这些资源的作用，使企业的生产过程能及时、高质地完成客户的订单，并根据客户订单及生产状况做出调整资源的决策。

## 2.2.3 现代营销理论

1. 4P营销理论

4P营销策略自20世纪50年代末由麦卡锡提出以来，对市场营销理论和实践产生了深刻影响，被营销经理们奉为营销理论中的经典；而且，如何在4P理论指导下实现营销组合，实际上也是企业市场营销的基本运营方法。在策划营销活动时，都自觉或不自觉地从4P理论出发考虑问题。

2. 4C 营销理论

1990 年,美国学者罗伯特·劳特朋(Robert Lauterborn)教授在其《4P 退休 4C 登场》专文中提出了与传统营销的 4P 相对应的 4Cs 营销理论。4C 营销理论以消费者需求为导向,重新设定了市场营销组合的四个基本要素:瞄准消费者的需求和期望(Customer)。4C 分别代表:

(1) 欲望和需求(Customer's Wants and Needs)。零售企业直接面向消费者,因而更应该考虑消费者的需要和欲望,建立以顾客为中心的零售观念,将"以顾客为中心"作为一条红线,贯穿于市场营销活动的整个过程。零售企业应站在顾客的立场上,帮助顾客组织挑选商品货源;按照顾客的需要及购买行为的要求,组织商品销售;研究顾客的购买行为,更好地满足顾客的需要;更注重对顾客提供优质的服务。

(2) 满足欲望和需求的成本(Cost to Satisfy Wants and Needs)。顾客在购买某一商品时,除耗费一定的资金外,还要耗费一定的时间、精力和体力,这些构成了顾客的总成本。由于顾客在购买商品时总希望把有关成本(如货币、时间、精神和体力等)降到最低限度,以使自己得到最大限度的满足,因此,零售企业必须考虑顾客为满足需求而愿意支付的"顾客总成本",并努力降低顾客购买的总成本。

(3) 方便购买(Convenience to Buy)。最大限度地为消费者提供便利,是目前处于过度竞争状况的零售企业应该认真思考的问题。如上所述,零售企业在选择地理位置时,应考虑地区抉择、区域抉择、地点抉择等因素,尤其应考虑"消费者的易接近性"这一因素,使消费者容易到达商店。即使是远程的消费者,也能通过便利的交通接近商店。同时,在商店的设计和布局上要考虑方便消费者进出、上下,方便消费者参观、浏览、挑选,方便消费者付款结算等。

(4) 沟通(Communication)。零售企业为了创立竞争优势,必须不断地与消费者沟通,包括向消费者提供有关商店地点、商品、服务、价格等方面的信息,影响消费者的态度与偏好,说服消费者光顾商店、购买商品,在消费者的心目中树立良好的企业形象等。

3. 4R 营销理论

美国学者艾略特·艾登伯格(Elliott Ettenberg),2001 年在其《4R 营销》一书中提出 4R 营销理论。美国西北大学唐·舒尔茨(Don E. Schuhz)教授在 4C 营销理论的基础上提出了 4R 营销理论,阐述了一个全新的营销四要素。4R 营销理论主要内容是:

(1) 与顾客建立关联(Relevancy)。在竞争性市场中,顾客具有动态性,顾客忠诚度是变化的,他们会转移到其他企业。要提高顾客忠诚度,赢得长期而稳定的市场,重要的营销策略是通过某些有效的方式在业务、需求等方面与顾客建立关联,形成一种互助、互求、互需的关系,把顾客与企业联系在一起,这样就大大减少了顾客流失的可能性。特别是企业对企业的营销与消费市场营销完全不同,更需要靠关联、关系来维系。建立关联的方式很多,各类企业不尽相同。

(2) 提高市场的反应速度(Reaction)。在目前相互影响的市场中,对经营者来说,最现实的问题不在于如何控制、制订和实施计划,而在于如何站在顾客的角度及时地倾听顾客的希望、渴望和需求,并及时答复和迅速做出反应,满足顾客的需求。目前多数公司多倾向于说给顾客听,而不是听顾客说,反应迟钝,这是不利于市场发展的。面对迅速变化的市场,要满足顾客的需求,建立关联关系,企业必须建立快速反应机制,提高反应速度和回应力。在协调质量与服务关系的基础上建立快速反应机制,提高服务水平,能够对问题快速反应并予以迅速解决,这是一种企业和顾客双赢的做法。

(3) 关系营销越来越重要(Relationship)。在企业与客户的关系发生了本质变化的市场环境中,抢占市场的关键已转变为与顾客建立长期而稳固的关系,从交易变成责任,从顾客变成拥趸,从管理营销组合变成管理和顾客的互动关系。

(4) 回报是营销的源泉(Reward)。对企业来说,市场营销的真正价值在于它为企业带来短期或长期收入和利润的能力。一方面,追求回报是营销发展的动力;另一方面,回报是维持市场关系的必要条件。企业要满足客户需求,为客户提供价值,但不能做"仆人"。因此,营销目标必须注重产出,注重企业在营销活动中的回报,一切营销活动都必须以为顾客和股东创造价值为目的。

综上所述,4P 营销理论、4C 营销理论和 4R 营销理论三者之间的关系不是相互取代的关系,而是相互完善与发展的关系。由于企业层次不同,情况千差万别,无论是市场,还是企业面对的营销情境,都还处于动态发展之中,所以至少在一个时期内,4P 营销理论还是营销的一个基础框架,4C 营销理论也是很有价值的理论和思路,4R 营销理论不是取代 4P 营销理论和 4C 营销理论,而是在上述两种理论基础上的创新与发展,所以,不能把三种理论割裂开来,甚至对立起来。所以,在了解、学习和掌握彰显新世纪市场营销新发展的 4R 营销理论的同时,根据企业的实际,把三者结合起来指导网络营销实践,可能会取得更好的效果。

### 2.2.4 网络营销战略观念

网络营销的战略观念具体表现在 3 个方面,分别是软营销观念、网络整合营销观念和网络直复营销观念。

1. 软营销观念

网络营销之所以是一种"软营销",是因为它是相对于传统工业经济时代以大规模生产为主要特征的"强势营销"所提出的新观念。"软营销"强调企业在进行市场营销活动的时候,必须尊重消费者的感受和体验,让消费者自愿、主动地接受企业的营销活动。

在传统营销活动中,最能够体现"强势营销"特点的是传统广告和人员推销这两种促销手段。在传统广告中,消费者常常是被迫、被动地接收广告信息内容的"轮番轰炸",这些广告企图以一种"灌输"的方式在消费者心中留下深刻的印象,但是消费者是否愿意接受、是否真正需要则根本不予考虑;人员推销也是如此,推销人员根本没有事先得到推销对象的允许,而是主动地"敲"开顾客的门,强制进行推销活动。

互联网上的情况则不同。在网上,信息交流是自由、平等、开放和交互的,强调的是互相尊重和沟通,网络使用者比较注重个人体验和隐私保护,因此,企业采用传统的"强势营销"手段在互联网上展开营销活动时,会引起消费者的反感,结果反而会适得其反。

假如网络营销允许类似传统营销的强势广告，那么你每天打开 E-mail 信箱时，可能会发现一大堆垃圾广告；或者是你正在工作的时候，计算机屏幕上突然出现一个商业广告，毫无疑问，这会给你带来麻烦。网络的"双刃性"特点决定了在网上提供信息必须遵循一定的规则，这就是"网络礼仪"，是网上一切行为都必须遵守的规则，网络营销当然也不例外。

"软营销"和"强势营销"的一个根本区别就在于消费者是"软营销"的主动方，而"强势营销"的主动方是企业。个性化消费需求的回归使消费者在心理上要求自己成为主动方，而网络的互动特性又使得消费者有条件成为主动方。他们不欢迎不请自来的广告，而是会在个人需求的驱动下自己到网上寻找需要的相关信息和广告。网络软营销正好是从消费者的体验和需求出发，来吸引消费者关注企业，从而达到营销的效果。

### 2. 网络整合营销观念

网络的特征使得顾客在整个营销过程中的地位得到提高。网络互动的特性使顾客能够真正参与到整个营销过程中。顾客参与的主动性不仅增强了选择的主动性，也增强了企业与顾客之间的互动性，因为网上更丰富的信息使顾客的选择余地变得更大。因此，在满足个性化消费需求的驱动下，企业必须以消费者需求为出发点来执行现代市场营销，从他们的需求出发营销。不仅如此，在整个营销过程中，还要不断地与顾客交流、沟通；每个营销决策不能像传统营销理论那样主要从企业自身的角度出发，而要从消费者的角度出发。在这样的情况下，就需要进一步扩展传统的以 4P 理论为典型代表的营销管理方法。

在市场营销中，互联网将盈利与 4P 理论结合起来，即利用互联网将传统的 4P 营销组合更好地与以顾客为中心的 4C 理论相结合。以顾客为产品和服务的中心，企业与顾客之间的关系变得非常紧密；根据顾客能够接受的价格制定成本，以顾客为中心定价，测定市场中顾客的需求以及对价格认同的标准；以方便顾客为主进行产品分销，充分体现以顾客为核心的出发点和着力点；由压迫式促销转向加强与顾客的沟通和联系，强调"一对一"和交互式的沟通和联系，引起顾客的认同。

综上所述，企业从 4C 出发，寻找能够实现企业利益最大化的营销策略，同时达到利润最大化和满足顾客需求这两个目标。这正是网络营销的理论模式，即以消费者需求为营销起点，营销决策是在满足 4C 要求的前提下的企业利润最大化，最终实现的是消费者满足和企业利润最大化两个目标。

### 3. 网络直复营销观念

网络直复营销是由美国直复营销协会下的定义，是一种为了在任何地方产生可度量的反应或达成交易而使用一种或多种广告媒体的相互作用的市场营销体系。直复营销的"直"来自英文的"direct"，即直接的意思，是指不通过中间分销渠道而直接通过媒体连接企业和消费者，网店就是一种典型的方式，用户通过搜索引擎或网络广告直达企业网站选择商品、下单、结算；直复营销中的"复"来自英文中的"response"，即"回复"的意思，是指企业与顾客之间的交互，顾客对这种营销能够有一个明确的回复，企业可以统计到这种明确回复的数据，由此可以对以往的营销效果进行评价。网络为直复营销提供了一个非常好的环境,只有在网络中,才能很好地形成这种快速、无须中间环节的信息交互环境。

从直复营销的定义来看,网络营销所包含的这一系列活动完全符合直复营销的理念,并成为典型的直复营销活动。互联网作为一种交互式的可以双向沟通的渠道和媒体,为企业与客户之间架起了方便的双向互动的桥梁。通过互联网,顾客可以直接参与从产品设计、定价到订货、付款的生产与交易全过程;企业可以直接获得市场需求情况,开发产品,接收订单,安排生产并直接将产品送给顾客。网络营销作为一种有效的直复营销策略,源于网络营销活动的效果是可测试、可度量和可评价的。互联网信息处理高效率、低成本的特点,使企业可以及时了解消费者需求变化的情况,细分目标市场,提高营销活动效率。有了及时的营销效果评价,企业还可以及时改进以往的营销努力,从而获得更满意的营销执行结果。

所以,如果仅从网络销售来看,网络营销是一种典型的直复营销,它主要表现在以下几个方面:

(1) 直复营销特别强调企业与目标顾客之间的"双向信息交流"。为了克服传统市场营销中的"信息单向性"的致命弱点,直复营销作为一种相互作用的体系,特别强调"双向信息交流"。互联网作为开放、自由的双向式的信息沟通网络,企业与顾客之间可以实现"一对一"的信息交流和沟通,企业可以根据顾客的需求进行生产和营销决策,从而在最大限度满足顾客需求的同时,提高营销决策的效率和效用。

(2) 直复营销活动的关键是为每个目标顾客提供直接向营销人员反映的通道。企业可以凭借顾客反映找出缺点和不足,为下一次直复营销活动做好准备。互联网方便、快捷的特性使顾客可以通过互联网直接向企业提出建议和购买需求,也可以直接通过互联网获取售后服务。反过来,企业也可以从顾客的建议、需求和要求的服务中,找出企业的不足,按照顾客的需求,改进经营管理,从而减少营销费用。

(3) 直复营销活动强调在任何时间、任何地点都可以实现企业与顾客的"信息双向交流"。由于互联网具有全球性和持续性的特征,可以自动地全天候提供网上信息沟通,顾客可以根据自己的时间任意安排上网获取信息。因此,顾客可以在任何时间、任何地点直接向企业提出要求和反映问题,企业也可以利用互联网低成本地跨越空间和突破时间限制与顾客进行双向交流。

(4) 直复营销活动最重要的特性是其效果的可测定性。互联网作为最直接、简单的沟通工具,可以很方便地为企业与顾客的交易提供沟通支持和交易平台。通过数据库技术和网络控制技术,企业能够很方便地处理每一个顾客的订单和要求,而用不着管顾客的规模大小、购买量的多少,这是因为互联网的沟通费用和信息处理成本非常低。因此,通过互联网可以了解顾客需求,细分目标市场,提高营销效率和效用,并可以用最低成本最大限度地满足顾客的需求。

网络营销的上述特点决定了它是一种有效的直复营销。由于它可以及时评价营销效果,可以及时改进以往营销中的不足,从而能够获得更加令人满意的营销结果。

## 2.3 网络营销战略制定与实施

### 2.3.1 分析影响网络营销战略的因素

网络营销战略影响因素分为外部因素与内部因素两大类。其中,外部因素包括政治环境、经济环境、法律环境、文化风俗等,这些宏观的外部环境因素会影响企业所处行业的竞争程度,以及企业间协作的可能性,进而会影响企业网络营销战略的制定。因此,必须充分并合理运用这些外部因素,促进网络营销战略的高效制定以及成功实施。

影响网络营销战略的内部因素包括企业自身经营状况、行业中所处的地位、产品特性以及目标市场定位等,这些也构成了企业网络营销战略制定的约束条件。图2-1显示了网络营销战略的影响因素。

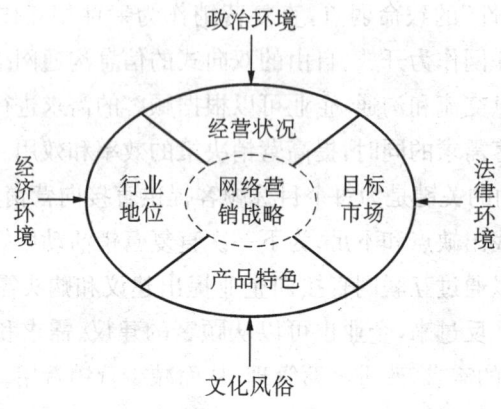

**图 2-1 网络营销战略影响因素**

阅读材料

### 可口可乐和 Sony 的网络营销战略

"可口可乐"是世界著名品牌,饮料份额约占据全球市场的50%。可口可乐产品单一,风味百年不变,广告铺天盖地,产品随处可觅。人们闭着眼睛也能想象出它的模样,回忆出它的滋味,难道可口可乐公司还要采取网络营销战略不成? 可口可乐用其实际行动告诉我们,答案是肯定的。

首先,可口可乐公司针对人们对其产品早已熟知的特点,拟定了"将可口可乐定义为具有文化内涵的品牌,而不仅是作为饮料来宣传"的营销策略。其次,在网站表现手法上,分不同年龄层次进行营销设计。

对于年轻人,出其不意,刻意追求光怪陆离的视觉效果,不惜在页面中使用俏皮话、涂鸦文体和变形文字,甚至是只注重意趣而不讲逻辑的页面链接来吸引年轻人;对于老年人,则缅怀旧事、抚慰沧桑,开设"二战"回眸栏目,讲述可口可乐与美军大兵们在欧洲大陆及太平洋上荣辱与共的铁血历程,激发老人们旧日的荣耀感,维系对品牌的忠诚度;对于中年人,主推快餐饮料,彰显社会中坚,在网页上设置了保龄、电子卡、有奖竞猜、文体和娱乐等五花八门的内容,让他们在片刻松弛后意犹未尽。通过以上种种策略,可口可乐营造出了一种热闹非凡、极具个性的网站形象。它并不期望访问者通过点击鼠标来购买产品,而是要让大家时刻惦记着有这样一个网站,并经常到这里来体验各种网上娱乐方式。

由此可见,可口可乐将快餐文化拓展到网上的意图十分明确。通过互联网的品牌渗透与扩张,利用 Web 网页、电子邮件、新闻组以及语音信箱等各种渠道,实现与消费者的相互交流和意见反馈,获得消费者对产品个性化消费欲望的信息,并不断加以满足。

### 2.3.2 确定网络营销的战略目标

网络营销目标与传统营销目标相同,即确定开展网络营销后达到的预期目的,以及制订相应的步骤,组织有关部门和人员参与。制订网络营销目标时,必须考虑到与企业的经营战略目标是否相一致,与企业的经营方针是否吻合,与现有的营销策略是否产生冲突。这就要求在制定目标时必须有企业战略决策层、策略管理层和业务操作层的相关人员参与讨论。一般网络营销应考虑以下几种类型的目标。

1. 销售型网络营销目标

销售型网络营销目标是指为企业拓宽网络销售,借助网上的交互性、直接性、实时性和全球性为顾客提供方便快捷的网上售点。目前许多传统的零售店都在网上设立销售点,如北京图书大厦的网上销售站点。

2. 服务型网络营销目标

服务型网络营销目标主要为顾客提供网上联机服务。顾客通过网上服务人员可以远距离进行咨询和售后服务。目前大部分信息技术型公司都建立了此类站点。

3. 品牌型网络营销目标

品牌型网络营销目标主要在网上建立企业的品牌形象,加强与顾客的直接联系和沟通,增加顾客的品牌忠诚度,配合企业现行营销目标的实现,并为企业的后续发展打下基础。目前大部分企业站点属于此类型。

4. 提升型网络营销目标

提升型网络营销目标主要通过网络营销替代传统营销手段,全面降低营销费用,提高营销效率,促进营销管理和提高企业竞争力。戴尔、海尔等站点属于此类型。

5. 混合型网络营销目标

混合型网络营销目标力图同时达到上面目标中的若干种。例如,亚马逊通过设立网上书店作为其主要销售业务站点,同时创立世界著名的网站品牌,并利用新型营销方式提升企业竞争力。它既是销售型,又是品牌型,同时还属于提升型。

### 2.3.3 制定网络营销战略方案

企业制定网络营销战略是为了在企业网络营销观念的指导下更有效地实现企业的总体目标。由于受所面临的经营问题、环境条件和企业自身的技术经济状况等条件的制约,不同的企业在实施网络营销时会采取不同的方式,制定行之有效的网络营销战略。制定企业网络营销战略可以遵循以下步骤。

1. 环境分析

环境分析是指对企业实施网络营销过程中各种环境因素进行充分的分析,认识环境因素对于网络营销活动和效果的影响,为制定有效的网络营销战略提供依据。

企业的网络营销环境由内部环境和外部环境两方面构成。内部环境主要指企业自身的条件,诸如生产技术水平、企业各种可控资源、企业营销能力等;外部环境主要指与企业网络营销有关的各种外部因素,主要包括国家的经济、政策环境,行业内外的竞争环境和消费群体的需求环境。通过分析内外部环境因素,企业可以认清所面临的各种机会和威胁,确定自身的优势和劣势,掌握营销过程中企业外部环境和内部条件的变化情况,以及这些变化对企业网络营销的影响作用,合理建设和挖掘内部环境资源,有效地适应、协调和利用各种外部环境资源。

2. 根据企业总体目标的需要,确定网络营销战略目标

制定网络营销战略,首先必须明确网络营销的目标。不同企业其网络营销目标不甚相同,如有些企业着眼于网络营销所产生的品牌效应,有的企业想通过设置网站进行网上销售等。目标的确定除了要符合企业经营的总体目标之外,还要考虑自身的环境特点和整体营销的需要。

3. 征求各部门意见

为了保证企业网络营销战略的顺利实施,在确定目标后,要征求各职能部门的意见和建议。一方面通过征求各方意见,可以了解企业中的各个部门对开展网络营销业务有哪些设想和建议;另一方面通过对营销目标和任务的讨论可以使各部门深入认识本部门的工作责任,有助于营销战略任务的分配和执行。

4. 确定网络营销战略方案

一个完整的网络营销战略实施方案包括战略的规划、执行、控制与反馈,这与传统营销战略管理流程是类似的。当然,市场调研为网络营销战略的制定提供了重要参考信息,因此,出于对完整性的考虑,也将市场调研纳入战略形成与实施的环节,并在后续的第四章进行详细论述。

制定企业的网络营销战略方案,必须根据企业自身的资源优势来决定如何选择及利用网络化手段合理地开展网络营销活动。而方案成功的关键就在于,企业是否真正理清了企业自身的资源优势,并将优势与网络化手段进行合理整合。值得一提的是,网

络营销战略的规划、制定、执行与控制等工作都是为实现企业的网络营销战略目标。因此,网络营销方案的确定必须要将企业战略目标贯穿于网络营销战略规划与制定的全过程。

### 2.3.4 网络营销战略的实施

1. 网络营销战略的规划

网络营销战略的规划与制定一般由营销部门主导,并且在企业战略决策层、策略管理层和业务操作层的相关人员参与下形成。在广泛听取各部门意见的基础上,网络营销规划要完成以下几个方面的工作:

(1) 网络营销部门的设立及人员培训。

企业采取网络营销战略后,相当于增加了一项业务内容,企业应成立专业的网络营销部门及人员来负责该工作,或者对原来营销部工作人员的工作进行细化,从中选定对网络营销业务负责的员工。另外,如果企业初次采取网络营销战略,还需要对负责网络营销的人员进行相应的培训,制定业务规范及标准,训练有素的员工是保障网络营销战略顺利实施的基础。

(2) 确定网络营销预算。

企业网络营销战略的实施需要相应的财务支持,主要包括人员培训费、网络系统建设及维护费、网络市场开拓费等。

(3) 分配网络营销任务。

分配网络营销任务分为两个层面:一是整个网络营销部门在规划期内要完成的任务,或者要实现的短期目标;二是网络营销部门内部各员工应负责的工作和任务,如技术支持人员要保证网络的畅通与安全,信息部门要及时地采集、处理和营销相关的信息,一线的营销人员要服务好网络客户等。通过选择合理的网络营销管理模式,明确本企业实施网络营销会带来的主要效益和费用,设定这些效益和费用的明确数量指标,才能保证营销目标的明确和可衡量性,才能明确界定网络营销部门的任务。

(4) 网络服务商的选择。

我国可供选择的网络服务商数量有限,选择网络服务商时关键应考虑网络的稳定性、速度及服务质量。

随着互联网络的发展,专门提供 Web 相关服务的网络服务商(ISP)业务范围不断拓展、日趋完善,并能够按照用户的需要调整公司的业务。企业选择网络服务商,既可以吸取当前其他客户的反映意见作为参考,也可以亲自访问服务商及其客户的主页,掌握服务商的业务质量和功能等第一手资料。选择网络服务商应主要考虑服务商的站点特征、服务项目、服务商的业务背景及信誉、设备及其性能、服务费用等因素,据此做出综合的评价与选择。

(5) 网络营销系统测试与网页改进。

企业网站是企业进行网络营销的重要阵地和工具,网站建设的成败与企业网络营销方法的运用和取得的效果有着直接的关系。从网络营销的角度出发,企业网站的建设内容主要包括以下方面:网站结构、网站内容、网站功能和网站服务。其中,网站结构是为了向用户表达企业信息所采用的网站布局、栏目设置、信息的表现形式等;网站内容是用户通过企业网站可以看到的所有信息,也就是企业希望通过网站向用户传递的所有信息;网站功能是为了实现发布各种信息、提供服务等必需的技术支持系统;网站服务是指网站可以提供给用户的价值,网站服务是通过网站功能和内容实现的。

网络营销涉及产品介绍、产品推广、在线咨询,甚至网络支付等环节;而这些环节都需要一个稳定、安全的网络营销系统,因此,在网络营销战略规划环节要对网络营销系统进行反复测试,甚至是升级或重建,为日后网络营销工作的开展提供可靠保障。网络营销的界面也要新颖、亲和,易于消费者操作。

(6) 策划网上的各种营销活动。

策划和实施网络营销策略、开展网络营销活动是企业进行网络营销的重要工作之一。一般来说,网络营销策略包括以下几个方面:产品与顾客服务策略、价格策略、渠道策略和促销策略。根据网络营销的目标不同,企业所采用的网络营销组合策略的侧重点也有所不同。

(7) 实现企业内外部的网络营销集成。

网络营销是企业整体营销战略的一个组成部分,实施网络营销,并不意味着要抛弃传统营销工作,相反,如能把网络营销与传统营销有机地结合在一起,形成合力,将大大提高企业在营销方面的竞争力。因此,企业在实施网络营销过程中要注意进行传统营销和网络营销的整合,同时,实现企业内外部网络营销的集成。

2. 网络营销战略的执行

在完成了网络营销战略的规划与制定之后就是网络营销战略的执行阶段。一般来讲,如果前期的规划和制定比较全面详尽,网络营销战略的执行工作也会相对顺利。但是,规划和制定往往不可能完全预料执行过程中可能出现的所有情况,因此,网络营销战略的执行过程中很可能需要灵活、随机应变地解决一些突发情况。

3. 网络营销战略的控制与反馈

与其他战略的控制与反馈环节类似,网络营销战略的控制和反馈环节主要是评估网络营销目标的实现情况、总结战略实施过程中出现的意外情况、记录察觉到的其他有利机会,并把这些有用信息进行及时反馈,以利于战略的改进。

### 2.3.5 网络营销与传统营销方式的结合

在决定进入网络营销后,企业仍然要注意保持网络营销与传统营销方式之间的配合。从网络的特点和目前网络营销的发展状况看,网络营销至少在相当一段时期内是难以取代传统营销方式的。因此,至少在很长一段时间内,传统营销方式依然是大部分企业生存与发展的基础。随着网络营销技术与观念的发展,网络营销的重要性亦会日益提高。企业任务是如何实现两者之间的良好配合,既充分利用网络互动性特点带来的营销观念与功能的变革,又避免其自身不足,形成网络营销与传统营销之间的相互支撑结构,增强企业的市场竞争力。绝大部分企业将会在网络营销与传统营销方式中寻求平衡,以更加全面有效的方式参与市场竞争。

1. 在广告策略方面的配合

网络广告的优势在于互动性,但是除了有目的搜寻外,消费者一般并不会主动上网去观看企业设计出来的网络广告,许多广告因而"沉默"于浩如烟海的网络信息之中。所以,企业应该借助于传统媒体的力量宣传网站,以激活网络广告,尤其是吸引陌生消费者的注意力,从而通过传统媒体将顾客吸引到企业的网址上去,并借此机会来发挥网络广告的威力。

2. 在营销渠道策略方面的配合

实现网络营销与传统营销在营销渠道上的配合可以有两个思路:渠道隔离与渠道集成,两者均建立在多渠道战略之上。一种商品在传统营销渠道和网络营销渠道这两个渠道中同时销售往往会产生渠道冲突,这时就需要采用渠道隔离或渠道集成的办法来解决。在传统零售业的竞争中,大型廉价折扣店和昂贵的百货店形成了两个阵营。但是,双方经营的很大一部分商品是重合的,对供应商而言,这就产生了典型的渠道冲突。在传统零售业中,解决上述渠道冲突的办法就是对同一种商品制造人为差异以隔离大型廉价折扣店和昂贵的百货店这两个渠道。这个办法对解决传统营销渠道和网络营销渠道的冲突依然有很好的作用。对商品制造人为差异,有时是用一些鲜明的标识,有时是专门制造,但常常用花色和规格的细微调整就可以区分开。

解决上述渠道冲突的最好办法是渠道集成,即把传统营销渠道和网络营销渠道有机地结合起来,充分利用传统营销渠道和网络营销渠道的优势,共同创造一种全新的经营模式。当然,这种方法要求供应商能够对传统渠道施以足够的控制权,所以操作难度较大。服装制造商 GAP 在世界各地分布着大量的连锁专卖店,同时又开设了网上商店。在不遗余力地宣传网上商店的同时,GAP 在专卖店里搁置了专用电脑,使顾客能便捷地查询店里断档的商品。结果是,GAP 的品牌进一步得到加强,销售市场也得到更好的扩展。日本的 7-11 便利店在日本拥有超过 8 000 家连锁店,一些在线销售商和它结成战略联盟,利用它深处居民区的特点进行商品寄存和二次配送,巧妙地完成了电子商务物流难以解决的"最后一公里"问题。而同时,到 7-11 便利店领取寄存商品的顾客可以顺便在店里进行采购,从而扩大了 7-11 便利店的业务。

3. 在产品策略方面的配合

在传统的市场营销组合策略中,产品策略是企业营销策略的一个重要组成部分,但是随着社会生产力以及网络化和信息化的发展,网络营销中传统产品策略已开始变化,逐渐演变为满足消费者需求的营销策略。产品策略内容已由原来单一的实物产品策略转化为有形产品策略和无形产品策略二位一体的产品策略。

(1) 有形产品选择策略。从理论上来说,在网络上可营销任何形式的有形产品。但在现阶段受各种因素的影响,网络还不能达到这一要求。企业选择产品进行网络营销时应注意的问题有:

① 产品自身的性能。根据信息经济学对产品划分,产品从大的方面可划分为两类,一类产品是消费者在购买时就能确定或评价其质量的产品,称为可鉴别性产品,如书籍、电脑等;一类是消费者只有在使用后才能确定或评价质量的产品,称为经验性产品。或是将产品划分为标准性产品或个性化产品。前者如书籍、电脑等,后者如服装、食品等。一般说来,可鉴别性产品或标准化程度较高的产品易于在网络营销中获得成功,而经验性产品或个性化产品则难以实现大规模的网络营销。

② 产品的营销区域范围及物流配送体系。网络营销消除了地域的概念与束缚,但是在实际的网络营销中,企业还必须考虑到产品在物流配送上的覆盖范围,防止出现远距离的消费者购买时,企业因无法实现配送服务而使企业声誉受到影响,或在进行配送时出现物流费用过高等问题。

(2) 无形产品策略。在网络上销售的无形商品品种数量繁多,但可以简单地把它们分为两大类:软件和服务。企业在进行无形产品的网络营销时,可采取以下几个方面的服务策略:以消费者为中心,充分考虑消费者所需要的服务以及所可能要求的服务,建立完善的服务数据库系统;提供自动的信息传递系统,依据客户的需要,自动、适时地通过网络提供服务,加强与消费者在文化、情感上的沟通,并随时收集、整理、分析消费者的意见和建议;建立"虚拟展厅",用立体逼真的图像,辅之以声音等手段展示自己的产品,使消费者如身临其境一般,感受到产品的存在,对产品的各个方面有一个较为全面的了解;设立"虚拟组装室",在"虚拟展厅"中,对于一些需要消费者购买后进行组装的产品,可专门开辟一些空间,使消费者能根据自己的需求,对同一产品或不同产品进行组合,更好地满足消费者个性化需求。

**4. 在价格策略方面的配合**

价格策略是企业营销策略中最富有灵活性和艺术性的策略,是企业营销组合策略中的重要组成部分,是企业的一种非常重要的竞争手段。在进行网络营销时,企业应特别重视价格策略的运用,以巩固企业在市场中的地位,增强企业的竞争能力。

在传统的市场营销活动中,企业产品营销价格的确定方法主要有成本导向定价、需求导向定价和竞争导向定价三种方法。从市场营销的基本理论来分析,传统市场营销定价的基本原理也同样适用于网络市场。但是,网络市场与传统市场又存在着较大的区别,这种差异导致了网络市场的定价方法也不同于传统市场的定价方法。在网络市场中,以成本导向来确定价格将逐渐被淡化,而以需求导向来确定价格将成为企业确定价格的主要方法;同时,竞争导向法、中投标定价法和拍卖法将不断得到强化。

作为需求导向定价的两种方法,价值法和区分需求定价法将在网络市场上得到充分的应用。在网络市场中价值评估的准确性将会得到有效的提高。企业通过利用网络互动性和快捷性的特点,及时准确地掌握和了解消费者或用户的预期价格,从而正确地确定商品的价格,避免了估价过高或过低的不利现象。在网络市场上,企业也可通过网络互动性和快捷性的特点,准确把握消费者需求差异及其变化,避免定价误差,更好地运用区分需求定价法。

在网络市场中,同样存在着竞争,而且这种竞争并不逊于传统市场中的竞争。以竞争为基础的定价方法,在网络市场营销中,目前主要有两种:一是招投标定价法;二是拍卖定价法。

招投标定价法是招标单位通过网络发布招标公告,由投标单位进行投标,而择优成交的一种定价方法。对于招标单位来说,网络招标定价法扩大了招标单位的范围,从而使企业能以较优的价格选择优秀的投标单位。对于投标单位来说,网络投标定价法不仅增加了投标的机会,也使企业能获得较公平的竞争环境,为企业的发展创造了良机。招投标定价法一般适用于大型工程承包、商品或劳务贸易等项目。

拍卖定价法是常用的一种定价方法。它是指拍卖行受出售者委托,在特定场所公开叫卖,引导买方报价,利用买方竞争求购的心理,从中选择最高价格成交的一种定价方法。目前,许多拍卖行在网络上进行拍卖定价法的有益尝试,使拍卖定价法在网络营销中得到了较快的发展。此外,网络的互动性使个性化营销成为可能,也使个性化定价策略有可能成为网络营销的一个重要策略。

 **复习思考题**

1. 网络营销战略的重点是什么?
2. 简述 4P、4C、4R 营销理论之间的关系。
3. 网络营销战略的目标有哪些?
4. 企业网络营销策略的制定需要考虑哪些方面的因素影响?

 **思维拓展**

相宜本草是一家国产天然本草类化妆品品牌,其产品进入市场化运作时间较短,市场认知度较低。虽然产品拥有良好的品质和口碑,但对于该产品了解的消费者相对较少。相宜本草总部在上海,公司调查数据显示,相宜本草在上海地区产品美誉度达 70 分,而知名度只有 30 分。公司通过市场分析,制定了相应的网络营销战略。在当前的市场状况下,如何能够针对现阶段的发展产生最好的营销效果,经过多方咨询与沟通,相宜本草采用了网络社区口碑营销的策略,借助互联网社区营销新媒介,展开迎合精准群体心理的营销策略,利用网络快速传播的特点,实现低成本的广泛传播效应。

相宜本草选择了唯伊网①作为核心传播载体,以唯伊社区为营销传播中心,整合浙江本地社区及线下高校资源,实现了线上线下互动整合营销。

---

① 唯伊网(www.weyii.com)是国内一家新兴的化妆品品牌口碑社区,社区以品牌俱乐部、试用达人为特色,汇集化妆品品牌的消费者、粉丝和意见领袖,用户人群以年轻态人群为主,年龄层在 20~30 岁之间居多,品牌消费习惯不稳定,有较大的热情尝试新鲜品牌、新鲜产品,因此唯伊社区还形成了特有的"小白鼠"氛围。

相宜本草是化妆品领域的年轻品牌，其市场价格也非常适合年轻态群体，唯伊社区的用户群体与相宜本草的定位相互吻合，这为最终的营销效果奠定了坚实的基础。

企业设计了五个步骤实现网络营销战略：

(1) 免费申请品牌试用装。利用消费者的利益驱动和对新鲜事物的好奇心，为品牌造势、吸引眼球、聚集人气。事实上对于女性消费者而言，申请新品试用装的诱惑力还是比较大的，最重要的是她们会重新发现一个也许就存在她们周边的品牌，但她们从未有在专卖店里尝试过，这有很多心理因素，互联网却实现了他们对很多新鲜事物的尝试。同时她们也会在这个过程中关注这个品牌，并了解其他消费者对该品牌的口碑评价，这个过程无形中使得品牌受到了极大的关注。抓住受众的眼球，其实已经成功了一部分。

(2) 收集申请者的数据资料(包括真实姓名、性别、住址、邮箱、电话、QQ、品牌消费习惯等信息)，并向品牌进行反馈，以便数据挖掘。这个过程中相宜本草充分利用了数据的资源，为这些潜在消费者进行了电话营销，并且为每个潜在消费者邮寄了相宜本草的会员杂志，很多用户反馈相宜的服务很贴心，使得消费者对相宜本草这个陌生品牌产生了好感。在《影响力》中提及的"互惠原理"，授予者愿意在不有损自身利益的情况下有所回报，这也是为什么日本 DHC 能够在短短的几年间通过通信营销，成为日本销量第一的化妆品品牌。

(3) 网络整合营销传播。唯伊联合国内知名社区站点，做联合推广，活动有更丰富的传播载体，更广阔的传播范围，快速提升品牌在网络中的知名度和影响力。这个过程线上线下有着交叉互动的关系，包括高校人群的覆盖，短信平台的精准营销，都为整个事件的传播面起到了极大的推广作用。

(4) 用户分享试用体验。以奖品为诱饵，吸引试用用户分享产品体验，引导消费者的正向口碑，实现推广产品在网络传播的知名度和美誉度一定程度提升的效果。因为唯伊社区有稳定活跃的用户群，收到试用装的用户很快就开始试用体验，并且她们非常愿意与大家分享试用的过程，这个和社区的气氛、气质有很大关系。因为有高质量的人群和特定的氛围，当然还有奖品为诱饵，试用评论的质量非常高，90%以上的评论都超过 500 字，这在化妆品评论网站、社区是罕见的事情。正因为有高质量的评论，对于产品的口碑还有充分的传播意义。相宜本草推出的免洗眼膜产品，刚好在这一期间投放市场，通过百度和 Google 搜索相关评论，基本上全部回到唯伊社区，因为这里的用户是第一波试用用户，而且这一产品可以找到几十篇高质量的评论，相宜的其他产品可以找到上百篇。对于一个新兴品牌，唯伊社区可能会集中汇集大量的口碑评论，通过互联网的复制传播效应，口碑逐渐扩散开来。

(5) 试用达人 BlogMedia 推荐。试用达人 Blog 目前拥有 1 700 多个网络订阅，拥有忠实的读者群，在网络试用领域有着较高的知名度和影响力，它会在活动结束阶段，重点推荐活动期间优秀的网友评论，为品牌网络传播画上完美的句号。

整个营销事件结束统计得到的数据：

(1) 试用装派发数 400 份(全国)、1 600 份(高校渠道)。

(2) 总计获得 4 305 份有效网络申请用户资料(包括姓名、性别、年龄、肤质、电话、邮箱、QQ、地址、手机、消费习惯等)。

(3) 活动页面浏览量总计 111 055 次,用户回复数 1 745 条。

(4) 联合推广的获得浏览量总计 59 633 次,用户回复数 749 条。

(5) 试用评论总计 115 篇,图文并茂,90%以上的评论都在 500 字以上,1 000 字以上试用评论 22 篇;500~1 000 字试用评论 102 篇;200~500 字试用评论 11 篇;200 字以下试用评论:无。

(6) 因活动的带动,相宜本草版块主题帖增加 228 条,回复增加 6 146 条,其中高质量的评论增加近 168 条,累计浏览达 202 255 次。

(7) 事件活动网络转载多达 665 次,因评论数量太多,尚未统计转载次数。

(8) 活动网络直接传播受众 20 万以上(间接传播受众 400 万以上),线下覆盖人群 10 万。

【分析】

从活动数据来看,可以说是企业实施了一个非常成功的网络营销。从网络营销战略的角度思考,企业之所以能达到这样的网络营销效果,有以下几个方面值得学习。

1. 品牌与载体人群的高度吻合

年轻的品牌与年轻态的消费群体,消费者愿意尝试新鲜,并活跃于网络社区,愿意分享她们的试用感受,这是成功最重要的原因。如果换作兰蔻、雅诗兰黛这类品牌,这个模式就很难成功,使用这两个品牌的人群收入相对较高但时间有限,不会去写这类的评论,同样这类的人群也很少去尝试一个国产且知名度不高的品牌。

2. 消费者的互惠心理及利益驱动

中国古话:"吃人嘴软,拿人手短",互惠原理在日常生活中无处不在,用户受到了"恩惠",并且还觉得效果很不错,就会以一定的方式进行回报,这是在直销领域通行的策略。相宜的产品美誉度较高,而且试用的产品大多是相宜本草的明星产品,可想而知消费者试用后的感受。很多人愿意分享他们试用相宜本草的评论,也促使了部分消费者在当地的商超进行购买,甚至有人通过电话咨询如何加盟相宜本草。这里"恩惠"的奖品,利益驱动是很重要的原因之一。当然,在企业网络营销的实践中,如何避免消费者仅仅为了奖品而来,用户动机不纯,所言并非来自真实感受,内容很难有高质量的保证,所以利益驱动不能是放在首要推动力去做。

3. 口碑的聚集和持续作用

在这次网络营销活动之后,相宜本草的口碑在网络上快速增长,一方面是活动的带动,另外一方面就是因为唯伊社区相宜本草的板块聚集了相宜本草的口碑,这样相宜的话题会不断积累,而不会像一般的活动,做完之后,话题就如碎片一样无法聚集,更谈不上如何传播。也是因为此次活动,唯伊社区的相宜本草板块成了国内民间讨论相宜本草最热的社区。

4. 传播过程中的执行

如果说仅仅在一个网站搞一个活动,再好的效果也仅限于网站本身。相宜本草本次的网络营销过程,在传播通路上是立体复合式的,通过网络社区的整合营销,使得线下高校人群积极加入，以及其他及时通信的精准定位，都体现了营销过程中较高的执行力，所以整个营销过程能够实现较为广阔的传播。

相宜本草社区口碑传播事件可以说是一次比较成功的营销案例，但过程中依然有很多不足：唯伊网自身的规模与传播面积有很大的差距，使得相宜本草的用户群体的口碑还没有达到足够放大的程度；本次网络营销活动中，在设计之初，忽略了意见领袖的作用，没有使他们成为网络营销的助推器，这里一方面是产品结构没有很好地来推动这件事，另外一方面有影响力的草根意见领袖的形成有很多因素，并非外力可以约束。

相宜本草把社区口碑营销作为企业未来网络营销的战略方向，方兴未艾，未来会出现更多的网络新媒体，能够通过自身人群的特性，来实现精准的口碑传播。越来越多的企业愿意尝试网络营销，网络营销的手段和方法也愈来愈多，新媒体营销等形式在未来这个行业将会有更大的空间有待挖掘。

（资料来源：360化妆品网.http://www.360xh.com/news/201204/19/28560.html）

# 第三章
# 网络营销市场分析

## 案例导入

### 新冠病毒疫情也是生鲜电商的一场大考

消费者都有"消费习惯",而要改变这种消费习惯,却又是很艰难的,这就是为什么网约车、共享单车等新事物刚出现时,资本方会花那么大代价进行补贴,就是为了培养用户的全新消费习惯。

线上买菜也一样。据测算,只要用户完成三单购买后,就会实现非常稳健的留存率。但要让一个原本习惯去楼下菜市场、家门口超市买菜的用户,愿意在平台上完成三次订单并形成消费习惯,原本是很漫长且充满不确定性的。可本次疫情防控及相应的社区封闭管理措施,大大缩短了这一进程。一夜之间,几乎所有中国大城市的居民,都对"线上买菜"这种新消费习惯亮起了绿灯。对于生鲜电商行业来说,比起暂时的订单暴涨,这才是意义更为深远的影响。

机遇是摆在面前了,要想抓住机遇,必须先克服机遇带来的挑战。从消费者角度说,这个挑战是如何把新鲜、安全且平价的蔬菜快速送到用户手上。从平台角度说,这个挑战意味着供应链建设、运营模式以及成本管控。供应链方面,疫情对平台最基本的考验就是:如果纯靠批发商供菜,一旦拿不到菜了,怎么办? 此次防疫期间,供货充足的往往是那些有原产地直采渠道的平台。减少中间环节、将供应链扁平化,将大大增加平台对供应链的掌控力。即便当原产地供应受到影响时,其团队凭借丰富的经验,也可快速完成新产地的开拓和对接。同时,要保证蔬菜的新鲜、安全,还必须建立高效的冷链物流体系,以及严格的质量检测环节。更重要的是,这些环节必须让消费者看得见。线上买菜,意味着用户跳过了实物挑选环节。而对于那些"没亲自挑拣就不放心"的用户来说,未来谁能做好供应链的标准化、透明化,谁或许就能赢得他们的青睐。运营方面,各大生鲜平台的竞争,某种意义上也是不同模式的竞争。以京东到家为代表的第三方服务平台模式,以盒马鲜生为代表的"前店后仓"模式,以每日优鲜为代表的"前置仓"模式,以及其他各种新诞生的服务于本地的便利店为主的生鲜电商,在疫情的考验下,各种模式的利弊都被放大显现出来。第三方平台无法整合用户需求,如果白菜在A商铺便宜,而土豆在B商铺便宜,用户只能分别下两单,增加消费成本。前店后仓模式由于要兼顾线下线上两个库存,因此在运营初期也出现了线上货物已售罄、请用户线下到店消费的情况。而专注于线上需求的前置仓模式，虽然在防疫期间可以充分扬长避短，但疫情过去后仍将面临高成本、高损耗的挑战。

生鲜平台的运营模式不是一成不变，面对疫情提出的挑战，大家也在彼此借鉴、灵活调整。从一开始全行业普遍地缺货少人，到如今逐渐货物供应充足、配送准时到达，生鲜电商基本承受住了疫情的考验。而随着用户体验大幅回升，疫情过后依然愿意线上买菜的用户势必越来越多。生鲜电商能否会迎来一个大发展，让我们拭目以待。

(资料来源：韩维正.拂晓报.2020年3月5日.)

随着互联网的迅速发展，集计算机技术、网络技术和信息技术为一体的网络营销已对传统的贸易方式形成巨大冲击，并以其快捷、方便、高效率和高效益的显著优势成为21世纪国际、国内贸易的主要方式；一个全新的、无接触的、虚拟的"电子空间市场"时代已经到来，在未来的很长一段时间内，它将和实体市场交相争辉。

## 3.1 网络消费市场

### 3.1.1 网络消费市场概述

1. 网络消费市场的概念

网络消费市场是一个虚拟的消费市场，是基于互联网技术手段，在消费者与商家之间，以及消费者之间形成的一个信息、商品、服务交易平台。

消费者在网上购物只需按一下网页上的"购买"按钮即可实现，但往往简单的背后就是复杂，而且这种模式不可能用于所有的商品或服务，认识到这一点非常重要。尽管每个消费者都有自己的购物习惯，但还是可以从中找出一些共同的规律。这些规律(或者说是商业模式)是了解消费者动态变化的基础，它决定了消费者和商家之间的互动关系。这些商业模式使卖家不必单独创立自己的商业过程，而且还能方便消费者，使交易行为程序化，同时网络也非常适合于发布产品信息，为消费者提供了品评产品优缺点的天地。

2. 网络消费环境分析

在网络环境下，企业在互联网上经营的主要形式就是设立网络虚拟商店。网络虚拟商店和真实的商店在部门结构上和功能上没有太大的区别，均是为了获得消费者的认同，不同点只是在于实现方式的差异。网上销售商在互联网上建立一个商业网站，也就是虚拟商店，通过精心打理店面，网上商品不是摆在货架上，而是做成了电子目录，里面有商品的图片、详细说明书、尺寸和价格信息等,顾客可以像在实体商店一样挑选自己喜欢的商品,并付款结账。现代网站的多媒体支持和良好的交互性功能成为建立这种虚拟商店的必要技术条件,因此,建立一个网络虚拟商店,与建立常规实体商店有类似的需要,很多专家学者提出了网络消费环境框架,旨在提供一个全面类型的网络环境界面,如图3-1所示。

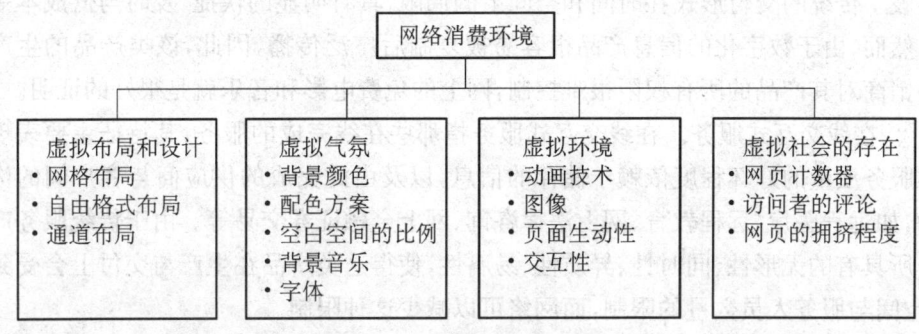

图3-1 网络消费环境框架

一般认为网络消费环境由四部分组成:

(1) 虚拟布局和设计。网格布局、自由格式布局、通道布局等。

(2) 虚拟气氛。背景颜色、配色方案、空白空间的比例、背景音乐、字体等。

(3) 虚拟环境。动画技术、图像、页面生动性、交互性等。

(4) 虚拟社会的存在。网页计数器、访问者的评论、网页的拥挤程度等。

3. 网络产品类型

随着网络技术发展和其他科学技术的进步,越来越多的产品都可以在网上销售,网络在商业活动中的应用极大地突破了传统的商业经营模式,使产品或服务本身的存在形式更趋多样化。借助网络,我们可以开展纯粹的在线交易,也可以对传统的离线产品或服务做必要的补充和支持,以提高原有产品或服务的价值。根据产品本身的存在形态和性质,可以把网络产品分为两大类:实体产品和虚拟产品。

(1) 实体产品。

实体产品是指具有物理形状的物质形态产品,我们使用的产品大多数属于这个形态。该类产品本身与离线销售的产品与实体店销售的产品无异,但网络延长了营业时间,拓宽了营业空间,可以向顾客提供7×24小时订购服务。在线运作拓宽了分销商的产品市场,丰富了分销商的营业模式,使顾客购物更灵活、更便捷。通过网络进行该产品销售的优点在于:网络能聚集来自各地的需求,从而维持低产品库存。目前网上交易比较活跃并热销的商品主要有服饰、日用百货、计算机产品、家用电器、书籍、装修材料、五金百货、化工材料以及化妆美容产品等。

(2) 虚拟产品。

虚拟产品与实体产品的本质区别是虚拟产品一般是无形的,即使表现出一定形态也是通过其载体体现出来的,但产品本身的性质和性能必须通过其他方式才能表现出来。网络销售的虚拟产品一般分为在线数字化产品、在线交互式服务和在线增强产品。

① 在线数字化产品。产品为能实现在线交付，必须是可数字化的。网络以一系列离散的比特形式传输数字化的数据。也就是说，任何可数字化的信息产品都可通过网络直接交付给客户，如软件、音乐、影像和新闻等都属此类产品。数字化产品的在线交付突破了传统的交付形式在时间和空间上的局限，具有明显的快捷、及时与低成本等优势。然而，由于数字化的信息产品很容易被复制后广泛传播，因此，该类产品的生产商或经销商对其产品的所有权限很难控制，网上的免费电影和音乐就是很好的证明。

② 在线交互式服务。在线交互式服务指那些在线完成的服务，其特征主要表现为该类服务质量的好坏程度依赖于储存的信息，以及由此完成的供应商与客户间的沟通互动，如远程医疗、远程教育、网上法律咨询、网上金融证券交易等。由于传统服务产品本身所具有的无形性、同时性、异质性、易腐性，使得这类产品在生产与交付上会受到时间、空间与服务人员数量的限制，而网络可以减少这种限制。

③ 在线增强产品。在线增强产品指那些为某一服务或产品增加的额外服务或利益，通常可归为三类：售前支持、售后支持和履行选项。在线增强产品能以较低的增量成本提高产品的差异化程度。例如，当消费者购买某种自己不熟悉的产品之后，商家对消费者进行的关于产品使用方法和保养方法等方面的培训介绍等服务，使消费者更好地运用商家的产品。

### 3.1.2 网络消费市场的特点

1. 无边界

由于互联网是无边界的，因此，只要能上网，就可以购物消费，这既使得顾客的范围大大增加，也使得网络零售企业不受地域的限制，突破了传统的商圈限制，使商圈的范围无限制地扩大。

2. 实体零售与网络零售相结合

根据新时代消费者的特征，新经济条件下的零售业将实现传统零售商和网络零售商的结合，实体零售商给消费者提供一个体现现实环境的"购物感觉"的地方，并提供包括餐饮、社交、娱乐等非购物方面的服务，而购买只是其中的一部分，商店店堂内的销售方式也会电子化；网络零售则利用互联网的多媒体特征，给消费者提供虚拟环境中互动的购物体验，满足消费者充分选择的可能和低价位的需求，两者的结合则可以更好地、全方位地提高消费者满意度。

3. 购物便捷

消费者购物时间包括两方面的内容：购物时间的限制和购物时间的节约。与传统商店比，网络虚拟商店一天24小时营业，随时准备接待顾客，没有任何时间限制，顾客早上5点或晚上12点购物都没有问题。

商品挑选范围"货比三家"是人们在购物时常常使用的操作方法。在网络消费市场,"货比三家"已不足为奇,同时也十分方便。人们可以"货比百家""货比千家",甚至是"货比万家",商品挑选的余地大大扩展,这是传统购物方式难以做到的。

4. 消费市场更加细分化

在传统模式下,进行市场细分和市场定位的对象是顾客群,不可能是单个顾客,细分市场的目的是针对不同顾客群的需求提供特定的产品和服务。网络营销环境下的顾客群的数目可以细分到单个消费者,"一对一"营销在网络营销环境下得以实现,充分满足顾客个性化需求。

5. 消费者直接参与生产和流通循环

在传统的营销模式中,消费者所选择的产品和服务是企业已经设计制造出来的,产品和服务通过各种销售渠道,最终到达顾客的手中。在这种模式下,消费者是企业生产的产品的被动接受者,他们无法表达自己的意愿和要求,而且由于技术、资金等各方面条件的限制,企业也无法满足顾客个性化的需求。商业流通循环是由生产者、商业者和消费者共同完成的,商业机构充当生产者和消费者连接的共同纽带,但在网络营销环境下,消费者和生产者直接构成了商业的流通循环。例如,IBM 的"Alpha Works"就是让消费者直接参与 IBM 的产品设计,生产消费者需求的特定产品;戴尔的直销模式"Go Direct",实现了戴尔的超速增长,满足了顾客的特定需求。

### 3.1.3 网络消费者分析

据权威机构中国互联网络信息中心 2019 年第 44 次《中国互联网络发展状况统计报告》显示,截至 2019 年 6 月,我国网民规模达 8.54 亿,较 2018 年年底增长 2 598 万,互联网普及率达 61.2%,较 2018 年年底提升 1.6 个百分点;我国手机网民规模达 8.47 亿,较 2018 年年底增长 2 984 万,网民使用手机上网的比例达 99.1%,较 2018 年年底提升 0.5 个百分点。与五年前相比,移动宽带平均下载速率提升约 6 倍,手机上网流量资费水平降幅超 90%。"提速降费"推动移动互联网流量大幅增长,用户月均使用移动流量达 7.2 GB,为全球平均水平的 1.2 倍;移动互联网接入流量消费达 553.9 亿 GB,同比增长 107.3%。

截至 2019 年 6 月,我国网络购物用户规模达 6.39 亿,较 2018 年年底增长 2 871 万,占网民整体的 74.8%,如图 3-2 所示;手机网络购物用户规模达 6.22 亿,较 2018 年年底增长 2 989 万,占手机网民的 73.4%,如图 3-3 所示。网络购物市场保持较快发展,下沉市场、跨境电商、模式创新为网络购物市场提供了新的增长动能。

手机购物逐渐成为消费者的首选,以中小城市及农村地区为代表的下沉市场拓展了网络消费增长空间,电商平台加速渠道下沉。下沉市场网络消费交易额增速正逐步赶超一二线大城市,如在"618"活动期间,主要电商平台美妆、数码等产品在下沉市场的成交额增速高于一二线城市;下沉市场用户规模增长仍有很大空间,截至 2019 年 3 月底,淘宝天猫 1.04 亿移动月活跃新增用户的 77% 来自三线城市及以下地区。通过分析中国互联网普及率、不同上网方式的网民规模、上网地点情况、上网时长、手机上网与总体上网的年龄对比等,分析整体网民的基本结构,以便掌握消费者层次和基本结构。

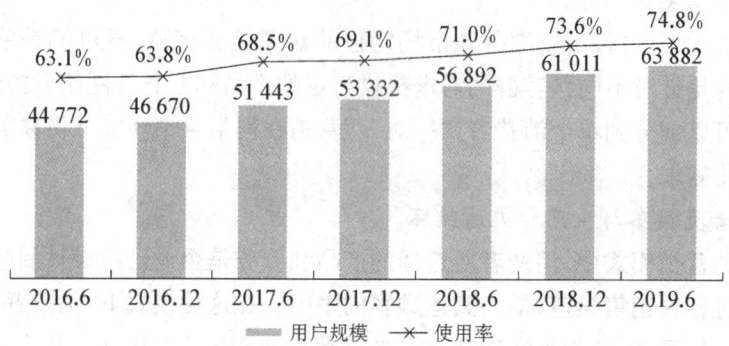

图 3-2 2016.6—2019.6 网络购物用户规模及使用率(单位:万人)

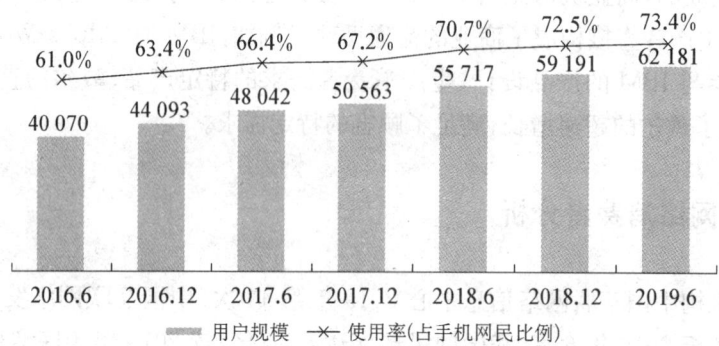

图 3-3 2016.6—2019.6 手机网络购物用户规模及使用率(单位:万人)

## 3.2 网络营销市场细分

### 3.2.1 网络营销市场细分概述

传统的市场细分概念是由美国市场学家温德尔·史密斯(Wendell R. Smith)在20世纪50年代提出来的。这一观念的提出及应用是具有客观基础的。当时已是买方市场占统治地位,顾客的需求已成为企业营销活动的出发点,而顾客的需求随着商品经济的发展表现出彩样性。为满足不同顾客的需求,并在激烈的市场竞争中占据有利地位,就必须进行市场细分。随着电子商务的兴起,网络营销市场细分是指为实现网络营销的目标,根据网上消费者对产品不同的欲望、不同需求、不同的购买行为与购买习惯,把网络上的市场分割成不同的或相同的小市场群,或者说更加细分的市场。

1. 网络市场与传统市场的差异

互联网的诞生，不仅为人们创造了一种全新的传播手段，而且使其自身也逐渐成为一个生机勃勃的市场。在这个市场中，消费者是全球的网民，商家是众多的网站。信息、软件、实体产品、服务等都作为商品在网上被广泛交易。

相对于传统市场，网络市场是一个信息完全公开的市场，市场的比较功能远远大于传统市场。传统市场中，顾客是通过视觉、触觉、嗅觉等感官系统对商品形成直接印象的，并通过综合各种因素，如生产厂家的信誉度、商品的质量、商品的价格等决定是否购买。在网络市场中，顾客看到的不是实物，而是商家或网站对该商品的描述，如电脑产品的技术参数、实物的照片和解说词等。顾客通过判断商家的描述来确定该产品的可买度，并通过对产品广泛对照比较，综合其他消费者的反馈，选择满意的产品。

相对于传统市场，网络市场是一个全球性的、产品非常丰富的市场。网络市场不仅为企业开创了面对全球的行销橱窗，也为顾客展示了多种产品。进入互联网可以使企业面对一个全球性的市场，市场的地理区位阻隔变得模糊甚至消失。在全球范围内，只要有网络存在的区域和地方，企业就可以直接与客户进行各种商务活动，增加了营销机会。这种特点为中小型企业跻身国际贸易创造了良好的条件，同时也大大增加了营销的难度。

2. 网络营销市场细分的必要性

对市场进行细分，并不是由人们的主观意志决定的，而是商品生产和市场经济不断发展的客观要求和必然产物。在计划经济年代，商品生产水平相对较低，生产的产品数量较为有限，企业既不可能也无必要去关心消费者的需求。然而，在市场经济环境中，随着生产力水平的提高，产品数量的丰富、质量的提高和品种的增多，消费者有了挑选的余地，市场出现了竞争，并且日趋激烈，企业必须注重市场调研，把握消费者的爱好与需求变化，关注不同状况的消费群体，针对特定消费群体，市场细分就应运而生了。

如果企业决定在某一大市场上开展业务，那么在通常情况下，企业应意识到为这一市场的所有顾客服务是不可能的。网络市场上存在着成千上万的消费者并有着各自的心理需要、生活方式和行为特点，企业面对着消费者千差万别的需求，由于人力、物力及财力的限制，不可能生产各种不同的产品来满足所有顾客的不同需求，也不可能生产各种产品来满足消费者的所有需求。为了有效地进行竞争，企业必须评价、选择并集中力量用于满足最有效的市场，这便是市场细分的外在强制性，即它的必要性。

3. 网络营销市场细分的对象

对一个企业来说，网络营销涉及两个主要领域(见图3-4)：一是针对供应商、分销商、合作伙伴的运营活动，其目标是与商业伙伴的关系达到最优，降低采购成本；二是针对单个消费者或企业消费者的销售活动，其目标是与消费者的关系达到最优，提升服务效率，增加销售额。

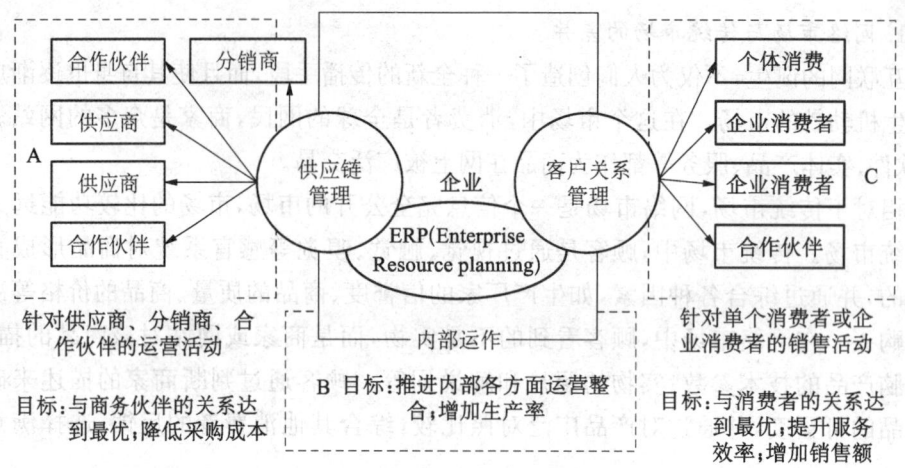

图 3-4 网络营销市场细分涉及的两个主要领域

### 3.2.2 网络营销市场细分的依据和步骤

**1. 网络营销市场细分的依据**

研究市场细分的目的是为了找到客户并对由此形成的目标客户加以描述,确定针对目标客户和市场的最佳营销策略。

电子商务分类的本身就是若干细分的市场。例如,B2B 实际上是市场上企业与企业的交易活动,B2C 是企业与消费者进行交易的活动,C2C 是消费者与消费者进行交易的活动。产业市场的细分首先是宏观细分,即通过总体特征进行市场细分。例如,按照行业划分或按照地理位置划分。其次是微观细分,关注不同规模的企业市场或不同原材料市场。网上消费者市场一般分为 6 种分类方式。

(1) 地理细分,以地理位置、市场密度和气候特征为基础;

(2) 人口细分,包括年龄、性别、收入水平、种族和家庭生命周期等特征;

(3) 心理细分,包括个性、动机和生活方式;

(4) 利益细分,根据消费者从产品中寻求的利益识别消费者;

(5) 使用率细分,通过购买量或消费量来划分市场;

(6) 行为细分,通过消费者对产品或服务的认知程度、购买行为、使用行为或反应表现来细分市场。

网络营销中的市场细分需要注意以下 4 点:

(1) 在电子商务条件下,市场细分有"精深"的特点。主要根据用户的生活方式、个人性格、需求动机、购买行为、需要数量等因素进行划分,这些因素相互联系或交叉发生作用,企业应综合开展研究。

(2) 网络营销市场细分的依据是对网上顾客对象的分析。例如,生产企业一定不能忽视网上年轻群体的心理特点、行为特点和需求特点,因为他们占整体网民的一半以上。他们的行为特点是追求特色,企业的商品只有具备符合其需求的特色才能吸引年轻群体购买。

（3）网络消费者的需求和购买特点随年龄的增长而发生变化。可以把网络消费者按年龄划分为不同消费层次，并根据这些特征开发出一个个特定的目标市场。例如，曾经风靡一时的"开心农场"将游戏对象对准了在校大学生和年轻的白领人士，这种方式也被许多后来的商家所模仿，如京东刚刚开始的京东农场、天猫的天猫农场，还提供玩游戏、送水果。

（4）在细分市场的时候，要用创新的意识，探索市场细分的新方法。例如，在细化市场时，可以先模拟网络消费者消费的一条"轴线"，这条"轴线"可以依据用途、材质、对象等来划分。同一大轴线里还可以细分出许多不同的细轴线。

2. 网络营销市场细分的步骤

网络营销市场细分对企业网络营销的成功实施十分重要，需要依据一定的步骤对市场进行细分：

（1）确定网络市场细分的目的。作为网络市场细分的第一步，首先要明确细分市场的目的。细分是为企业短期市场开发服务还是为长期战略服务？是为新产品确定顾客范围还是为增加现有顾客对产品的忠诚度？公司管理者和销售者对现有市场结构的看法如何？要进行市场细分，就必须先回答这些问题。

（2）确定基础变量。这是市场细分过程中最重要的一步，在虚拟的网络市场中，细分企业类型和消费者时，需要研究五大变量：行业、企业规模以及销售范围的人口统计学变量；技术、使用者和非使用者的状况、消费者的需求能力等运营型变量；网购企业的购买集中和分散的程度、购买企业的核心业务、已存在的商业关系、通常的购买政策、购买的评价标准等购买方式变量（特别要考虑，如何在互联网整理以上的数据）；是否属于紧急性购买行为、某种具体应用以及购头量的多少等情况因素变量；买卖双方的共同点、对风险的态度以及忠诚的个人特征因素等。

（3）收集数据。市场细分的研究对样本量有较高要求，如何在互联网上搜集并整理出有价值的样本。网上调查有很多成功的经验可以借鉴，数据收集、信息整理都可以通过网络较容易地完成，营销数据库可以帮助调查者处理很多问题。

（4）分析数据。收集到的数据可以利用数学工具进行分析。常用的数学分析方法有回归分析、判别分析、聚类分析、时间序列分析等。但无论是回归分析还是聚类分析，都会因分析因子的不同而产生多种结果。虽然没有确定的答案，但可以给研究者提供不同的视角。除此之外，还要利用好互联网提供的数据分析软件，如问卷星等。

（5）构建细分市场。一旦确定了能够代表真实市场的细分方案，就需要对每个细分市场进行简单明了的归纳，一般包括细分市场的名称；使细分市场产生差异化的重要因素；细分市场中群体的简要描述等。根据以上分析，企业构建出细分的市场。

### 3.2.3　网络营销市场细分策略

1. 网络营销目标市场定位的基本条件

网络营销所定位的目标市场，应具备以下两个条件：

(1) 目标市场内所有的人必须具备一至两条基本相同的条件，比如收入、受教育的程度、职业、消费习惯等，这样才能明确地划分出目标市场的范围。

(2) 目标市场必须具备一定的规模，太小的目标市场虽然也可以划分出来，但一般购买力相应也比较小，如果投资过大，就会得不偿失。当然，有许多创新市场在开始阶段，消费者人群也是较少的，通过企业的营销推广，可以培育出一个较大规模的消费市场，使目标市场规模从小到大，如中国电信的"翼支付"。

2. 网络营销市场定位策略

在实践中，网络营销商应注意初次定位与重新定位、对峙性定位与回避性定位、心理定位等策略的不同点。

(1) 初次定位与重新定位。初次定位也称潜在定位，它是指新成立的企业初入虚拟市场，或者产品初次进入虚拟市场，或企业新产品投入虚拟市场时，企业必须从零开始，运用所有的市场营销组合，使产品特色符合所选择的目标市场。但是，企业进入目标市场时，往往竞争者的产品已在市场露面或形成了一定的市场格局。这时，企业就应认真研究目标市场上竞争对手产品所处的位置，从而确定本企业产品的位置。

重新定位也称二次定位或再定位，它是指企业变动产品特色，改变目标顾客对其原有的印象，使目标顾客对其产品新形象重新认识的过程。市场重新定位对于企业适应市场环境、调整市场营销定位策略而言是必不可少的。一般来说，企业产品在市场上的初次定位即使很恰当，也应在出现下列情况时考虑重新定位：一是出现了与本企业产品定位相似的强大的竞争者，挤占了本企业的部分市场，导致本企业产品市场萎缩和产品品牌的目标市场占有率下降；二是消费者偏好发生变化，从喜爱本企业品牌转移到喜爱竞争者的品牌。

企业在重新定位前必须要慎重考虑两个问题：一是企业将自己的品牌定位从一个目标子市场转移到另一个目标子市场时所付出的全部成本有多大；二是企业重新定位后的营业额究竟有多大。这取决于该子市场的购买者和竞争状况，以及在该子市场上的销售价格等。经过慎重论证，重新定位可以进行的基本条件是：至少能确保企业有一定量的总利润。

(2) 对峙性定位和回避性定位。对峙性定位又称竞争性定位，或称针对式定位。它指企业选择靠近于现有竞争者或与其重合的市场经营方式，争夺同样的顾客，彼此在产品、价格、分销及促销方式各个方面的区分度不大，如苏宁和京东的定位。

回避性定位又称创新式定位，它是指企业回避与目标市场竞争者直接对抗，将其定位在市场上某处空白领地或"空隙"，开发并销售目前市场上还不具有某种特色的产品，以开拓新的市场，如聚美优品的定位。

(3) 心理定位。心理定位是指企业从顾客需求心理出发，积极创造自己产品的特色，以自身最突出的优点来定位，从而在顾客心目中留下特殊印象，达到树立市场形象之目的。心理定位应贯穿于产品定位的始终，无论是初次定位还是重新定位，无论是对峙性定位还是回避性定位，都要考虑顾客的需求心理，赋予产品更新的特点和突出的优点。

### 3.2.4　网络营销细分市场主要人群定位

**1. 追求"诗和远方"梦想的消费者市场**

这些消费者,特别在中青年消费者中占有很大的比重,网络营销必须瞄准这些中青年消费者的偏好。例如,青年人喜欢的户外运动、摇滚歌星唱片、游戏软件、体育用品等都是网络上的畅销产品,这类市场目前是网络市场最拥挤的地方,也是商家最为看好的一个市场。例如,8264户外综合运动平台(见图3-5),在这个空间里,大家分享心得,追求梦想,对于社区里意见领袖的建议和分析,充满了信任和理解。这充分展示了网络社区的凝聚力,使消费者紧密地联系在一起,探讨梦想,在梦想实现的过程中,网络营销可以进行重点研究和关注。

图3-5　8264户外综合运动平台

**2. 具有较高文化水准的职业层市场**

对上网者的文化水平要求较高,有时候需要上网者熟练操作计算机并具有一定的网络知识,他们访问国外相关的购物网站,具备一定的外文水平,甚至对其他国家的品牌和产品有一个比较好的了解。例如,美国著名的亚马逊(Amazon),就是这方面的典型实例,如图3-6所示。这个购物平台每天有大量来自世界各地的人士"光临"和"购物"。

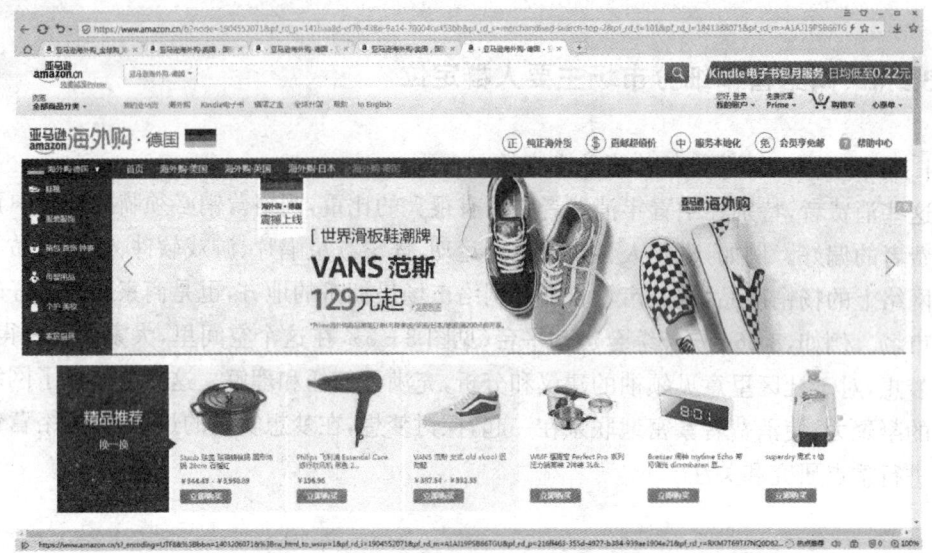

图3-6 亚马逊购物平台

3. 中等收入阶层市场

网络消费者大部分属于中等收入阶层。瞄准这一市场,就需要推出中高档的产品或服务,如携程网(见图3-7),旅游产品和服务在这类市场中大有作为,人们更喜欢在舒适的家中就能够方便地阅读有关旅行目的地的信息,了解预订客房的情况,以及有关日程安排、机票的情况。很多旅行社利用这些需求建立网站主页,提供免费旅游资料和相关图片,连锁旅店还可以在线提供房间和服务设施的详细资料及图片。

图3-7 携程旅游网平台

4. 不愿意面对售货员的顾客市场

一些顾客不喜欢面对面地从售货员那里买东西,他们厌恶由于售货员的过分热情所造成的购物压力。互联网对于这些喜欢浏览、参观的顾客来说是一个绝好的去处,如京东(见图3-8)。顾客可以在网上反复比较,选择合适的商品,在毫无干扰的情况下做出购买决定。

图3-8 京东商场综合购物平台

也有一些人,出于隐私的考虑,不愿意到商店购买易于引起敏感问题的商品,如计生用品等。网上商店如果能够较好地满足这些顾客隐私权的要求,便可以获得丰厚的回报。

为了更好地适应以上消费者群体,同时,也为了更好地寻找更多的目标人群,越来越多的网络企业开始推出适合目前消费者习惯使用的购物 App,这样可以更好地将以上消费群体碎片化的时间用于网络购物。同时,对于对计算机技术不太熟悉的群体降低了购物的难度。从这一点来看,消费者群体不是一成不变的,可以便捷地从线下转移到线上,通过相应的营销推广,可以将虚拟的网络营销市场扩大。

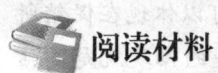 阅读材料

### 行为经济学理论在网络营销中的应用

行为经济学是近年来西方经济学中比较引人注目的领域,其研究成果几次获诺贝尔经济学奖。诺奖得主美国芝加哥大学教授理查德·塞勒的研究证明了判断与决策是行为人的思维活动,它是建立在人的情感、理念和经验而不是建立在逻辑与数学基础上的,下面谈谈几个较为重要的理论及其在网络营销中的应用。

代表性启发式理论反映了决策者在不确定情况下,会根据过去经验或经历过的类似情形,利用决策对象有代表性的典型特征进行决策的一种认知模式。有人说,网络时代是眼球经济,消费者只注意到网上的头部平台促销活动,当消费者习惯于在某个平台购物之后,他就会主观地认为这个平台的商品都很优惠。所以网络零售商推行的低价促销策略就是通过这种方式达到目的的。上述描述实际上反映了消费者对促销的刻板印象,而刻板印象则是代表性启发式的重要心理机制之一。在网络零售行业频繁采用降价促销的今天,促销行为会提高消费者的价格敏感性,还会造成消费者持币观望,等待商家提供更加优惠的价格,但这样同时也提高了消费者的客户黏性,增加了平台的流量。

消费者经常会根据以往记忆中容易提取的那些知识(信息),或从当下环境中能寻找得到的外显信息进行决策,这就是可及性启发式。例如,在网络营销中频繁的打折促销会增强消费者对促销价格的记忆,进而影响到他们对产品未来价格的预期,而这也是参考价格的形成机制。研究发现,消费者购买行为不仅会受现在的价格而且还会受预期价格的影响,在促销的情况下,具有价格知识的消费者更倾向于购买价格低或品牌影响小的产品,而没有此价格知识的则相反。为了获得更好的促销结果,企业在做促销时最好同时要做广告,因为这会让消费者更好地了解和掌握促销的信息。这也印证了我们平时在网络购物的时候,对自己熟悉的产品,总是反复比价,选择一个价格较低的适合自己的产品;而在挑选自己不熟悉的产品的时候,更倾向于选择那些评价好的、购买量大的、排名靠前的商品,这个时候往往容易忽视它的价格。

锚定效应是指人们在对某事做出判断时易受第一印象或第一信息支配,就像沉入海底的锚一样把人们的思想固定在某处或某个点上。例如,在淘宝上,消费者会以直通车价格或排名靠前的商品价格为锚,来调整他们的心理参考价格。锚定效应还包括促销广告用词对购买数量决策的影响,若消费者的购买数量是可以被"建议"的,商家可将购买数量锚定在一个比正常购买数量高的数值上。如果消费者会在锚定购买数量值上进行调整,那么就会比原先计划购买数量买得更多。这就是促销中的"限量购买"。例如,每人限量5件会使消费者将购买数量锚定在初始值"5"之上,并根据"5"调整购买数量。事实上,限量购买加价格折扣更易激发网络消费者的购买意愿,因为他们更有时间进行充分的价格比较。

人们通常对自己的判断和决策能力表现得过于自信,而这主要与代表性启发式有关。在促销决策领域,过度自信带来的后果是,消费者在收集和接收信息时容易夸大促销激励的作用,而降低有可能存在的风险。同时,消费者的过度自信可以体现在促销所引起的提前消费上。过度自信还会使消费者对决策过度乐观,最典型的体现就是高估小概率权重,而这也是网上各类抽奖促销的设计原理。确证性偏误指的是行为人倾向于寻找支持其想法的证据,而不关注或者是很少关注否定其观点的证据。正如在消费者决策中,为了避免对产品认知不协调带来的不舒服感,消费者会选择性注意和处理与自己相一致的态度,而忽略和避免处理与自己不一致的态度。已建立竞争优势的品牌会通过周期性价格促销,降低竞品的转换成本,通过消费者品牌转换来实现持续竞争,而一旦消费者将品牌与产品质量联系在一起,消费者就会忽略产品真正的质量属性,只在意品牌对行为的意义。

由于直觉启发式加工速度快,因此经常先于理性分析出现,而随后的分析系统则会对该结果进行调整,但这种调整本身就具有内在(心理)的不充分性。实际上,最后的结果常常还是取决于直觉启发式系统。消费者调整不足在促销决策中比比皆是。美国有学者研究网上消费行为时发现,那些获得10美元折扣券的消费者,比没有获得折扣券的人有更多的消费行为,并且这10美元的折扣券会导致消费者花更多的钱去购买更高质量的商品。

框架效应则反映了相同内容的事件由于信息表达方式(语义线索的建构方式或信息呈现方式)的不同,进而导致了不同的价值评估结果或决策行为。研究发现通过对三种不同但等值的价格进行促销,消费者的价值评估差异表现为,对于购买高价位的产品,消费者依序喜欢的价格型促销的顺序为:直接价格促销、额外产品或数量促销、混合式促销;而在低价位产品的情境里,消费者喜欢的顺序为:额外产品或数量促销、直接价格促销、混合式促销。

人的决策与价值判断存在参照依赖性。消费者参照系的选择除了与记忆有关的参考价格之外,还包括参照群体以及其他人的影响。例如,如果看到别人没有优惠券而需要用原价购买,那么优惠券持有人就会产生优越感。研究发现,消费者不仅会关注自己的所得,而且还会关注他人的所得,这些消费者往往会通过网络社区,将自己所获得的优惠券进行展示,以提升这种优越感,优越感越强烈,他们购物的自信心也相应越大。

精细加工可能性模型理论认为,决策者对信息加工的能动性决定了认知的模式。利用该模型,可对促销刺激和促销降价信息对消费者品牌选择的影响进行解释。消费者面对促销刺激时,采用中心说服路线的消费者会综合各方面的信息,认真考察促销品牌的相对价格和其他信息;而采用边缘说服路线的消费者则主要根据促销信息的某些刺激(如感人的画面、优美的音乐等)便做出决定。

任何一次促销活动都是一种价格的诱惑,并且在时间上都有或明或暗的影响。在物质利益的诱惑下,促销的时间限制会转换为消费者决策的时间压力,进而对其促销决策行为产生极大的影响。时间压力可以激发当下的情绪反应,如焦虑等。当可利用的时间越少或对购买环境感到不悦与不耐烦时,亦即当时间压力越大时,越会产生冲动性购买行为。例如,研究发现"促销截止日期效应",即消费者会在促销结束前加速购买。这表明了随着机会时间的减少,会引起不买后悔的强度的增长。由此可见,在促销情境下,一方面,通过时间限制放大了消费者有关机会丧失的预期,增加了不购买的感知机会成本;另一方面,在情感上会使消费者产生"不买后悔"与"过了这村再无这店"的感觉。

## 3.3 网络消费者行为因素分析

消费者购买过程不仅是一个用货币交换商品或服务的简单行为过程,而且还是一个既包括购买前的心理活动,又包括购买中的复杂行为过程。当消费者产生需求之后,这个过程在具体购买行为之前就已经开始,主要包括以下几个阶段:认识阶段、情绪阶段、意志阶段以及反馈阶段。具体如图3-9所示。

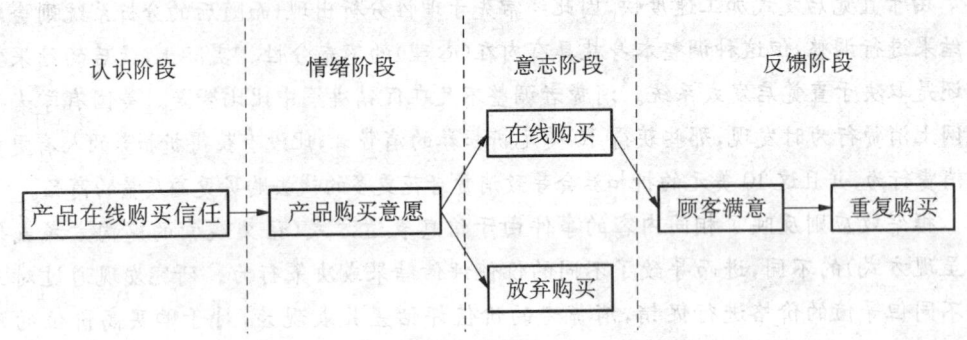

图3-9 网络消费者购买行为的心理过程

在整个过程中，在各种因素的影响下，消费者会有不同的行为和态度，常见的影响因素如下。

### 3.3.1 影响消费者在线购买的信任因素

互联网环境下的信任是指在线消费者对在线商家所抱有的信心或意愿，期望在线商家能够按在线消费者的期望执行重要活动，维护或提高消费者的利益。在网络环境下，信任主体是买方，即消费者，信任客体是卖方，即商家。通常买方被认为是把自己置于一个容易受伤害情形之中的一方。

互联网提供了一个全新的交易渠道，消费者信任缺失问题依然存在，并成为阻碍许多中小网络企业交易快速发展的关键因素之一。在不同电子商务类型中（B2B、B2C、C2C），所存在的网络交易信任问题也不尽相同。

消费者对商家的信任并不是凭空产生的，来自消费者自身因素、系统环境因素、网站因素、公司因素、购物回馈因素、信任倾向因素等六个方面。

1. 消费者自身因素

（1）互联网认知程度。消费者是否拥有互联网的专业知识，可能会影响其对网站的信任。互联网作为一种新技术，不同的消费者网络应用能力的高低不同，对网络购物的感知也就不同。相对于新手用户，互联网的专家级用户能够更好地利用这个新兴的购物渠道，将会发现网络购物的趣味性、便捷性、实用性，可能对商家的信任感要强一些；反之，信任感可能要弱一些。因此，精通互联网的消费者可能会拥有更强的网络信任。

（2）网购经验。在网络环境中，消费者的网购经验会对消费者行为产生重大的影响。以往的经验会影响个人信任倾向，并影响客户的满意度，而消费者的满意度直接关系到他们对网站的信任，此外，消费者网购经验越丰富，他们进行网络交易时的知觉风险也会越低。因此，消费者的知识与经验对于商家的信任态度也会产生积极的影响。

（3）在线娱乐或社区体验。许多消费者在使用互联网进行在线娱乐，许多使用网上社区分享他们的经验，从其他消费者那里获取相关产品和服务的信息，从而提高他们对网站的信任。更多的信心可以减少一些不确定性和取得更多的信任。因此,在互联网上消费者享用到更多的娱乐和社区体验,就会导致他们对该网站更大的信任。

2. 系统环境因素

(1) 法律和技术。法律约束是指管理经济活动中的法律合约,已被广泛地认为是减少机会主义行为、加强信任的制度机制。法律约束为企业提供激励,以规避其可能的机会主义活动,否则,其行为的法律成本可能要超过其潜在的利益。因此,法律约束是结构保证的一种形式。而系统信任中,除了狭义的制度保障外,所依托的网络技术环境的安全保障也是其重要内容。技术信任是一个企业相信内在的技术设施安全和控制机制能按照它的信心期望促进一个特定交易的主观信念。因此,消费者对法律和技术的感知有效性对于商家的信任态度也会产生积极的影响。

(2) 网购系统的可信度。在人机界面和人机工程学的文献中,信任被定义为一个影响人的选择使用客户端或是移动端系统的因素。而网上购物是一个必然需要主流端系统的相互作用的活动。消费者在何种程度上信任这种计算机化的中介可能会影响到他们对网上购物的整体信任度。一般认为在自动或电脑系统中,信任取决于三个因素:① 可感知的系统技术能力。② 可感知的系统性能水平。③ 操作人员对潜在特征的理解和管理系统行为的流程。系统技术能力是指有能力执行期望执行的任务。性能水平,包括速度、可靠性和可用性等参数,这三个因素都影响着网络消费者对网店的信任,且呈正相关关系。

(3) 网络中介机构。在线购物环境中的另一因素是可信任的网络中介机构,包括银行、信用卡机构、认证机构等服务提供商等。中介通过设立规则来限制卖方的机会主义行为,为可接受的交易行为提供指南。他们提供一个安全可靠的交易环境,建立公平和开放的规则和程序,对双方认证、评价,并剔除有问题的参与者,鼓励善意的交易规范,通过建立公平的交易和公正的结果建立起双方的信任。

3. 网站因素

(1) 网站质量。网站质量是指消费者对网站的组织、设计水准的感知与评价。传统购物中交易是否能够顺利实现,一方面取决于消费者是否有需求且有能力进行购买,另一方面则取决于厂家是否能够提供给购物者满意的商品和服务。网上购物不同于传统购物的是缺少实物感知,消费者通过网络购物,网站就是消费者对商家的第一印象。尤其是在信任形成的初始阶段,因为双方没有或很少有实质性的交易,初始信任会基于所看到的信息很快形成,并且往往一些很微弱的信息就能够对消费者的初始信任产生影响。如果消费者感觉到网站具有较高的质量或者是网店的形象较好时,可能就会认为商家有能力和诚意来完成他们的订单,并且会认真地履行订单,可能就会对商家产生信任。因此,网站设计、组织的好坏直接影响交易的效果,影响消费者对商家实力与能力的评价,从而影响消费者对商家的信任。例如,网站的导航和演示,即网站的外观、布局以及网站上的链接、图像和通道的排序,会直接关系着流程建设和网站的感知易用性,从而影响消费者对网站的信任。再如,网站的社区功能,即消费者通过加入该网站的公告板、聊天群或者类似的论坛,使得他们在网上购物的同时,可以和同一网站上的其他消费者进行互动和交流。这些社区功能,促进信息交流和知识共享,并为消费者提供一个有利的环境,从而增加了网络消费者的信任。

(2) 网站安全性。网站的安全性包括个人隐私信息的安全,主要有个人身份信息的安全,计算机和信用卡或金融信息的安全等。网站安全性是消费者在进行电子商务商品选购时最大的顾虑,消费者是否愿意公开个人信息,以及消费者对隐私信息的处理态度也是消费者是否信任网购的主要因素之一。大多数的消费者都会要求在进行商品购物时能够保证个人信息不被公开,商品选购时会更加关注电子商务网站自身的安全性和对隐私信息的处理方式,从而在自己可接受的范围内进行商品购买决策。为了增强消费者信任,许多网站会争取到一些权威机构的认证,如国内目前大多数电商平台都选择银联、支付宝或者是微信支付等。

(3) 网站信誉。网络购物中,消费者通过对网站信誉的感知来评判商家是否具备运作交易平台的能力,是否能够设身处地满足消费者的需要,维护消费者的利益。因为消费者认为网站的良好信誉来之不易,需要长时间的努力与累积才得以建立,平台所有者不会贪图一时之利而破坏辛苦经营的名声,足以看出网站信誉效应对消费者信任的积极影响。

4. 公司因素

(1) 公司规模。公司规模是指消费者对公司大小的感知。消费者往往认为规模大的公司有足够的能力给他们提供想要的服务和支持,往往愿意为他们的信誉和品牌投资,当销售给消费者的商品出现问题时,大公司愿意给消费者合理赔偿。因此,规模大的公司往往能够增加消费者的信任程度。

(2) 公司品牌和信誉。品牌就是一种无形中给予人信任的标志,它也是建立信任时质量和保证的象征。消费者选择商品时,如果所有相关信息比较匮乏,品牌可以提供更多的指导性,使得消费者更好、更快地选择,品牌能带给消费者心理上更多的安全感。由于优秀品牌发生欺诈的成本相对一些小品牌要高得多,因此更容易赢得消费者的信赖。例如,相比其他图书电子零售商,亚马逊、京东和当当等大型电商平台具有更高的品牌优势,更容易被消费者所信任。

公司的信誉可通过商家的能力、诚信和善意三个不同的维度进行体现。例如,订单履行的程度。订单履行是指消费者所提交的产品或服务订单的交付,是体现商家能力、诚信和善意的一个重要方面。当消费者非常在意他们在网站上购买的产品但又不确定信任该网站时,他们就可能依靠该网站的订单履行程度判断该网站是否可信。如果订单履行很少出现差错,或者是几乎没有,那么消费者就会对其产生极高的信任度。

对公司而言,塑造良好的信誉是一项困难、昂贵和长期的过程,需要大量坚持不懈的努力,一旦公司有不诚实的举动,都会对其信誉造成不可挽回的破坏。消费者会将信誉作为一个可靠的指标来评估公司的信任度,以确定在多大程度上信任该公司。消费者普遍认为,公司不会愿意冒着破坏信誉的风险去进行投机的行为。此外,信誉在消费者之间是可以传递的。

5. 购物回馈因素

消费者对商家的信任也来源于消费者对商家所采用的购物回馈方式的感知,商家所采用的购物回馈方式一般为特殊待遇、切实奖励和联系沟通。特殊待遇是指商家为经常光顾的客户提供更好的待遇和服务;切实奖励是指商家提供有形奖励,如价格折扣或礼物以换取顾客忠诚;联系沟通是指商家热情而个性化地与客户接触。因此,在网络营销环境下,商家除了为消费者提供特殊待遇和切实的物质奖励外,更多地可以通过积极主动地与消费者进行在线互动和联系沟通的回馈方式,不断地向消费者展示其能力、诚信和善意,以便有效建立消费者对商家所采用的购物回馈方式的感知,进而提高消费者对商家的信任水平。例如,消费者购物的过程中,商家适当的建议可以起到引导消费者的作用,帮助他们寻找合适的方法去解决网购时遇到的各种问题,从而增强消费者购物时对该网店的信任。

6. 信任倾向因素

各种影响网络消费者信任度的因素都会受到消费者个人的信任倾向的影响,信任倾向的不同,依赖于个人的文化背景、性格类型和生活经验等。信任倾向是一种人格特质,影响着消费者信任形成过程中的各个影响因素,当消费者决定是否信任以及多大程度的信任时,他们会寻找相关的线索,而信任倾向往往会放大或缩小线索提供的信号。从某种意义上说,信任倾向水平越高,对网络消费者信任形成的各种影响因素作用越大,也就是说,信任倾向正向作用于信任度形成的各个影响因素。

通过以上分析,可以看出消费者在网络购物的实际情况,构建了网络营销环境下消费者自身因素、系统环境因素、网站因素、公司因素、购物回馈因素、信任倾向因素与消费者在线购物信任之间的结构模型,如图3-10所示。对于从事网络营销的从业人员而言,如何建立和构建自己的网络营销环境,是一个比较有现实意义的研究。

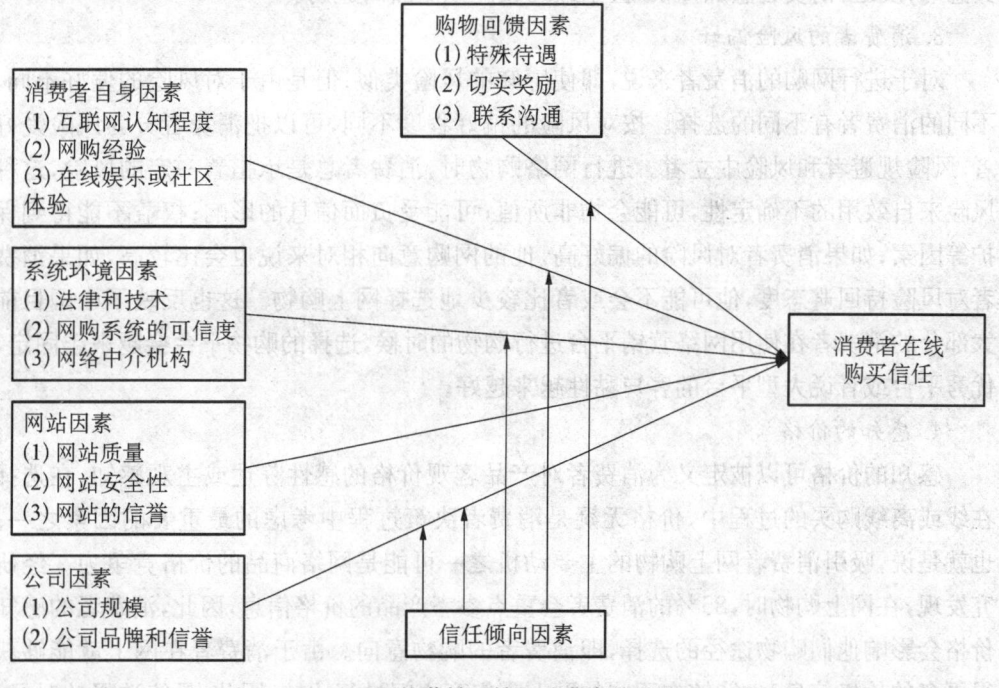

3-10 网络营销环境下消费者信任关系

### 3.3.2 影响消费者在线购买的意愿因素

消费者对网购拥有初始信任之后,才会产生网购意向。意向是行为的前提条件,是购买决策行为前最重要的显示因素。消费者所做的任何决策都与自身的态度和主观认识有着紧密的联系,消费者的态度、主观认识产生行为意向,行为意向导致行为的发生。如果说消费者的态度、主观认识是原因,那么行为则是结果。因此,购买意向的强弱直接影响消费者的行为决策结果,是消费者通过互联网在"虚拟商场"购买商品的主观概率或可能性,消费者购买意向越强烈,网上购买商品的可能性就越大。而购买意向的强弱,除了受到消费者在线信任的影响之外,还受到其他诸多因素的影响。

1. 个人特性

上一部分介绍了一些影响消费者在线信任的自身因素,这些因素通过影响消费者在线信任间接影响着消费者在线购买意向,而除了以上因素,还有一些个人特性直接影响着消费者在线购买意向,如年龄、性别以及教育水平和经济收入等。

2. 消费者的风险感知能力

网络营销环境下,消费者对商品的风险感知能力也是决定消费者是否产生购买意向的因素之一。在网络平台上,商品具有不可见性,所有商品都是以图片、图像的形式虚拟存在,消费者在进行购物时,都会针对图片、图像上所展示商品的包装、质量、规格及形象等根据自己的心理需求进行筛选,对符合欣赏水平和质量要求的商品进行风险感知,如果感知到商品的风险程度较低,消费者就会更加信赖自己的选择,最终产生购买意向;反之,消费者愈加谨慎,甚至最终放弃该商品的选购。

3. 消费者的风险偏好

对于进行网购的消费者来说,即使感知的风险类似,但是由于对风险的偏好不同,不同的消费者有不同的选择。按对风险的偏好程度不同,可以把消费者分为风险爱好者、风险规避者和风险中立者。进行网络购物时,消费者总是承担着一定的风险,这种风险来自效用的不确定性,可能会物非所值;可能受负面信息的影响;权益不能得到保护等因素;如果消费者对风险的偏好高,他的网购意向相对来说也会比较高,如果消费者对风险持回避态度,他可能不会或者比较少地选择网上购物。这也反映了中国目前大部分的消费者在使用网络营销平台进行购物的时候,选择的购物平台会越来越固定,优秀平台或者说大型平台的客户黏性越来越好。

4. 感知的价格

感知的价格可以被定义为消费者对产品客观价格的感性陈述或主观感知,在选择在线或离线购买的过程中,价格无疑是消费者决策过程中考虑的最重要的因素之一。也就是说,吸引消费者网上购物的主要动机之一可能是网络商品的价格竞争力。经研究发现,在网上购物时,85%的消费者会重点参考产品的价格信息,因此,消费者的感知价格会影响他们购物途径的选择,即消费者的购物意向。由于消费者在网上就能够获得更多的价格信息,也能够在不同的网上零售商之间进行比较,因此,最终选择的时候,当网购的价格比消费者期望的产品价格低的时候,消费者才会产生购物意向。

**5. 产品的类型**

网上零售的领域内已经提出几种产品分类方法,一种常见的分类方式是将商品分为搜索型商品和体验型商品。搜索型商品是指在购买前关于产品的主要属性的完整信息可以得知;体验型产品是指关于产品的主要属性的完整信息只有在直接体验之后才能得知,也就是说通过信息搜索获得这类产品的主要属性信息是非常困难的,必须通过亲身体验。总之,搜索型商品在购买之前可以通过外部获得的信息进行详细的了解,而体验型商品需要亲身体验去了解该商品。

由于体验型商品在购买之前需要亲自观察,并且产品的相关信息很难通过网络直接获得,因此,消费者通过网络购买搜索型商品的意向一般会强于购买体验商品的意向。此外,在网络环境下,减少搜索成本可能更有利于搜索型商品,相比体验型商品,消费者更倾向于对搜索型商品进行网购。对于体验性商品,消费者更倾向于网络社区平台去参与讨论、交流,通过其他人的亲身体验的评述交流,促使消费者购物决策的形成。

**6. 在线评价**

网络口碑相对于传统口碑来讲,具有匿名、非面对面、波及范围大、传播速度快等特征。在线产品评价是口碑营销的一种,它是消费者对于产品的特性和商家的服务,给予的主观和客观的两方面评价。随着我国电子商务的飞速发展,评价内容日渐成为网络消费者购买决策的重要依据之一。在线评价一般包括正面评价和负面评价,正面评价会在一定程度上促进消费者网购意向的形成;负面评价会对网络消费者购买意向产生消极影响,消费者通常会认为负面信息比正面信息更具判断性价值,所以会在购买决策时更多地依赖负面信息。因此,在线评价中负面评价比例的多少将会成为网络消费者是否购买新产品的一个重要影响因素。由此,可以认为对于网络消费者,负面评价比例越高,网络消费者感知的购买风险就会越大,购买意向就会降低。

**7. 网络接受性**

网络接受性是指人们对使用网络进行购买的态度。它受到消费者对客户端或者移动端易用性、有用性以及便捷性感知的影响。感知易用性是指对消费者来说,网络购物过程具有易于学习和使用、减轻记忆负担等优势,如在上网过程中很顺利、网站网页打开速度很快或者操作的简易性等。感知有用性是指消费者认为,通过网络购物能给自身带来效益,如消费者曾经有过很好的网购经历或者某营销平台的信誉很好。如果感知易用性较高,感知有用性也很高,那么网络购物接受程度就会较高,此时消费者很有可能产生网络购买意向。而便捷性也是网上购物的一个最显著的好处之一,也是消费者最经常提到的进行网络购物的原因。因此,便捷性已被认为是消费者网购的主要动机。当消费者感知到网络购物的易用性、有用性以及便捷性时,网络购物的意向就会越大,反之亦然。总而言之,互联网接受性高会加速消费者网络购买意向的产生。

### 3.3.3 影响消费者网络购买的行为因素

消费者网络购买行为的形成需要经过两个阶段:首先就是消费者网络购买意向的

形成阶段,其次是消费者购买意向转变为网络购买行为的阶段。在网络消费者购买意向转变为购买行为的过程中,也会受到其他一些因素的影响,从而促进或者抑制消费者的网络购买行为。

1. 消费者理性

人们在产生行为意向后,会根据自己的信念对意向进行评估,而人们对行为意向的评估过程恰恰就表现了人们的理性。理性的人对自己的行为会经过更加细致的考虑,当他们发现自己想要购买时,会考虑准备购买的物品是否必需,对购买行为更加谨慎。因此,人们的理性越高,网络购买行为形成的第二个阶段发生得越慢,甚至不发生。

2. 社交因素

社交因素是指他人对消费者购买意图的影响。一般而言,每位消费者的朋友对他们是否应该做一个特定的采购意见就会影响到购物意图。其他社交动机,如家庭之外的社交经历或者与兴趣相似的人以及同龄人组织成员之间的交流,对消费者购买意向也会产生一定的影响。基于以上分析可知,社交因素在一定程度上影响着消费者的购买意向,这也是网络营销目前的一个主要方向。

3. 商品性质

消费者对商品特征的认识也会影响消费者商品选购的决策。消费者对快销品的选购极易做出购买决策,主要因为价格便宜且消耗大,即使物品品质不好,仍可以通过不断尝试而发现优质商品。但是消费者对新产品或者是大宗耐用消费品的使用普遍存在观望态度:一是对商品质量的担忧,二是对商品信誉的陌生。尤其在易损品等方面,消费者在进行网络购物时会更加谨慎,既考虑商品本质问题,又会对商品的流通渠道的安全性等进行考虑,从而无形中增大了感知风险,最终难以做出购买决策。

4. 网络购物感知流行度

一般情况下,消费者具有较强的从众心理,在接受新事物的过程中非常容易受到他人的影响。消费者感知流行是指当消费者发现身边有很多人在使用某新产品或服务时,且发现该产品或服务受到大多数人的追捧时,则也会对该产品或服务产生兴趣,从而更容易接受该新产品或服务。或者说,当消费者感觉周围越来越多的人在使用某新事物时,那么他想了解和使用该事物的欲望就越强烈。在传统的营销策略中,许多商家也利用消费者的这一特点,最典型的就是让明星来代言,这样更能突出该产品的流行性;网络营销同样适用。因此,网络营销平台对消费者购物感知流行度,可以产生积极的影响,对消费者网络购物存在显著的正相关关系。

### 3.3.4 影响消费者在线购买的满意度因素

购买商品后,消费者通过自己的使用和他人的评价,会对自己购买的商品产生某种程度的满意或不满意。影响满意度的因素主要包括顾客在购买前对产品或服务的预期、购买后对产品或服务的实际感受、顾客对本次交易过程的效益评估等。

1. 购买前对产品或服务的预期

顾客对产品或服务的预期,是指顾客基于过去网络购物经验、个人特定需求和商家的声誉品牌而对购物网站整体服务质量的预期。顾客满意度的产生就是基于顾客购买后与之前的期望所对比形成的,依据这种差距的正负以及距离程度产生三大情绪:欣喜、满意和抱怨。当期望对比实际过高时,容易导致落差的产生,顾客失望概率会加大,此时顾客期望与顾客满意度是呈负相关关系的;另一方面,顾客在购买后的比较当中,往往将自身的感受水平向预期进行靠拢,这在某种程度上导致顾客期望与顾客满意度正向关系的形成。

2. 购买后对产品或服务的实际感受

顾客购买后的实际感受指的是顾客对所购买到的产品在性能、价格和稳定性,以及服务的周到性、及时性等方面所体验到的一个过程。很显然,这种感受与顾客满意度是一种正向的关系。这是一种主观感受,一般会受到产品质量、服务质量以及网站的感知易用性的影响。

产品质量是影响网络购物顾客满意度的首要因素,因为顾客购物的目的就是要买到称心如意的产品,如果所购产品质量较高,顾客对于整个购买过程就会比较满意。

服务质量是网站为顾客进行高效率的浏览查询、购物以及为顾客配送产品或提供服务便利的程度,一般包括售前服务、交货的准确和速度以及售后服务。

网站的感知易用性是指网上购物过程对消费者来说意味着易于学习和使用、减轻记忆负担等,如在上网过程中很顺利、网站网页打开速度很快或者操作的简易性。它不仅影响着网络消费者的购买意向,同时也影响着网络消费者的满意度。

3. 顾客对本次交易过程的效益评估

顾客对交易的效益评估是一种更为抽象的概念,它包含更多的内容,如对交易过程的公平度的评判,或者顾客多次消费对某品牌的印记,从而附带上一些情感因素等,顾客的这些考量因素是与满意度正相关的。

### 3.3.5 网络消费者重复购买行为发生的影响因素

由于网络购物的特性,消费者购后的效应会扩大,即当消费者对网络购物体验不满意时,他们很可能不会再度光顾这家网络店铺,甚至会终止网络购买行为;反之,如果消费者对网络购物体验满意时,往往会在短期间内进行重复购买。但是,顾客满意并不是必然会引起网络消费者的重复购买,顾客满意要向顾客忠诚转换会受到一些随机因素的影响。

1. 转换成本

转换成本是指当顾客从某一产品或服务的交易对象转向另一交易对象时所需要付出的努力和承担的额外成本。转换成本不仅是经济上的,还是时间上和情感上的,它是企业竞争壁垒中的一个重要因素,因此,适当地设置转换成本是提高顾客行为忠诚的有效手段。转换成本的设置手段和方法应尽量不引起顾客反感,多从顾客角度考虑问题,带给顾客更多的便利性,赢得他们的支持和信赖,从而不影响顾客的忠诚度。例如,网络零售企业可以建立会员制度、合理的老顾客优惠政策、有效的信息传达系统,这些都能提高顾客的连续性成本、学习成本和沉没成本,从而加大了顾客转移到其他竞争者购物的成本,更有利于保留老顾客,提高顾客的忠诚度。

2. 感知价值

感知价值是一个基于顾客主观感知的概念,反映了消费者对产品或服务的态度和评价。消费者感知价值的大小受感知利益、感知风险和购买成本三个因素影响。其中,感知风险是指网络消费者在购买产品过程中,对遇到的各种客观风险的心理感受和主观认知,是消费者在网上购物过程中感知到的不确定性,这种不确定性包括购买结果的不确定性和错误决策结果严重程度的不确定性。网络购物的感知利益包括满足消费者个性化的需求、为消费者提供方便快捷的购物方式、满足消费者追求新奇的动机和为消费者提供更便宜的商品等;购买成本既包括消费者支付的货币成本,也包括消费者在购买过程中花费的时间和精力。消费者感知利益越大,则消费者感知价值越大;消费者感知风险越大,则消费者感知价值越小;消费者购买成本越大,则消费者感知价值越小。当消费者对产品的感知质量越高时,其对产品的感知价值也会跟着提高。

顾客感知价值是通过两种途径影响消费者重复购买行为的:一是直接影响,二是通过影响顾客满意度的间接影响。消费者在对产品和服务进行购买后,对产品和服务知识有了一个学习的过程。通过这种学习,对产品和服务本身的品质水平有了更深刻的认识,对比为之付出的代价,形成感知价值的判断,也就是"值"或"不值"的认识。如果消费者获得的感知价值水平较高,符合消费期望的水平越高,就越容易形成较好的满意水平,从而使得消费者会愿意为了降低风险和节约自身时间、精力等而再次光顾进行二次购买甚至多次购买。

3. 顾客信任

不同于顾客对网络营销平台的初始信任,这里的顾客信任是指交易完成以后,网络消费者对商家履行交易诺言的一种感觉或信心。顾客信任在顾客满意向顾客忠诚的转化过程中发挥着重要的调节作用。如果顾客没有建立起对企业合理程度的信任,关系将很难长久维持。因此,商家必须提高服务人员的素质和服务水平,为顾客提供优质优价的商品,提高企业品牌的知名度和美誉度,从而增强顾客的信任感。随着顾客信任的增强,顾客满意和顾客忠诚之间的转换将更容易,从而促进消费者的重复购买行为。

4. 替代性选择

替代性选择在理论上是指顾客在市场中选择竞争者产品的可行性。如果顾客感觉现有供应商的竞争者能够为他们提供更为方便、优质齐全的服务或功能更先进、价格更优惠的产品,发生转换行为能够获得较高的利润回报,他们就可能不选择现有的服务供应商而购买竞争者的产品或服务,即使顾客满意现有的关系。

5. 便利程度

在替代产品种类繁多、竞争激烈的情况下,如果顾客不能较方便地购买到所需要的产品,即使对以前的购买和消费高度满意,对企业、品牌及其产品高度信任,情感上比较偏爱和留恋,也会因急于需要而转向购买竞争对手的产品。所以说,如果一个企业的产品便利程度越高,那么网购满意的顾客也就越容易再次光顾。

6. 服务补救

服务补救对顾客的重购行为也有很大程度的影响,有些时候,顾客对产品或服务总的感觉是满意的,但在某些接触点或对一些细节的感知却不一定很好。所以,企业可以通过采取一些补救措施来使顾客的感知质量达到更好的水平,获得更高的满意度,进而赢得顾客以后的光临。

**复习思考题**

1. 网络消费市场特点有哪些?
2. 简述网络营销市场细分的步骤。
3. 如何对网络营销细分市场主要人群进行定位?
4. 影响消费者网络购买的行为有哪些?
5. 如何对网络消费环境进行分析?

**思维拓展**

**富军如何用微信卖栗米**

三个月,一个人,依靠微信朋友圈,卖掉 100 000 斤各式栗米,总值接近 200 万。栗米,从一个默默无闻的有机大米品牌,发展成有 300 个长期客户,2 万名潜在高端客户的大米品牌。在华语商学院的圈子里,富军已经成功打造出这么一个形象:"买有机好米,找富军!"他是怎么做到的呢?

在 2013 年之前,富军一直在做五金配件外贸生意,这个从小山村出来的山东汉子,考上大学,在上海白手起家,从不懂一句英语开始,到每年和老外完成一个多亿的订单,富军的第一次成功创业走的是千千万万个小企业家都走过的路——聪明,勤奋,执着,在上海找到一方立足的天地。

卖大米,纯属偶然。富军太太的家乡在东北,家里做饭,孩子大人平时都只吃家乡寄来的有机大米。送给朋友,大家也都说好。有一天,太太跟富军开玩笑:你这个金牌销售,啥时候做点更有意义的事?把咱家乡的好大米推广出去,让我们认识的人都能吃得健健康康的。在太太的启发下,富军开始了自己的米商生涯。

**微信好友加出了灵感**

富军的朋友圈内某条被点赞的消息,微友们对富军的消息不吝夸奖。

有粮在手,但往哪送是一个问题。

富军把自己所有的社会关系梳理了一遍,还发动外贸团队里的小伙伴,把这些年打过交道的大米潜在客户全部列出。

这个豪爽的山东汉子,最早送米都是 10 斤、20 斤、30 斤地送,就像小时候村里招待客人那样。也不管有用没用,富军说,做事先做人,做人要大方。不过,在最初一波大米送出之后,卖米事业有点举步不前。老客户总是有限的。接下来该送给谁呢?正巧那时候商学院组织了一次户外旅行,富军也参加了。旅行的时候大家都爱找乐子。有一天,富军与和队里的同学比赛:到指定地点,看谁能先收齐30个微信号——那个时间,2013年年初,微信很热,人们开始不再交换名片,而改用加微信。一周的户外之旅,富军的微信好友发展到1 000多名。任何微信营销都需要两个基础条件,一个是一定的好友数,另一个是较为紧密的关系。显然富军通过商学院的活动积累了大量和自己有紧密关系的人脉。这种通过参加某个组织,获得大量优质人脉资源的情况并不少见。比如,某创业者通过参加黑马会,通过一系列的线下活动后,他的人脉迅速扩展了一倍多。或许是艰苦的户外活动加深了微友的感情,也或许是相似的背景和经历让大家特别有共同话题。富军还发现,当他尝试在朋友圈内介绍自己的大米时,效果出奇的好。

**自商业需要事件营销**

富军不遗余力推销大米的形象并没有遭到大家的反感,相反,人们开始记住了这个自信、开朗、乐善好施的富军,他在商学院的微信朋友圈中勾勒出了一个公众形象。

有趣的是这时候,他的好友加到了3 000,而见面超过三次的不到10%。也就是说,大部分人虽然没见过富军,但都知道,他是商学院里卖米最有名的人。

随着微信好友的迅速扩张,线下的互动也变得重要起来。

富军策划过一次线下活动,带来了很好的效应。

虽然从来没有正儿八经地做过品牌,但敏锐的富军发现,事件营销总会带来爆炸式的效应,有趣的话题能够在商学院圈子里引发关注和讨论。

谁能吸引眼球,引发话题,谁就能得益。在社交化网络里,这个规则经久不衰,沿用到小规模的朋友群里,一样有效果。

12月1日,上海国际马拉松赛又给了富军灵感。跑步和卖米如何结合到一起?富军决定继续强化自己给人的印象:为了卖米,老板可以不遗余力亲自上阵。

于是,就出现了马拉松赛场上那只背着米袋子奔跑的愤怒的小鸟。这只背着米袋子,浑身贴满二维码的小鸟吸引了大量媒体的关注,连上海马拉松最美丽选手廖智都来合影。这个"愤怒老板"登上了各大新闻头条,商学院的同学都看到了,富军不但成了话题人物,而且还成了新闻热点人物。

从2月份和老婆开玩笑决定卖米,到之后开始向微信好友赠送大米。到8月26日正式开始登记卖米时,富军发现,粮仓里的米已经没货了。新米需要预约购买。

之前适销对路的圈层营销在这个时候显现出了威力。在接下来的三个月内,富军每天都收到微信上订米的订单。

人们在微信朋友圈跟他打招呼,通常就是:"富军,我认识你,你家大米我吃过,很好,我要订一年。"

到 11 月底,富军累积了全年订户 200 个,销售大米 200 万。

这真的是他一个人创下的成绩,订户大都来源于各种熟悉或者素未谋面的微信好友。

**朋友圈内容建构**

富军的朋友圈消息维持在每周 6 条。起初,一切都紧紧围绕"栗米",如各种栗米销售组合套餐,健康生活方式。当积累了三万好友之后,富军的朋友圈自成了一个"媒体发布中心",上面出现了很多商学院活动召集,社会公益活动发布,各种商业资源交互信息,咨询求助。

富军把朋友圈完成了一个自媒体,在打造栗米品牌的过程当中,每当遇到问题,他就求助,从栗米的名字、广告语,到很多活动的创意,都来自朋友圈高手的创意。朋友们也通过关心富军事业,到对栗米这个品牌产生强烈的认同感。发展到后来,更把富军当作了有求必应的"万能消息中心"。

每天在朋友圈吆喝自己的产品,会有人反感吗?

"有,但是更多人给我点了赞,并且每天我都有大米订单。嫌我烦的朋友们也无非是亲切地和我调笑一下:富军跌进米缸了。有时候看到我发栗米的消息,他们还会友好地提醒我:富军再说话,禁言三周!"

但越是这样,富军这个人越是和他的栗米紧紧捆绑在了一起。

"大家因为信任我富军,所以信任我富军卖的有机大米,他们认可我这个人,然后认可了我创造的栗米品牌。"

任何微信营销都需要两个基础条件,一个是一定的好友数,另一个是较为紧密的关系。显然富军通过商学院的活动积累了大量和自己有紧密关系的人脉。这种通过参加某个组织,获得大量优质人脉资源的情况并不少见。比如,某创业者通过参加黑马会,通过一系列的线下活动后,他的人脉迅速扩展了一倍多。

回过头,仔细统计富军的朋友圈内容,可以看到有几个关键词的重复概率非常高:健康,感恩,真诚,大米,善心,理想,行动,坚持。

富军在商学院的朋友圈里成功塑造了:健康,开朗,幽默且执着的卖米大汉形象。这和熟练运用微信这个平台做适销对路的圈层营销分不开,更和他因卖米打造出来的品牌形象以及人格魅力分不开。

创造品牌真的需要很多钱吗?不,富军的故事告诉你,一个小企业,如果熟悉"媒体"的运作方法,照样可以用很低的成本,在很短的时间里实现很高的收益。

200 万,只是栗米的开始。富军的微信平台将为他带来更多的空间和可能。

(资料来源:行行出状元网.http://info.hhczy.com/article/20140313/19800—2.shtml.)

# 第四章
# 网络市场调研

## 案例导入

### 1 539万条数据,花西子增长策略

2019年,有两个品牌深受资本青睐,一个是完美日记,目前估值已超过10亿美元;另一个,则是在天猫闯出来的国潮品牌"花西子"。花西子品牌诞生于2017年3月,同年8月入驻天猫,开设花西子旗舰店。花西子在2018年的销售额仅有4 319万,但其2019年销售额便高达11.3亿,同比暴涨了25倍。

2019年"双十一"活动期间花西子销售额高达2.2亿元,是彩妆TOP 10品牌中除了完美日记仅有的国产品牌。由于品牌刚成立不久,花西子在2018年并未参加"双十一"促销活动,首次参加成绩着实抢眼。完美日记向来以低价取胜,宝贝均价仅有55元,但花西子均价与美宝莲持平达到124元。

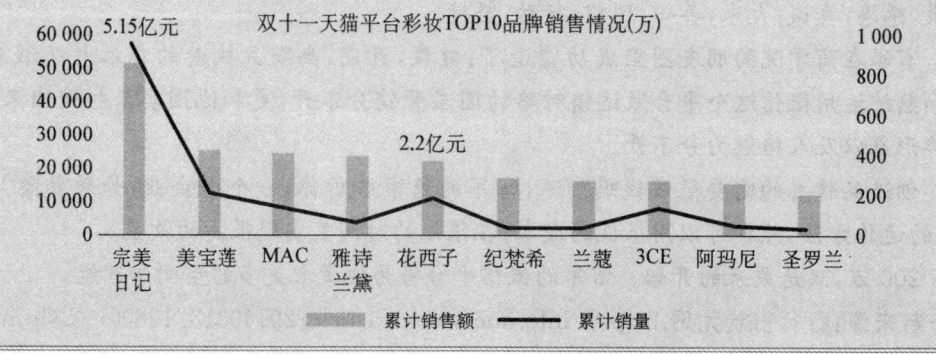

花西子不是靠某一个爆款产品走红,从销售数据看,消费者喜爱花西子的散粉、口红、眉笔、卸妆棉等产品。它的崛起印证了一条新品牌、新公司的突围路径。与传统电商时代的"网生品牌"不同,花西子从产品成分、消费者运营到包装设计都有着极强的鲜明烙印。

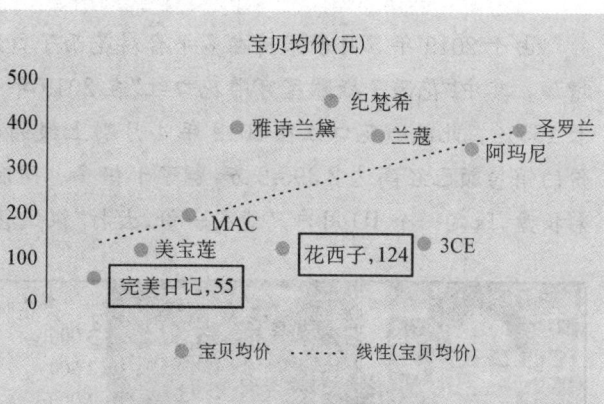

### 古妆成分的造风者

与市场上大多数的彩妆产品不同,花西子品牌具非常明显的东方彩妆特色,而且在产品成分上,也大多是天然花草成分,温和养肤。据官方资料显示,花西子复刻唐宫养颜方,比如花西子眉笔,是由忍冬花+何首乌精华制作而成;雕花口红,以"花露胭脂"养唇古方+上好的花瓣为原料制作而成;花西子散粉,以蚕丝粉、桃花、山茶花和珍珠粉制作而成;而气垫用的则是慈禧太后的秘方"玉容散"外加白睡莲、芍药、山茶花精华等。同时,花西子也强调所有产品均不含香精、酒精、激素、荧光粉和孕妇慎用的成分,这样一来也打破了孕妇不能使用化妆品的魔咒。

要想提高商品转化率(产生购买行为的客户人数÷所有到达店铺的访客人数×100%),商家往往会选择粉丝数量较多、内容质量较高的KOL(Key Opinion Leader,关键意见领袖)或者明星,花西子也不例外,自李佳琦和鞠婧祎加盟花西子以来,话题和热度不断上升。根据百度指数显示,2019年3月13日由于李佳琦直播推广花西子散粉,花西子在当日的百度指数出现明显峰值;同样在2019年5月8日,由于官宣鞠婧祎为代言人,花西子的百度指数明显升高。在过去的一年里花西子的搜索指数呈明显上升的趋势,尤其在2019年的"双十一"活动期间达到最高值,整体同比增速更是高达420%。

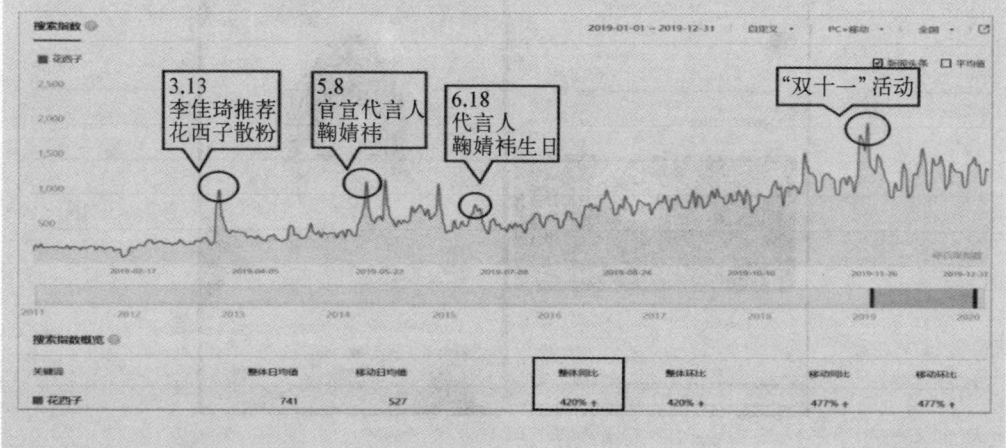

## 网络营销

　　由于2019年5月李家琦在多平台对花西子口红的推广,花西子的口红销量飞速增加。其中"花西子微雕星穹雕花口红"在2019年5月的销售额为594.8万,环比增长165%。此款雕花口红在2019年4月刚上线的时候,销售额仅有224.6万,11月份的销售额已经高达2 395.2万,翻了十倍多。同时,花西子更是推出百鸟朝凤浮雕彩妆盘,限定一个ID用户只能买一份,大打"饥饿营销"牌。

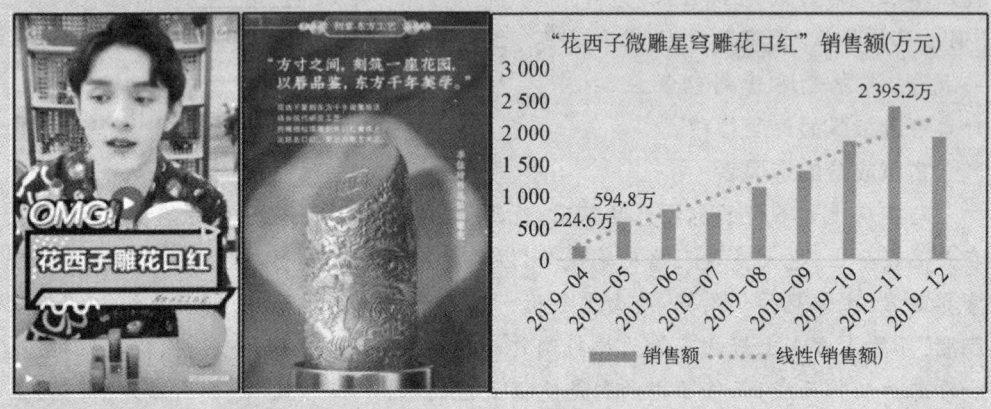

　　2019年5月8日花西子官宣鞠婧祎为代言人,深受低龄人群的喜爱,由其主演的《新白娘子传奇》在2019年4月8日正式开播,这部剧的演绎强化了鞠婧祎"东方美人"的形象,而《新白娘子传奇》又恰好是关于杭州西湖边上的故事,因此创立于杭州西湖边的花西子的首位代言人请到鞠婧祎,整个形象气质和品牌调性契合度还是很高的。同日官宣鞠婧祎为代言人的微博,至今转发量达到100多万,点赞数10万。鞠婧祎的同款"花西子玉女桃花轻蜜粉散粉",在2019年多个月份销售额同比上涨上千倍,总体呈大幅上涨趋势。2019年6月的销售额达到5 786.8万元,环比上涨92%,由于"双十一"促销活动,此款散粉更是达到2019年月度销售额最大值1.2亿元。

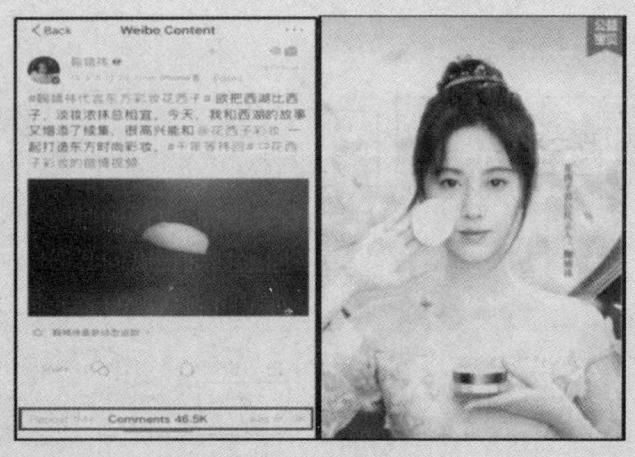

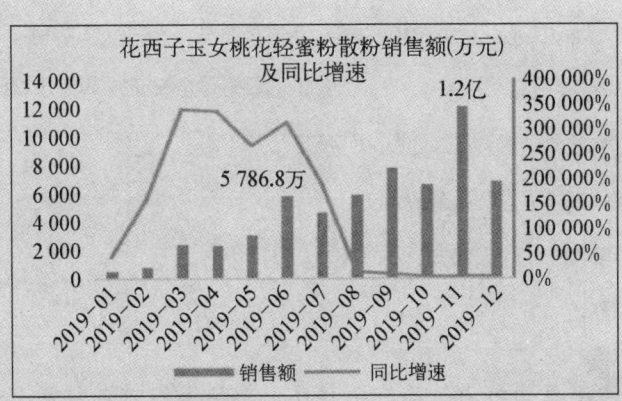

与许多新潮品牌方一样,花西子同样深耕小红书、抖音等网络社交平台。小红书一直强调真实的用户消费体验,是KOC生长最好的土壤。KOC即关键意见消费者,据36氪资料显示,2018年开始,某MCN机构负责人把"曝光量高,点赞收藏高,但粉丝在10万以下的账号"划定为优质KOC。相比于KOL,KOC的粉丝更少,影响力更小,优势是更垂直、更便宜。平台首页推送的优质内容也在逐步偏向KOC内容。有了平价替代的投放方式,品牌方不仅能减少预算,也能沉淀大量的优质的品牌正向内容。比如,曾经有一篇名为《花西子新品星穹雕花口红李佳琦试色》的小红书笔记,就曾在各大社交平台深度发酵。根据互联网数据显示,2019年1月到12月,花西子在小红书上的笔记数量总体呈上升趋势。尤其在11月,笔记数环比增加了近两倍,主要由于花西子在11月的达人投放量环比增加近两倍;10万粉丝以上的达人减少了4位,10万粉丝以下的达人环比增加1.86倍,粉丝在300以下的KOC占到58.2%。显然,花西子在小红书的投放以KOC为主。

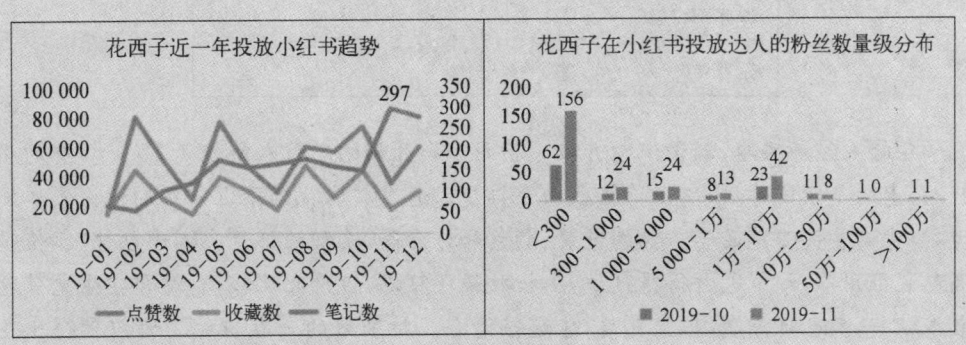

抖音不同于小红书,小红书的用户习惯刷笔记看评论,而抖音更多的是红人秀场的花式推荐。从2019年12月2日到2020年1月1日,抖音上花西子商品浏览量如下:口红的浏览量最高达到102万,散粉浏览量为46万。其中口红的全网销量增加2.62万,这里的全网销量是指:抖音视频里面带有淘宝、天猫、京东等电商平台链接,在对应电商平台的总销量。当然,靠网络达人的带货和曝光度可以收获大量的流量,但花西子自下而上的流量获取似乎更加有效。

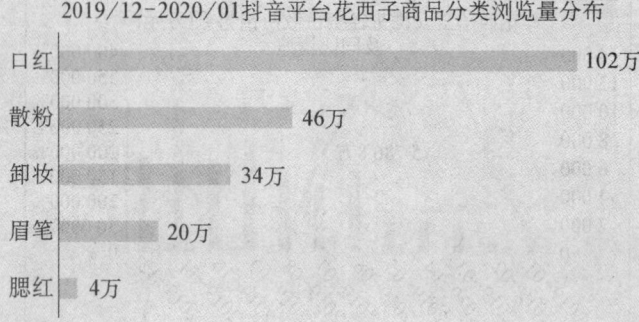

2019/12-2020/01抖音平台花西子商品分类浏览量分布
- 口红 102万
- 散粉 46万
- 卸妆 34万
- 眉笔 20万
- 腮红 4万

  花西子官方在微信中推出体验官小程序。产品上线前会招募上千的用户试用，然后出具相应的用户体验报告。这种"用户共创、参与式开发"的模式，不仅无限接近了用户的真实需求，而且还有另外一个好处就是，当流量潮退去的时候，仍然可以留住一批忠诚的品牌粉丝，可以在一定程度上减少对流量的依赖性。

  年轻人经济崛起，颜值消费升级。花西子一开始的定位人群就是20～30岁的年轻人，走的是亲民路线，所以价格也易于接受。通过爬取花西子近一年的评论文本发现，消费者多关心花西子产品的包装、颜色和好看等，典型的评论文本中包含"颜值很高包装很用心，细节也做得很到位，上妆效果还可以，性价比比较高，适合学生党""包装很精美，颜色很漂亮，很显气质，味道很清香。特别好的一款口红""可以看得出花西子真是用心在做事情了，首先箱子是特制的，然后一封用心写给花伴的信，防撞包装细致周全，眼影更是精致了，喜欢这款诗意的名字，我这种菜鸟新手，也可以掌握"等。另据《种草一代·95后时尚消费报告》显示，95后在网购人群中占据主力地位，表现在人口占比最大，黏性最高，渠道偏好最强烈：约1/4电商用户为95后；63.9%的受访95后每天使用电商平台；10%的受访95后每天都网购下单。由此可见，花西子精准洞察到了年轻消费者的需求。

花西子一方面通过社交网络完成产品销售,另一方面直面消费者,慢慢你会发觉,当一个美妆播主拿出一款微雕产品,你就会自然联想到花西子。不论是完美日记,还是花西子,我们似乎发现了:这种带着与消费者默契的品牌感,不是诞生在消费者观望的广告营销中,而是起源于一次次与消费者的无限接近中。花西子的逆袭,不仅在满足新消费人群的新需求上下足了工夫,也印证了不止大象可以起舞,小品牌也可以脱颖而出。

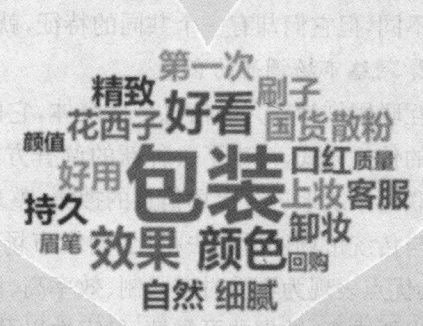

(资料来源:魔镜市场情报. http://research.moojing.com/notebook/％E8％8A％B1％E8％A5％BF％E5％AD％90copy_1.)

## 4.1 网络市场调研概述

网络市场调研是指在互联网上,针对特定营销环境进行调研设计、收集资料和数据分析等一系列活动。对企业而言,网络市场调研是必不可少的,一方面,能够促使企业生产适销对路的产品,并及时调整营销策略;另一方面,能够引导厂商推出打动人心的广告,制定产品推广与促销的方案。一般而言,只要网络市场调研进行得及时迅速,产品就能适销对路,获得良好的销售态势。企业网络市场调研有两种方式,一种是利用互联网直接进行问卷调查,收集一手资料,被称为网络直接调查;另一种是利用互联网媒体功能,从互联网收集二手资料,被称为网络间接调查。

### 4.1.1 网络市场调研的界定

**1. 市场调研的概念**

市场调研是系统地设计、收集、分析和提取数据的过程,是以科学的方法系统地、有目的地收集、整理、分析和研究所有与市场有关的信息,特别是有关消费者需求、购买动机和购买行为等方面的信息,从而有目的地了解市场发展状况,有针对性地制定营销策略,并取得良好的营销效果。市场调研是为解决企业特定的营销管理问题而进行的工作,强调对市场信息收集、加工和处理的系统性与客观性。所谓系统性,是指市场调研需要周密地计划和组织；所谓客观性，是指市场调研在行使其职能时，要尽量避免受主观的感情和偏见的影响。虽然市场调研活动与自然科学研究在研究对象和使用方法上极为不同，但它们却有一个共同的特征，就是尽量做到系统而客观。

2. 网络市场调研的含义

互联网作为新兴的信息传播媒体，它的高效、快速、开放是无与伦比的。伴随着这种新的传播方式，产生了一种新的调查方式——网络市场调研。网络市场调研就是利用互联网系统地进行市场信息的搜集、整理、分析和研究的调查方式。

与传统市场调研方法相比，网络市场调研具有很多不同的特点，有优点也存在缺陷，其优点表现为不受时空限制、效率高、调研成本低和周期短等；其缺陷表现为调研所需技术要求高，数据的可靠性、稳定性以及样本的数量和质量较难保证。

网络市场调研的主要内容包括企业产品消费者的需求信息调查、目标市场容量调查、产品供求形势调查、企业产品市场占有率调查、消费者满意度调查、竞争对手情况调查、市场宏观环境信息调查等。

### 4.1.2 网络市场调研的特性

网络市场调研作为一种新兴的调研方法，与传统市场调研相比，具有很强的优越性，它可以充分利用互联网的开放性、自由性、平等性、广泛性及直接性等优点，因此，具有以下的一些特性。

1. 及时性和共享性

由于网络传输的快速性和网络调研的开放性，任何人都可以通过网络参与投票，并查看投票结果，有力地保证了网络信息的及时性和共享性。另外，网上调研信息经过统计分析软件的初步处理后，即可以看到阶段性的统计结果，而传统的市场调研得出结论须经过很长一段时间。例如，人口抽样调查统计分析一般需三个月，而中国互联网信息中心 CNNIC 在对网络市场进行调查时，从设计问卷到实施网上调查和发布统计结果只需一个月时间，中间在数据的收集和汇总等方面，充分利用网络，可以更好地节约时间，缩短调研的时长，保证企业的市场信息及时获取。

2. 低成本和便捷性

网络市场调研从理论上来讲，是面向全球全天候开通的，打破了时间和空间的限制，不需要派出调查人员，不需要印刷调查问卷，调查过程中最繁重、最关键的数据录入也是由分散于全球各地的被调研的网上用户在自己的终端设备上实现，信息收集和初步的处理是由计算机软件自动完成，所有这些不仅十分便捷，而且大大降低了传统调研所需的人、财、物成本。另外，样本大小对成本几乎不会产生影响，也就是调研样本的边际支出几近于零。在网络调研中，10 份和 10 000 份问卷的成本是没有很大差别的，实践对比发现，网络市场调研的成本比传统市场调研方式一般会减少 10%～80%。尤其是，网络市场调研在问卷收集过程中受到的时间和空间的局限较小，信息的处理均可自动完成，而不需要耗费大量的人力，与传统调研相比，具有更加便捷化的特点。

3. 交互性和充分性

在传统市场调研中,信息的收集经常采用人员面谈和邮寄问卷两种方法。利用互联网,可实现两者优点的融合。网络的最大优势是交互性,在进行网络调研时,被访问者因为不用和调查者做面对面的访谈,可以随心所欲畅谈自己的意见和建议,因而,与被调研对象的交互性较好。而传统的市场调研是不可能做到的,人员面谈时,需要考虑到被调查人员的主观意愿和预约时间等因素,对访问调查员的要求非常高。同时,网络调研时,由于不受时间限制,受访者有充裕的时间来详细理解问卷的内容,在充分准备后回答调查问卷,像邮寄问卷一样给人以足够的思考空间,市场调研的充分性得到了保证,而不用担心传统邮寄问卷中被调研者不愿意去再另花时间邮寄回所填写的问卷等问题。

4. 先进性和客观性

利用网络调研方式,任何一个企业都可通过互联网向全球各地的上网者发出调查问卷,开展调研活动,这在传统市场环境中是不可想象且难以实现的。网络调查除利用 Web 网页、E-mail、论坛等方式实施问卷、访谈等传统调研方式外,还可利用信息技术、现代通信技术等先进的技术手段实施调查,从所利用的媒介角度来看,具有较大的先进性。由于企业站点的访问者一般都对企业产品有一定的兴趣,所以这种基于顾客和潜在顾客的市场调研结果是客观和真实的,当然不排除对奖品感兴趣者,但不会对调研结果产生较大的影响。与此同时,被调查对象一般是在不受调查人员或其他外在因素干预或误导的虚拟环境中,经过独立思考主动回答调查问卷,所以调查结果能够较真实地反映被调查对象的消费心态和市场发展趋势,具有了客观性。对于调查问卷的处理,由于是由计算机自动处理,杜绝了人为录入数据过程中出现的系统偏差,这样更能保证调查的客观公正性。

5. 可验性和可控制性

利用互联网进行网上调研收集信息是被调查对象主动填写的,因此能够很好地发挥主观能动性。通过被调查对象 IP 地址等信息的收集,以及他们主动填写的性别、年龄、职业和教育背景等资料,可以形成特定的网络社区,而社区内的被调查者的偏好、爱好和行为习惯具有相近性,因而就可以根据所收集到的信息进行系统有效的检验和控制。如果在相应的社区或网络调研中,没有收集到足够的数据,可以通过网络宣传扩大调研的影响力,获得更多的数据,解决数据样本不足,代表性不强的问题。对于网上调研而言,并不是笼统的概况,可以根据一些具体的情况做出详细的解释说明,更有利于调研的有效展开和控制。

## 4.1.3 网络市场调研的目的和对象

1. 网络市场调研的目的

(1) 识别企业站点访问者。了解企业站点的访问者是企业需要首先解决的一个问题。访问者的性别、年龄、经济收入、文化层次、爱好等对企业的经营来说都是相当重要的信息资源,只有掌握了这些信息,才能展开有针对性的营销活动。

(2) 调查客户/员工满意度。客户是企业的利润之源,一家企业提供的产品或服务在客户心中的地位就是通过客户的满意度与忠诚度来衡量的,对这一指标进行有效的调查和评估,对企业的日常操作行为与长期策略的制定有着重要意义。

(3) 测试新产品的前景。对于新产品、新概念、新服务的投放,企业可通过网络调研获得以下市场信息:企业不断推出的新产品、新概念或者新的服务方式是否确实给客户提供了方便,满足了客户的需要;这些产品或者服务是否存在缺陷以及如何改进;顾客心中的理想产品是什么。在新产品的投放过程中,这种调查会使企业在第一时间了解自己公司新产品的前景。

(4) 评价企业网站价值。企业网站在客户甚至于所有消费者心目中有着怎样的形象,是每一个企业都关注的,而这一点是必须通过网络调研来完成的。网站价值也是网络广告主投放广告的依据之一,因此对网站价值的评估十分重要。通过调查之后,再对网站进行优化,无疑对促进产品的销售、提高企业的形象有着现实的意义。

(5) 了解竞争对手及行业状况。竞争对手的定价、促销策略等对一个企业而言,是十分重要的,同时也有着很强的借鉴性,正所谓"知己知彼,百战不殆",知道了竞争对手和行业的现状,对于企业更好地制定生产和营销策略有着举足轻重的作用。

2. 网络市场调研的对象

(1) 产品消费者。产品消费者尤其是网络产品消费者,通过访问企业网站进行网上购物,通过对消费者的网络跟踪,可以了解消费者对企业产品的偏好、对服务的满意度,这些客观购买或交易形成的大数据将对企业调整营销策略、塑造企业形象,进而提高销售量等产生积极的和针对性作用。例如,在进行公司网站访问之前,访问者需要先进行注册,所有注册信息就会输入企业数据库中,包括客户电子邮件地址、客户特征、网站浏览习惯、购买行为等。在此数据库中,每个客户文档中还可能包括与客服代表的通话记录、产品服务记录、与各种产品相关的具体问题,以及其他的一些消费习惯信息(优惠券或其他促销凭证等的收集和使用行为)。一个完整的客户记录应该包括所有的客户接触点(即与公司接触的渠道)的数据,包括网络订单、电子邮件沟通,以及在杂货店的产品购买和优惠券兑换、客户对产品信息的访问偏好等。企业可以使用这些数据来提高营销的有效性,改进产品组合,确定产品的最优价格区间,评估促销渠道效果,发现新的发展机遇。

(2) 企业竞争者。通过互联网访问竞争对手的网站,可以查询到竞争对手所有的公开信息,如该企业的年度报告、公司管理层成员的个人简历、该企业所生产的产品信息、公司招聘职位等,进而了解竞争对手的发展战略、产品销售策略、人员配置状况、资金覆盖程度,以及消费者访问该竞争对手的信息,与自身企业进行对比。正所谓"知己知彼,百战不殆",通过仔细地对这些信息进行研究判断,可以做出相关的决策,对自己的营销策略进行调整,以适应市场的需求。

(3) 企业合作者。无论是企业的合作者还是行业内的中立者,在很多传统的市场调研中,它们往往会被忽略,或重视程度不高,而事实上,在企业的发展历程中,如果将这两类合作者重视起来,往往会给企业带来意想不到的惊喜。好多企业一跃而起,正是由于这些企业提供的一些极有价值的信息和评估分析报告,为企业发展提供了一定的机遇。通过网络市场调研,可以极为便利地获取合作者的信息,特别是可以获得许多潜在合作者的信息,如果将这些行业内的中立者纳入企业的合作领域,将会给竞争对手造成极大的发展困难。在传统的市场调研中,这两类合作者的数据是非常难以通过市场调研收集到的,因此,网络市场调研给企业提供了很大的发展空间和潜力。

在市场调研过程中,要做到既重视整体又重视局部的原则,兼顾以上三者的同时,还需要根据企业发展的不同时期或者竞争对手的状况而有所侧重。这三类市场调研对象会为调研提供重要的信息,而网络市场调研为这些信息的获得提供了切实的便利。

### 4.1.4　网络市场调研的原则和内容

1. 网络市场调查的原则

网络市场调研是为企业营销决策提供数据依据和支持,目的是收集消费者、产品、营销手段和商家之间关系的信息,从而发现市场机会,制订营销计划,更好地制定促销策略和评估营销效果。网络市场调研的基本原则有四个。

(1) 及时性。这既是网上调研优于传统调研的方面,也是当前企业调研中最富有活力的一部分,同时,也是网络市场调研必须坚持的基本原则之一。网络技术和网络信息传播的特点保证了及时性原则的贯彻和实现。及时性原则要求调研企业灵活运用各种调研手段,方便被调研者迅速提供调研信息,同时也要求调研企业有强大的后台处理能力和分析工具(如数据库、数据抓取软件等),以便能快速地对所收集的信息进行数据处理和数据挖掘,避免网络调研结果的滞后和失效。

(2) 公正性。网上调研通常也可以委托第三方中介机构来完成,由于第三方中介机构在问卷设计、调研实施、数据描述、信息处理、结论建议等方面具有较强的专业水平和能力,因而也具有较强的公正性和客观性,这也是企业数据调研中经济而有效的方法。它既可以与企业自己调研一样保证结果的客观公正性,同时还可以要求调研者以充分的事实和数据为依据,寻找答案,做出判断,而不是凭空想象,或者以偏概全。另外,由于消费者对这种新型的调研方式尚不适应,对其提供的信息进行公正性分析就更有必要了。

(3) 精确性。网络市场调研由于可以采用互动的方式,允许与消费者中个别的意见领袖进行"一对一"的深入交流,这就使得调研可以更精准地了解消费者、市场和竞争情况。通过这些意见领袖及时发现产品和消费者偏好转变的趋势,使商家找到产品和市场机会,并开发出满足消费者群体需要的有针对性的产品和服务。

(4) 隐私性。由于保护个人隐私正被越来越多的消费者重视,因此,企业不应忽视这一问题而引起不必要的麻烦。企业应该将调研的客户资料和信息作为企业的商业秘密进行严格管理,当用于商业活动时,应征得消费者的同意,以免因侵犯消费者权利而引起消费者的不满,甚至是诉讼,从而损害公司形象和长远利益。

2. 网络市场调研的内容

(1) 市场需求研究。研究和分析市场需求情况,主要目的在于掌握市场需求量、市场规模、市场占有率,以及如何运用有效的经营策略和手段,这样才能做到有针对性的营销活动。

(2) 购买行为研究。研究用户及消费者购买行为,主要了解不同地区和不同民族的用户,他们的生活习惯和生活方式有何不同,有哪些不同需求;了解消费者的购买动机,包括理智动机、感情动机和偏爱动机(这对研究理智动机时产品设计、广告宣传及市场销售活动的影响及产生这些动机的原因将产生重要意义);研究用户对特定的商标或特定的购物方式产生偏爱的原因;具体分析谁是购买商品的决定者、使用者和具体执行者,以及他们之间的相互关系;了解消费者喜欢在何时、何地购买,他们购买的习惯和方式,以及他们的反应和要求等。

(3) 营销因素研究。研究涵盖了宏观环境因素,主要包括人口、经济、自然地理、科学技术、政治法律和社会文化等因素对消费的影响。一切营销组织都处于这些宏观环境之中,不可避免要受其影响和制约,企业的营销活动也不例外,但是可以通过网络市场调研,研究宏观环境因素对企业微观层面的影响,包括对产品研发、价格制定、分销渠道、促销策略、广告投放等的影响。

(4) 竞争对手研究。研究在互联网的高速发展背景下,通过搜索引擎搜索,可以通过搜索关键词快速得到相关的信息和数据,了解竞争对手。商品经济社会充满了激烈竞争,企业要在竞争中取胜,必须"知己知彼",每个企业都应充分地掌握并分析同行业竞争者的各种情况,认真地分析各方的优势和劣势,做到扬长避短,发挥竞争优势。竞争对手研究的主要内容有竞争对手在经营、产品技术等方面的特点,竞争对手的新产品研发水平,竞争者的4P策略等情况,竞争者的服务水准等。

## 4.2 网络市场调研步骤

网络市场调研与传统的市场调研一样,应遵循一定的方法与步骤,以保证调研过程的质量。网络市场调研一般包括以下几个步骤。

### 4.2.1 明确调研问题和调研目标

明确调研问题、确定调研目标对使用网络市场调研尤为重要。因此,一定要有一个清晰的调研目标和调研问题。以下是一些可行的问题和目标设定:

谁可能使用你的产品或服务?
谁可能购买你的产品或服务?
本行业中,谁已经开展了网络营销?
客户如何定位你及竞争者?
公司运作可能受哪些法律、法规的约束?

### 4.2.2 制订调查计划

网络市场调研的第二个步骤是制订出周密和有效的调查计划。具体来说,要确定资料来源、调查方法、调查手段、调查软件、抽样方案等。

1. 明确资料来源

首先要确定市场调研需要搜集的是二手资料还是一手资料(原始资料)。

2. 确定调查方法

网络市场调研可以使用专题讨论法、问卷调查法和实验法等多种形式。专题讨论法主要是借用新闻组、邮件列表讨论组、网上论坛等形式进行调研;问卷调查法可以使用 E-mail(主动出击)分送和在网站上刊登(被动)等形式进行调研;实验法则是选择多个可比的网络主体组,分别赋予不同的实验方案,控制外部变量,并检查所观察到的差异是否具有统计上的显著性。这种方法与传统的市场调查所采用的原理是一致的,只是手段和内容有所区别。

3. 判定调查手段

网络市场调研一般可以采用在线问卷、电脑辅助电话访谈等方式,其中在线问卷制作简单、分发迅速、回收方便,但要注意问卷的设计水平,应该在问卷中设计一些可以互相印证的问题,以发现并杜绝使用被访问者乱填问卷的现象;电脑辅助电话访谈是利用一种服务器程序软件,在电脑辅助电话访谈系统上设计问卷结构并在网上传输,直接与数据库连接,可以对所搜集到的被访者答案直接进行储存。

4. 选择调研软件

网络调研软件是专门为网络调研设计的问卷链接及传输软件,包括整体问卷设计、网络服务器、数据库和数据传输程序。常用的如简道云:可做问卷调查,也可做团队管理应用,功能强大,数据搜集和报表分析较强,里面具有各种便捷的公式、流程;腾讯问卷:腾讯公司旗下的软件,界面好看,还做了小程序,很适合微信圈转发;问卷星:专业做问卷软件,功能简单明了、上手快,问卷处理能力强大。

5. 制定抽样方案

抽样方案就是要确定抽样单位、样本规模和抽样程序等。在组织网络抽样调查时,必须确定合理的抽样单位数。抽样单位数过多,会造成数据收集时间过长,无法满足数据及时性的要求;抽样单位数目过少,会造成抽样误差增大,影响抽样推断的可靠程度。

一般来说,确定抽样单位数目主要受以下几个因素的影响:① 抽样推断的可靠程度。要求可靠程度越高,抽样单位数也就要求多些;反之,则可少些。② 总体标志变异程度。变异程度大,需要多些;变异程度小,可以少些。③ 极限误差的大小。极限误差大,要求推断的可靠程度低,抽样单位数也就要求少些;极限误差小,抽样单位数则应多些。④ 抽样方法与抽样组织形式。在相同条件下,重复抽样需要多抽一些,不重复抽样可少抽一些(比如是否可以在网上重复问卷填写)。

### 4.2.3 在线问卷设计

高质量的在线调查问卷是在线调研获得有价值信息的基础。设计高质量的在线调查表不是一件轻而易举的事情。对一些网站上的在线调查表进行认真分析不难发现，许多在线调查表的设计都存在一定的问题，有些甚至是很明显的错误，这种状况不仅影响调查数据的可信度，也可能直接影响调查问卷的回收率，使在线调查的总体效果不理想。归纳起来，在线调查表设计应该注意6个常见问题。

1. 调查内容过多

容易使参与者没有耐心完成全部调查问卷。这是在线调查最常见的误区之一，应引起高度重视。如果一个在线调查在10分钟之内还无法完成，被调查者一般都难以忍受，除非这个调查对他非常重要，或是为了获得奖品才参与调查，即使完成了调查，也隐含一定的调查风险，比如被调查者没有充分理解调查问题的含义，或者不认真填写问题选项，最终会降低调查结果的可信度。

2. 对调查的说明不够清晰

一份完整调查问卷在调查问题之前首先应该对调查做出必要的说明，如果调查说明不够清晰，会降低被调查者的信任和参与兴趣，结果是参与调查的人数减少，或者问卷回收率低。

3. 问题描述不够专业或者可能造成歧义

这种情况会造成被调查者难以决定最适合的选项，不仅影响调查结果的可信度，甚至可能使得参与者未完成全部选项即中止调查。例如，CNNIC在2000年1月发布的调查表中关于"哪一种网络广告形式最能吸引您点击"的选项分别为动画式广告、横幅式广告、跳出窗式广告、文字式广告、邮件式广告、插播式广告，最终的调查结果是动画式广告以66.50%的比例位居首位。其实这种调查结果就是因为对网络广告形式的分类不合理所造成的结果，因为动画式广告实际上并不是一种广告形式，而是网络广告内容的一种表达方式，横幅式广告、跳出窗式广告、邮件式广告、插播式广告等形式的网络广告都可以设计为动画式。CNNIC在2001年7月发布的调查表对这个问题做出了改进，2002年7月之后的调查表直接取消了本项调查。

4. 遗漏重要问题选项

有些问题可能的回答很难全部罗列出来，使参与者从中无法选择自己认为最合适的条目，这种状况会降低调查结果的可信度，但是至少不能遗漏重要的问题选项，尤其是倾向性的"遗漏"。例如，搜狐健康关于儿童生长发育调查问卷的第13个问题中：关于育儿知识的获得方式选项，只有电视、报纸、网络、科普资料、专家讲座4个选项，这样的调查结果把通过与父母和朋友进行交流获得育儿知识的方式排除在外了。这与实际情况有很大的差别，调查结果自然也很难让人信服。对于这类问题的弥补办法之一是，在调查表中设置一个"其他"选项，当然这不是最好的办法，如果最终的调查结果中选择"其他"的比例较高，那么就说明对于这个问题的选项设置不尽合理，甚至有可能遗漏了某些重要问题。

5. 调查数据没有实际价值

有些调查问卷在设计时缺乏周密的考虑,尽管将认为有必要的问题都罗列出来,但在调查结果统计处理时发现,有些调查数据并没有实际价值,或者与调查报告所需要的信息不尽一致,这样不仅造成了调研资源的浪费,也会影响调查报告的价值。

6. 过多收集被调查者的个人信息

有些在线调查对参与者的个人信息要求较多,从真实姓名、出生年月、学历、收入状况、地址、电话、电子邮箱甚至连身份证号码也要求填写,由于担心个人信息被滥用,甚至因此遭受损失,很多人会拒绝参与这样的调查,或者填写虚假信息,其结果是问卷的回收率较低,影响在线调查的效率,并且可能影响调查结果的可信度。一般来说,收集用户的个人信息应尽可能简单。

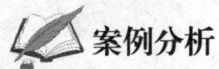

## 案例分析

### 儿童生长发育调查

随着人们生活水平的不断提高,孩子的生长发育、身高情况、青春期以及第二性征的出现等成为家长十分关心的问题。家长希望了解哪些方面的问题?希望在孩子发育期得到哪些及时的、有针对性的指导?首都儿科研究所专家门诊部生长发育中心开展此次调查,以便更好地服务社会。衷心感谢您的参与!

1. 您的孩子几岁了?
- 0~3 岁
- 3~6 岁
- 6~12 岁
- 12 岁以上

2. 您是在孩子几岁时开始关注他(她)身高长势的?
- 3~6 岁
- 6~12 岁
- 12 岁以上

3. 您是在孩子几岁时开始关注他(她)第二性征发育情况的?
- 3~6 岁
- 6~12 岁
- 12 岁以上

4. 您的孩子何时出现窜个的?
- 6~12 岁
- 12 岁以上

5. 您的孩子何时出现身高增长缓慢期或相对停滞期的？
- 6～12岁
- 12岁以上

6. 您的孩子何时出现喉结或乳房发育等第二性征的？
- 8岁以下
- 9～12岁
- 12岁以上

7. 您是否认为您的孩子长得矮？
- 是
- 否
- 不清楚

8. 您知道孩子每年至少长多少才算正常吗？
- 4 cm/年
- 5 cm/年
- 6 cm/年

9. 您是否认为矮小会影响孩子的未来发展？
- 会
- 不会
- 不清楚

10. 孩子身材矮小是否需要看医生？
- 是
- 否
- 不清楚

11. 如果您的孩子属于医学正常范围，但比同龄儿童偏矮，您是否希望孩子再长高些？
- 是
- 否
- 无所谓

12. 您认为影响孩子身高的主要因素是什么？
- 遗传
- 营养
- 后期干预

13. 您是通过什么方式获得此方面健康知识的？
- 电视/报纸
- 网络
- 科普资料
- 专家讲座

14. 如果您的孩子身高偏矮,您将采取何种治疗方式?
- 到医院咨询
- 任其自然发展
- 购买广告增高保健品

15. 您相信广告上宣传的增高产品吗?
- 是
- 否
- 不清楚

16. 如果有健康增高门诊,您会带孩子去咨询吗?
- 会
- 不会
- 不一定

感谢您对此次调查的配合,如方便留下您的联系方式,对您的支持表示感谢!我们会把相关最新医学信息及时传递给您,希望能给您带来帮助。

姓名：　　　　　电话：　　　　　　　E-mail：

（资料来源:https://health.sohu.com.）

由该案例可以看出,一个完整的在线调查表包括 3 个组成部分:关于调查的说明、调查内容、被调查者的个人信息。其中调查内容是主体,调查说明是为了增加被调查者的信任,以及对调查问卷做必要的解释以免产生歧义,从而影响参与者的积极性或对调查结果产生不良影响。要求被调查者提供个人信息的目的一方面在于了解被调查者的基本状况,另一方面也是为了向参与调查者提供奖项、感谢等,这部分内容通常为可选项目。

### 4.2.4　搜集和分析信息

网络通信技术的突飞猛进使得资料搜集方法更加迅速便捷,但在问卷回答中访问者经常会有意无意地漏掉一些信息,这可通过在页面中嵌入脚本或 CGI 程序进行实时监控。如果访问者遗漏了问卷上的一些内容,可以通过软件程序,拒绝提交调查表,或者要求被访问者补填。在线问卷的难点是如何保证问卷上所填信息的真实性,可以在问卷中设计一些相互认证的问题。

搜集信息后要做的是分析信息,如何从数据中提炼出与调查目标相关的信息,直接影响到最终的调查结果,这一步骤是网络市场调研能否发挥作用的关键,要尽量排除不合格问卷,对大量回收的问卷进行综合分析和论证。此外还要使用一些数据分析技术,如交叉列表分析技术、概括技术、综合指标分析和动态分析,目前国际上较为通用的分析软件有 Excel、SPSS、SAS、MATLAB、Google Chart API、R 语言、Python 等。网上信息的一大特征是即时呈现,而且很多竞争者可以从一些知名的商业网站上看到同样的信息,因此分析信息能力相对显得尤为重要,它能使企业在动态变化中捕捉到商机,这也是未来电子商务专业的一个重要应用领域。

### 4.2.5 撰写调研报告

调研报告的撰写是整个调研活动的最后一个环节,报告不是数据和资料的简单堆砌,调研人员不能把大量的数字和复杂的统计公式放到决策者的案头,这样就失去了调研的价值。正确的做法是把与市场营销关键决策有关的主要调查结果报告出来,并以调查报告所应具备的正规结构进行撰写。

作为对填表者的一种激励或犒赏,网上调用者应尽可能地把调查报告的全部结果反馈给填表者或广大读者。对一些"举手之劳"式的简单调查,实施互动的形式公布统计结果,效果更佳,如搜狐网曾经在春节期间所进行的全国各地区饮酒状况的调研。

## 4.3 网络市场调研设计

### 4.3.1 网络市场调研策略设计

网络市场调研的目的是收集网上的购物者和潜在顾客的信息。充分利用网络调研的优势,实时开放地与消费者进行沟通,了解市场和消费者需求,制定有效的营销策略,更好地服务于顾客。网站是企业与消费者双向交互的平台,是企业进行网络调研的主要界面,只有识别和吸引更多的消费者访问企业站点,并乐于接受企业的调研,善意而又真实地发回反馈信息,才能实现网络调研的目的。网络市场调研的策略主要包括识别并吸引企业站点的访问者、进行企业网站的营销调研两个方面。

**1. 识别并吸引企业站点的访问者**

网络调研没有空间和地域的范围,调研人员无法预期企业站点的访问者,无法确定调研对象样本,即使是网上购买企业产品的消费者,调研人员也无法真正掌握其身份、职业、性别、年龄等。因此,网络调研的关键之一就是如何识别访问者,并吸引其在企业站点上进行双向交流。

(1) 利用电子邮件或来客登记簿获得信息。互联网是企业和消费者之间的桥梁,电子邮件和留言簿是企业与消费者交流的重要工具与手段。电子邮件可以附有 HTML 表单,访问者可通过表单界面,点击相关主题并且填写附有其电子邮件地址的有关信息,然后发回企业。留言簿是允许访客匿名留言并发回企业的表单,与传统来客登记簿人工记录来客单位、事由、访问部门、登记时间和离开时间等具有相同的功能。通过电子邮件和来客登记簿,不仅所有访客均可以了解企业的情况,而且市场营销调研人员可获得相关的信息。例如,确定访问者的邮编后,就可以分析访问者所在的国家、地区、省市等地域分布范围;对访问者回复的信息进行分类统计,就可以进一步对市场进行细分,而市场细分是企业制定营销策略的重要依据之一。

(2) 给予访问者奖品或者免费商品,获得访问者真实信息。通过告知访问者参与调研后调研人员将邮寄奖品或免费商品,能够比较准确地获得访问者的姓名、地址、电子邮件地址和电话号码等,可以有效消除访问者担心信息泄密的心理障碍,提高调研人员的工作效率。

(3) 吸引访问者注册,获得个人信息。网站上发布有价值的信息内容是有效吸引访问者的方法。访问者为了获取有用信息,积极进行注册登录。注册信息可以设计为包括注册者年龄、职位、学历、收入和所在单位性质等信息。

(4) 向访问者承诺物质奖励。互联网上有些站点承诺给访问者购买打折或直接给予奖金,但需要访问者填写一份包括个人习惯、兴趣、假期、特长、收入等内容的调查问卷。

2. 企业网站的营销调研关键事项

(1) 科学地设计调研问卷。成功的调查问卷应具备两个功能:一是能将所调查的问题明确地传达给访问者;二是设法取得对方的合作,使访问者能给以真实、准确的回复。但在实际的调研中,被调查者的情况差异很大,还有调研人员的专业水平和技术水平的不同均会影响调研的结果。

因此,调查问卷的设计应遵循一定的原则:目的性原则,即询问的问题与调查主题密切相关,重点突出。可接受性原则,即被调查者回复哪一项,是否回复有自己的自由,故问卷设计要容易让被调查者接受,无论在西方或是东方国家,涉及有关个人问题时,如个人收入、家庭生活中比较敏感的问题等,被调查者一般不愿意或拒绝回复。因此,关于个人隐私问题不应出现在调查问卷中,以免引起访问者的反感。简明性原则,即询问内容要简明扼要,使访问者易读、易懂,而且回复内容也简短省时。调查问卷的设计应多采用二项选择法、顺位法、对比法等技巧,对调查问卷中问题答案的选项应给访问者提供相应的信息,以方便访问者回答。调查问卷应保证合理长度,一般性调查应尽量使问题控制在 20 道以内,10 分钟答完为宜,让访问者直观地表达他们的观点。匹配性原则,即要使访问者回复的问题便于检查、数据处理、统计和分析,以提高市场调研工作的效率。

(2) 调整调查问卷内容组合以吸引访问者。与传统的市场调研问卷相比,网络调研的最大优势是可以极方便地随时调整、修改调查问卷上的内容,可以实现不同调研内容的组合,如产品的性能、款式、价格以及网络订购的程序、如何付款、如何配送产品等。因为不同时期、不同产品,访问者对其不同因素的兴趣不同,营销调研人员应通过不同因素组合的测试,分析判断何种因素组合对访问者是最重要、最关键的,哪些因素对访问者来说是最关心和最敏感的,进而调整调查问卷的内容,使调研主页对访问者更具吸引力。

(3) 监控在线服务。网站的访问者能利用互联网上的一些软件来跟踪在线服务。调研人员可通过监控在线服务了解访问者主要浏览哪类企业、哪类产品的主页,挑选和购买何种产品等基本情况。通过对这些数据进行研究分析,可对顾客的地域分布、产品偏好、购买时间,以及行业内产品竞争态势做出初步的判断。

(4) 有针对性地跟踪目标顾客。网络市场调研人员在互联网上或通过其他途径获得了顾客或潜在顾客的电子邮件网址,可直接使用电子邮件向他们发送有关产品和服务的询问,请求他们反馈;也可在调查表单中设置让顾客自由发表意见和建议的版块,请他们发表对企业、产品、服务等各方面的见解和期望。通过这些信息,调研人员可以把握产品的市场潮流以及消费者的消费心理、消费爱好、消费倾向等的变化,根据这些变化来调整企业的产品结构和市场营销策略。

(5) 以网页内容的差别化赢得访问者。如果企业市场调研人员跟踪到访问者浏览过其他企业的站点,或阅读过有关杂志的产品广告主页,则应及时发送适当的信息给目标访问者,以使其充分注意到本企业站点的主页,对产品做进一步的比较和选择。例如,如果访问者刚浏览过同行业竞争企业的站点,则市场调研人员应及时做出差别化宣传,在企业站点的主页上着重描述本企业产品的特殊优势和服务特色,通过经营上的特色和差别化优势吸引访问者,使其尽可能在本企业站点上实现网上购买行为。

(6) 传统市场调研和电子邮件相结合。企业市场调研人员也可以在各种传播媒体上,如报纸、电视或有关杂志上刊登相关的调查问卷,并公告企业的电子邮箱和网址,让消费者通过电子邮件回答所要调研的问题,以此收集市场信息。采用这种方法,调研的范围比较广,同时可以减少企业市场调研相应的人力和物力的消耗。

(7) 通过产品的网上竞卖掌握市场信息。对于企业推出的新产品,可以通过网上竞卖,以及与著名门户网站、搜索引擎平台合作进行主题推广等活动,了解消费者的倾向和心理,掌握市场趋势,从而制定相应的市场营销策略。

### 4.3.2 网络市场调研的基本方法选择

当确定了调研主题之后,最重要的任务就是收集资料和处理调查数据。在市场调研的整个过程中,收集信息资料是工作量最大、耗时最长的程序,借助于互联网,这个过程可以大大缩短。根据获取信息资料的过程,可以将信息来源分为一手资料和二手资料,其中,一手资料是指调研人员通过现场实地调查,直接向有关被调研对象收集的资料;二手资料则是指收集、整理他人或专业数据库所积累的各种数据资料。互联网不仅为获得一手资料提供了良好的途径,而且增加了获取二手资料的渠道,同时也更加方便,成本更低,因此互联网在市场调研中的优势在收集资料阶段更加明显。网络资料收集相对比较容易,花费代价较小,来源也更广,速度也比传统方法快得多,通常可以直接从网上复制,大大缩短了数据资料收集、整理、加工、输入及处理的时间。

利用互联网进行市场调研,有时很难严格区分一手资料和二手资料的界限,网络市场调研的方法也可以根据不同的调查方式细分,包括网上搜索法、网站跟踪法、加入邮件列表、在线调查表、电子邮件调查、对网站访问者的抽样调查和固定样本调查。

**1. 网上搜索法**

网上搜索法所利用的工具是搜索引擎,通常被认为是收集二手资料的主要手段之一，但是利用搜索引擎强大的搜索功能也可以获得大量一手资料。例如，在传统的市场调研中，收集一个行业中主要竞争对手资料的途径包括参加行业博览会，向厂家索取资料，收集报刊上相关的新闻、广告、财务报告、招聘信息，通过行业协会的会刊资料查询，或者主管部门的统计报告等，这其中既有一手资料，也有二手资料。现在，其中的很多一手资料可以通过网上搜索来完成。只要企业建立了自己的网站，并在搜索引擎进行登记，就可以找出该企业的网址，然后通过直接访问目标企业的网站来查询相关信息，而有关该企业的新闻报道等通常也可以直接从网上搜索得到。

利用网上搜索可以搜集到市场调研所需要的大部分二手资料，如大型调查咨询公司的公开性调查报告，大型企业、商业组织、学术团体、著名报刊等发布的调查资料，政府机构发布的调查统计信息等。

2. 网站跟踪法

网上每天都会出现大量的市场信息，即使功能最强大的搜索引擎，也不可能将所有信息都检索出来，而且很多有价值的信息并不是随便可以检索得到的，有些网站的信息只对会员开放，有些搜索引擎的数据库更新比较缓慢，也减弱了信息的时效性，要进行市场调研的日常资料收集工作，就需要对一些提供信息的网站定期跟踪，对有价值的信息及时收集和记录。对于一个特定的市场调研项目，至少要在一定时期内对某些领域的信息进行跟踪。根据调研的性质和目的不同，需要的资料也有很大差别。一般来说，可以提供大量一手市场信息和二手资料的网站有各类网上博览会、各行业经贸信息网、企业间电子商务（B2B）网站（如上海钢联逐步打造了以大数据为基础的网络综合资讯、上下游行业研究、专家团队咨询、电商交易平台、智能化云仓储、信息化物流、供应链服务为一体的互联网大宗商品闭环生态圈，并形成了以钢铁、矿石、煤焦为主体的黑色金属产业及有色金属、能源化工、农产品等多元化产品领域的集团产业链。上海钢联成为从事钢铁行业及大宗商品行业信息和电子商务增值服务的互联网平台综合服务商）、行业垂直网站、大型调研咨询公司网站、政府统计机构的网站等。

根据企业市场策略的需要，选定一批有价值的网站定期进行资料收集是很有必要的，无论是企业的市场调研部门自行开展市场调研，还是委托专业代理机构进行，都有必要对企业相关的市场信息资料有所了解，进行定期的跟踪和分析。

3. 加入邮件列表

如果觉得每天跟踪访问大量的网站会占用太多时间的话，也可以利用一些网站提供的邮件列表服务来收集资料，这种方式实际上也是网站跟踪法的一种形式。很多网站为了维持与用户的关系，常常将一些有价值的信息以新闻邮件、电子刊物等形式免费向用户发送，通常只要进行简单的登记即可加入邮件列表。比较有价值的邮件列表，如各大电子商务网站初步整理的市场供求信息和各种调查报告等，很多电子商务企业都会定期或不定期地向会员推送企业的信息，客户只需要定期整理相关的邮件，即可收集到企业相对比较完整的动态资料，或者是营销策略。因此，定期处理收到的邮件列表信息也是一种行之有效的网络资料收集方法。

#### 4. 在线调查表

利用在线调查表获取信息是最常用的在线调研方法，也是在线调研的重点研究内容。在网站上设置调查表，访问者在线回答问题并提交到网站服务器，从服务器上即可看到调查的结果。在线调查表被广泛地应用于各种调查活动，这实际上也就是传统问卷调查方法在互联网上的表现形式。最简单的调查表可能只有几个问题需要回答，或者几个答案以供选择，一个复杂的在线调查可能有几十个甚至更多的问题。

中国互联网络信息中心所发布的中国互联网络发展状况统计中的部分内容就利用在线调查表来收集有关信息，调查的内容涉及用户的上网习惯、个人资料、对互联网领域一些热点问题的看法等。通过对这些调查数据的整理，形成了内容丰富的调查报告。

在企业网站上设置调查表进行调查，需要相应的功能支持。网上调查被认为是网站的主要功能之一，然而，网站的网上调查功能被许多企业忽视，浪费了从顾客那里直接获得有用信息的机会，这与一般中小型企业网站功能不完善、访问量不大，以及在线调查没有引起企业市场部门的重视等因素有很大关系。一定条件下，在线调查表在网络市场调研中所具有的重要性，有必要了解在线调查表的设计和投放方法，以及在应用中可能遇到的问题，这些在移动端的在线调查表设计中也是需要考虑的。

#### 5. 电子邮件调查

电子邮件调查是在线调查的另一种表现形式，同传统调查中的邮寄调查表的道理一样，将设计好的调查表直接发送到被调查者的邮箱中，或者在电子邮件正文中给出一个网址，进而链接到在线调查表页面。这种方式在一定程度上可以对用户成分加以选择，并节约被访问者的上网时间，如果调查对象选择适当并且调查表设计合理，往往可以获得相对较高的问卷回收率。但采用电子邮件调查方式的前提条件是已经获得被调查者的电子邮件地址，并且预计他们对调查的内容感兴趣，因此，没有用户资源的企业将无法采用这种方式，这也表明了内部邮件列表资源对企业网络营销策略的重要性。

#### 6. 对网站访问者的抽样调查

利用一些访问者跟踪软件，可以按照一定的抽样原则对某些访问者进行调查，类似传统方式中的拦截调查。例如，在某一天或某几天中的某个时段，在网站主页上设置一个弹出窗口，其中包含调查问卷的内容设计，或者在网站主要页面的显著位置上放置在线调查表，请求访问者参与调查。另外，也可以对满足一定条件的访问者进行调查，这些条件可以根据自己的要求设定，如访问者来自哪些IP地址，或者该访问者是一天中的第几位访问者。例如，新浪微博的弹出版的抽样调查，很多访问者出于对网站的信任，每次都很耐心地完成了在线调查表的各项内容。当然，在此过程中，也必须注意一些细节问题，如有些问卷表格的尺寸过大，在笔记本电脑的屏幕中无法完整地展示出来，没有自动出现滚动条，难以找到翻页和提交按钮，如果无法通过鼠标滚轮操作完成的话，就只能放弃提交调查表。

7. 固定样本调查

同传统调查中的固定样本连续调查法道理一样,根据调查目的和要求,用合理的抽样技术选定固定样本用户,当然,这些用户必须是可以经常上网的用户。对固定样本用户给予必要的培训,说明调查目的,提出一定的要求,由各样本用户按照要求将所要调查的内容记录下来,定期提交给市场调研项目的负责人。资料提交形式既可以通过网站提交在线表单,也可以通过电子邮件等方式发送。固定样本调查可以保证样本数量和回收调查表的质量,但是长期维持数量众多的固定样本用户需要较大的费用,对于临时性或一次性市场调查项目可能不合适,但对于专业的市场调研组织,则非常必要。

## 4.4 网络数据分析

相比传统营销,开展电子商务营销可以获得更多的数据,比如访问量、浏览量、IP地址、访问入口和浏览深度等,为电子商务营销效果评价提供丰富的数据,挖掘这些数据的主要途径就是通过网络信息采集技术获取,并对采集到的数据进行分析,用于支持企业经营决策。

### 4.4.1 网络信息采集技术

网络信息采集是指从互联网共享服务资源中收集、处理和分析网络实体信息的过程。网络信息采集不仅包括对互联网各类信息的查询和存储,还包括对信息的归类、提取和解析,更重要的是在已收集信息的基础上分析数据,并将分析结果用于实际问题的解决。

1. 网络信息采集途径

目前流行的采集技术主要是人工采集、网站系统抓取及订制信息等。

(1) 人工采集。在互联网世界里,用户接触最多的网络信息是以 Web 页面形式存在的。另外,电子邮件、FTP、BBS、社区论坛和新闻组等也是互联网上获取信息的常见渠道。以获得电子商务学科信息为例,常见的人工获取网络信息的主要方式有:

① 通过相关领域的学科主题指南或学科信息门户进行搜索。学科主题指南一般是由学会、大学、研究所和图书馆等学术团体和机构编制的网络学科资源导航目录。学科主题指南经过专业人士的加工和组织,所含的信息切合主题,实用价值较高。

② 使用搜索引擎采集信息。搜索引擎是最常用的搜索相关信息的工具,使用搜索引擎可采用两种方法,一是利用关键词来检索,二是通过学科分类体系来查找。专业搜索引擎是查找网上某种信息的检索工具,利用专业搜索引擎所查找出来的信息具有学术性强、质量高等优点,如谷歌学术。

③ 利用专业网站查找。专业网站是获取相关学科信息的一个捷径，它提供与学科有关的电子出版物、专利、标准、会议和专业数据库等信息。

④ 跟踪综合性门户的相关栏目。许多综合性门户都设置有一些学科专业栏目，并定期更新和发布一些重要学科信息，也具有很好的参考价值。

⑤ 跟踪相关的重要国际组织或机构的网站。重要国际组织或机构的网站本身就是高质资源，并且质量越高的网站所给出的相关链接质量也可能越高。这些链接往往已经是经过专业人员选择的结果，需要纳入跟踪和搜索的范围。

⑥ 了解相关学科领域的专家并搜索他们的个人网站。这些网站本身或者其中给出的链接列表都可能是高质量的资源。

⑦ 搜索和加入相关领域的重要主题性邮件列表。相关领域的重要主题性邮件列表大都以免费订阅的方式将其更新、公告或出版物发送给订阅者，也是一种很有用的信息源。

上面所介绍的通过浏览器浏览访问页面，通过收发电子邮件，以及利用 FTP 服务器下载资料等都是利用客户端软件手工链接到信息源去获取信息，属于人工采集。这种采集方法有一个共同点：用户手工键入一个 URL 或电子邮件地址，这些客户端软件就链接到信息源，用户可以从信息源上获取所需信息。

(2) 网站系统抓取。随着互联网的迅速发展，仅仅依靠人工采集来整理信息已越来越不能满足实际需要，于是人们开始探索新的信息获取方式，采集技术和推送技术就是应这种需求而产生的。网站系统抓取信息技术是目前流行的一种信息获取方式。网站系统抓取技术是在用户设定某些信息源的某类信息后，软件就会自动地定期从这些信息源中抓取出用户所需的最新信息。这是一种定向收集和定题收集相结合的主动的、跟踪式的多向收集，它的特点是获取信息主动、灵活。

(3) 订制信息。虽然在信息处理系统中，信息推送属于信息服务提供的手段，但从需要获取信息的用户角度来看，接收信息服务也是一种获取信息的方式，因此信息推送也是一种信息获取技术。这种方式有点类似传统的广播，有人称它为"网络广播"。网络公司通过一定的技术标准或协议，从网上的信息源或信息制作商处获取信息，经过加工之后，通过固定的频道向用户发送信息。这种方式的特点是用户获取信息比较被动，只能订制自己的频道，信息的来源及信息的具体内容往往不能灵活地控制。

2. 网络信息采集策略

(1) 限制采集的深度。从采集深度考虑，通常情况下，如果用户通过浏览器手工查找信息，从首页开始，最多点击 3 层，就可以看到所需的所有内容。同样的道理，采集器只要采集 3 层就能得到各个具体的内容，而没有必要采集更深的层次。

(2) 限制采集的广度。对于那些大家都不感兴趣的链接，完全可以设定不采集这些链接，这样就大大减少了采集工作量，从而也大大减少了过滤的工作量。这是限制采集广度的一个强有力手段。

(3) 限制搜索跳转。作为专业搜索引擎，要采集的信息资源通常集中在几个固定的初始网站内,这样就必须避免网站采集器跳转到其他的网站。

(4) 限制采集的文件类型。如果用户只想采集或者不想采集具有某些扩展名的文件,就可以对采集的文件类型进行规定或限制。

(5) 采集或不采集某些目录下的文件。用户在设置这样的过滤策略时,必须保证所需的信息在这样的过滤策略下能够获取,这一点要特别注意。因为,这样的设置有可能关闭由首页到所需页面的链接,从而获取不到所需的信息。

除了以上策略外,还可过滤旧的信息、限制采集文件的最大长度,以及限制站点采集的最大页数等。

3. 网络信息检索技术

(1) 资源定位检索技术。互联网是以 TCP/IP 和 HTTP 为核心而发展起来,URL 统一资源定位符,包括传输协议、信息资源的主机 IP 地址和主机目录,以及文件名的具体地址 3 个部分。网络数据库、网上出版物和网络机构等有固定的 URL。联机数据库检索中心,期刊、报纸等电子出版物,以及图书馆、高校、企业和政府等机构都有唯一明确的网址。利用网络浏览器(如 IE)查找网址,可以快捷、方便地获得针对性极强的"对口"网络信息。

(2) "超链接"搜索技术。Web 信息以超文本链接方式组织,基本组织单元是信息节点而不是字符串,信息节点之间通过链接进行联系。超链接是网页必不可少的一个元素,同一主题或相关的信息因超链接构成了庞大的、无形的、跳跃式的信息网。超文本信息检索技术以超文本信息节点之间的多种链接关系为基础,根据思维联想或查找信息的需要,通过链接从一个信息节点转到另一个信息节点。人们可以根据它顺藤摸瓜,在网上自由地浏览信息,边浏览点击边分析筛选,一步一步根据链接跳转查阅,直至获得令人满意的结果。

(3) 网络搜索引擎技术。搜索引擎技术集中体现在 4 个方面:① 访问、阅读和整理 Web 信息的信息采集;② 建立包含关键词信息的索引数据库;③ 根据用户请求查找索引数据库相关文档的搜索软件;④ 为用户提供可视化的查询输入和结果输出界面的用户接口。目前,实现网络信息检索的搜索引擎技术可以分为两类,即网站分类目录技术和全文索引检索技术。

(4) Web 挖掘技术。Web 挖掘技术是从互联网中抽取有用的模式和隐含信息,利用 Web 技术中的文本总结技术,可以从文档中抽取出关键信息,以简洁的形式对 Web 文档的信息进行摘要或表示,使用户大致了解 Web 文档的内容,对其相关性进行取舍。

除了以上技术外,知识发现技术、通用信息检索技术和自然语言处理技术等也有了很大的发展。

### 4.4.2 网络数据分析

数据分析是指应用适当的统计方法对收集来的大量一手资料和二手资料进行分

析,以求最大化地开发数据资料的功能,发挥数据的作用。数据分析是为了提取有用信息和形成结论而对数据加以详细研究和概括总结的过程,是有目的地收集数据、分析数据,使之成为信息的过程。

1. 数据分析目的

数据分析的目的是把隐没在一大批看似杂乱无章的数据中的信息集中、萃取和提炼出来,以找出所研究对象的内在规律。在实际应用中,数据分析可帮助人们做出判断,以便采取适当行动。

2. 数据分析过程

数据分析过程的主要活动由识别信息需求、收集数据、分析数据、评价并改进数据分析的有效性组成。

(1) 识别信息需求。识别信息需求是确保数据分析过程有效性的首要条件,可以为收集数据和分析数据提供清晰的目标。识别信息需求是管理者的职责,管理者应根据决策和过程控制的需求,提出对信息的需求。就过程控制而言,管理者应识别要利用哪些信息,支持评审过程输入、过程输出、资源配置的合理性、过程活动的优化方案和过程异常变异的发现。

(2) 收集数据。有目的地收集数据是确保数据分析过程有效的基础,需要对收集数据的内容、渠道和方法等进行策划。策划时应考虑:① 将识别的需求转化为具体的要求,如评价供应商时,需要收集的数据可能包括其过程能力、测量系统不确定度等相关数据;② 明确由谁在何时何处,通过何种渠道和方法收集数据;③ 记录表应便于使用数据分析;④ 采取有效措施,防止数据丢失和虚假数据对系统的干扰。

(3) 分析数据。分析数据是将收集的数据通过加工、整理和分析使其转化为信息,通常采用方法有:① 老7种工具,即排列图、因果图、分层法、调查表、散布图、直方图和控制图;② 新7种工具,即关联图、系统图、矩阵图、KJ法、计划评审技术、PDPC法和矩阵数据图。

典型的数据分析可能包含以下3个步骤:

(1) 探索性数据分析。当刚取得数据时,可能杂乱无章,看不出规律,通过作图、造表、用各种形式的方程拟合,以及计算某些特征量等手段探索规律性的可能形式,即往什么方向和用何种方式去寻找和揭示隐含在数据中的规律性。

(2) 模型选定分析。在探索性分析的基础上提出一类或几类可能的模型,然后通过进一步的分析从中挑选一定的模型。

(3) 推断分析。通常使用数理统计方法对所定模型或估计的可靠程度和精确程度做出推断。

3. 数据分析过程改进

数据分析是决策的基础,应在适当时刻通过对以下问题的分析,评估其有效性:提供决策的信息是否充分、可信,是否存在因信息不足、失准、滞后而导致决策失误的问题;信息对持续改进管理体系、过程、产品和服务所发挥的作用是否与期望值一致,是否在产品与服务实现过程中有效运用数据分析;收集数据的目的是否明确,收集的数据是否真实和充分,信息渠道是否畅通;数据分析方法是否合理,是否将风险控制在可接受的范围;数据分析所需资源是否得到保障。

## 复习思考题

1. 网络市场调研的特性有哪些?
2. 简述网络市场调研的目的。
3. 网络市场调查的原则有哪些?
4. 简述网络市场调研的基本方法。
5. 如何进行网络信息采集?

## 思维拓展

**新冠肺炎疫情下的百度健康在线咨询大数据报告**

新冠肺炎疫情的蔓延催生了大量线上医疗需求,疫情期间在帮助线下医院缓解运转压力、降低民众交叉感染风险上发挥了巨大作用,同时也完成了一次初步的用户教育。在不断上升的在线咨询需求背后,互联网医疗行业呈现出怎样的发展特点?用户最关心的问题是什么? 2020 年 3 月 13 日,百度 App 发布《百度健康在线医疗大数据报告》(以下简称"报告"),透过对海量的大数据分析,展现了疫情之下,互联网医疗平台的发展态势和用户特征。

报告显示,疫情期间互联网医疗行业呈爆发式增长,百度健康问医生等在线咨询平台整体搜索热度上涨 96%。这一趋势不仅折射出民众对线上咨询服务的高诉求,同时也预示着"互联网+健康"赛道即将迎来又一轮流量增长红利。百度健康大数据对此做出了印证,数据显示,百度健康问医生疫情期间在线咨询量不断增长,累计为用户提供超 2 500 万次服务。

受到疫情影响，民众自我防护意识普遍提高，因更善于使用移动互联网设备及承担更多家庭责任，80后、90后的"中坚一代"成为使用在线咨询服务的主力。报告数据显示，在线上咨询的用户中，25～34岁的用户占比高达45%，18～24岁的用户紧随其后，占比为30%。

与此同时，在严格的出行、隔离政策下，更多疫情形势严峻地区民众开始拿起科技武器抗疫。据报告显示，在百度健康问医生服务覆盖的34个省市中，位于"风暴中心"的武汉成为咨询需求最高的城市，而人口流动性更高的北上广地区也居于前列。值得关注的是，随着新冠肺炎在全球的蔓延，海外在线咨询需求也在不断增加。数据显示，疫情期间百度健康问医生越洋咨询超过10万次，其中美国地区用户成了在线咨询的"忠实粉丝"。目前新冠肺炎正在全球蔓延，"云医生"们接下来或许将接到越来越多的海外连线。

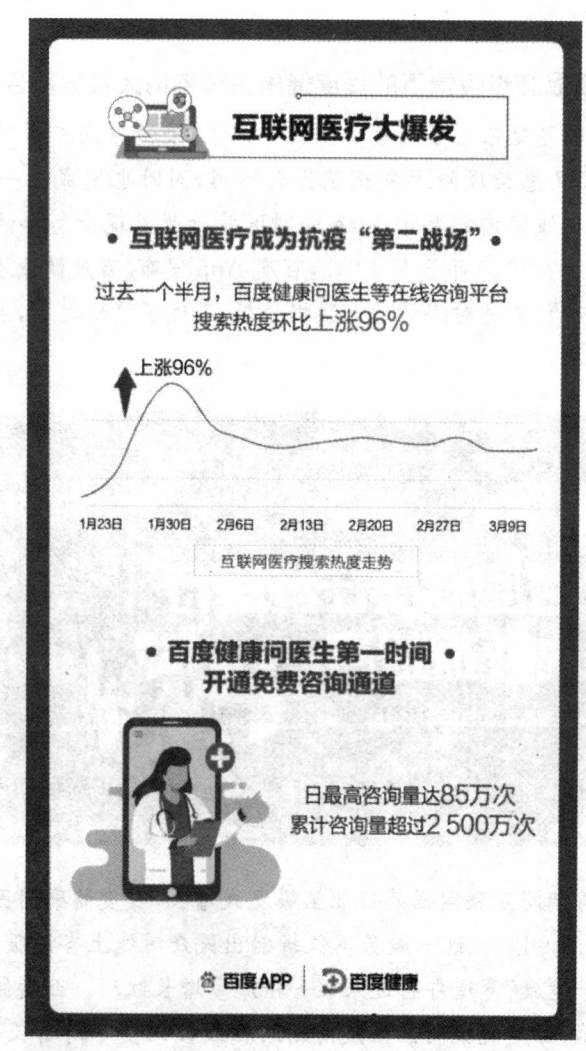

疫情攻坚时期，除做好返岗复工的身体健康保障外，心理健康问题也逐步受到重视。报告显示，心理健康问题成为用户关注焦点，以38%的比例高居用户最关心问题类型的榜首。在百度健康问医生心理健康类目的咨询排行中，"总是怀疑自己得了新冠肺炎怎么办""长期居家感到心烦""学生在家隔离如何保持健康学习心态"等咨询问题纷纷上榜，反映出疫情下民众亟须化解焦虑、疏导情绪的真实诉求。

与此同时，互联网医疗对众多慢性病、轻症患者来说也像一场"及时雨"。疫情之下，在线咨询平台解决的不仅仅是集中爆发的肺炎类问题，据报告数据显示，相较疫情前期，高血压、慢性胃炎等慢病相关问题咨询热度上涨163%，可见在线咨询已成为一些其他病症患者寻求帮助的重要途径。

另一方面，疫情期间快速、便捷的线上咨询服务体验背后，离不开屏幕背后无数医生放弃个人休息时间的无私坚守。报告显示，疫情期间，累计超50万名医生在百度健康问医生平台解答用户问题，部分"云医生"单日最高提供300次咨询服务，工作时间超过18个小时，约等于普通医生在线下医院近一周的接诊次数。

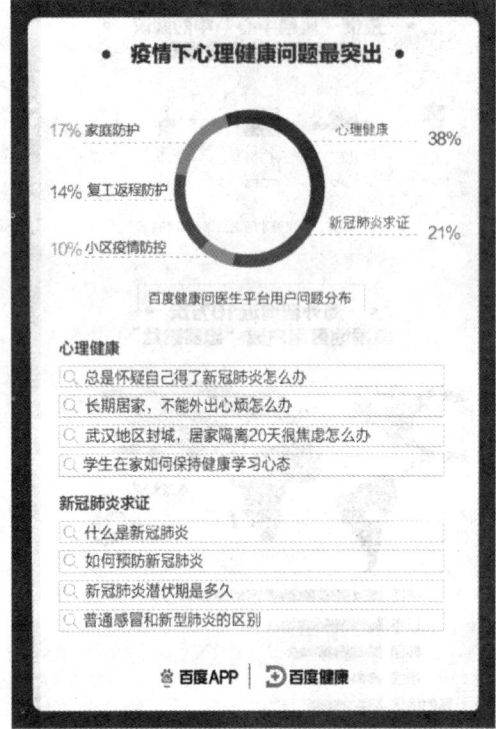

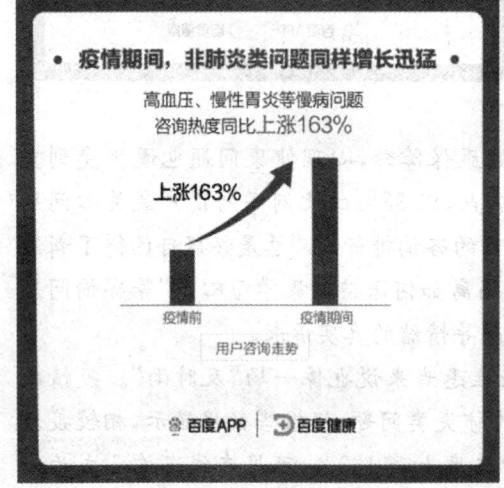

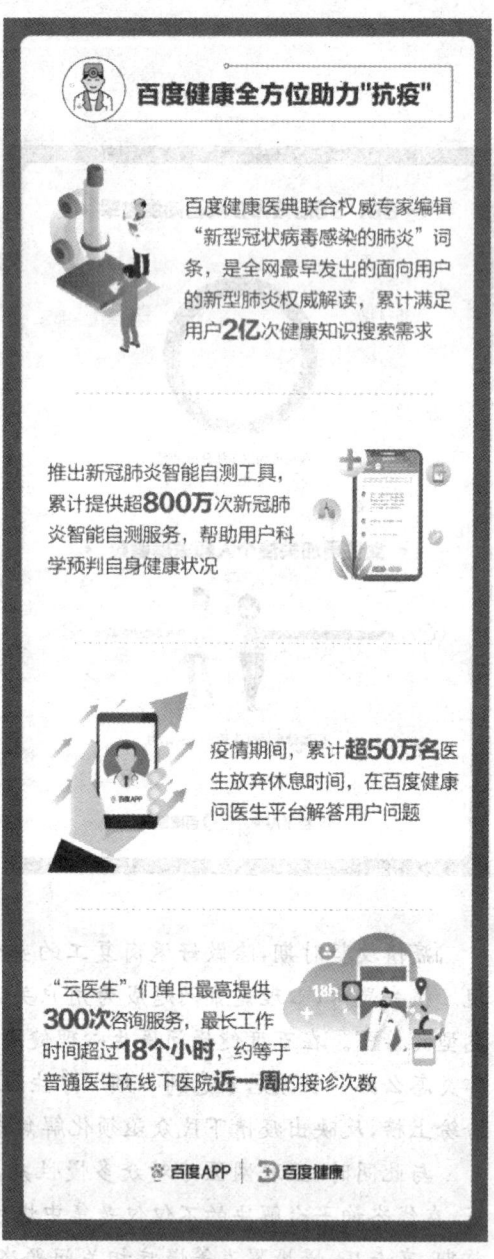

除此之外,平台医生中女性超过半数,"她力量"的崛起,也展现出当代女性巾帼不让须眉的独特魅力。而为感谢这些"云医生"们,超过10万用户为医生送上了心意,用户口碑的提升也为互联网医疗行业的发展再添动力。

疫情之下,互联网医疗展现出巨大的能量和社会价值,和线下的医疗形成了良好的互补,在此次"抗疫"阻击战中不仅发挥了巨大作用,全行业也迎来了前所未有的发展契机。此次百度发布的《百度健康在线咨询大数据报告》,从更宏观的视角展现了疫情下的互联网医疗的发展现状及当下民众的切身诉求。相信经历此次疫情,整个社会都会加速"互联网+医疗"的发展,2020或将成为互联网医疗发展的新纪元。

(资料来源:极客公园.http://www.geekpark.net/news/256966.)

# 第五章
# 网络营销产品策略

## 案例导入

### 《爸爸去哪儿》与《中国好声音》的网络营销对决

《中国好声音》第三季于2014年7月18日开播。至此,暑期档最火爆的综艺节目《爸爸去哪儿2》(下文简称"爸爸2")将正面遭遇《中国好声音3》(下文简称"好声音"),两大"现象级"综艺节目迎来巅峰对决。

"爸爸2"方面摆出的是"品字战阵"。网络独播平台爱奇艺、PPS在前,依据百度资源入口及其营销手段,流量吸纳能力不可小觑;其后则是芒果TV和360影视。"爸爸2"首播收视比第一季第一期上升了120%,在网络端有近4亿次的节目正片播放量。但宣称买下网络播放权的爱奇艺与湖南卫视之间的版权之争让"爸爸2"丑闻缠身,闹剧开场。

"好声音"方面只有腾讯视频一支"孤军"。"好声音"与腾讯的合作将不限于版权销售传统形式,腾讯全平台中,包括腾讯网、微信、视频、微视、QQ以及游戏产品等,都会参与到整个腾讯视频"好声音"的生态圈中。在开场和布局上,网络端的"以一敌三"对抗中,"好声音"方略胜一筹。

无论"爸爸2"还是"好声音",不得不面对的现实都是,随着互联网及移动互联网的普及,电视受众人群正从"客厅"逃离,转移到"书房""办公室"和"街头",眼球也从"电视荧屏"分散到"电脑屏"和"移动屏"。

作为节目制作方,要想最大化其影响力,不得不拥抱互联网:一方面,借助其流量资源、用户基础,实现受众覆盖;另一方面,基于其技术、大数据及产品化能力,建立和受众间的更多触点,以提升节目体验。此外,更可深度捆绑网络资源,基于节目外延开发全新商业模式,提升节目效益。互联网思维中,非常关键的一点就是用户导向,这值得"爸爸2"仔细琢磨——是把受众当单向的观众,还是可互动、交流的用户?如果是前者,那自然会选择以我为主、为我所用的互联网拥抱姿态;如果是后者呢?这方面"好声音"算是做了不错的探索。

(资料来源:第一财经.https://www.yicai.com/news/3994473.html.)

《爸爸去哪儿》与《中国好声音》这两大"现象级"综艺节目在同类节目中脱颖而出,取得了较高的收视率和较好的口碑。随着互联网的不断发展和观众习惯的改变,眼球也从"电视荧屏"分散到"电脑屏"和"移动屏"。互联网思维中,非常关键的一点就是用户导向,把受众当单向的观众,还是可互动、交流的用户这是值得深思的问题。请同学们思考网络营销的产品内涵是什么?如何能不断提升网络营销产品的品牌价值?

## 5.1 网络营销产品管理

### 5.1.1 网络营销产品的整体概念

在市场经济中,产品是企业生存的核心,传统的市场营销把产品策略作为企业营销策略的一个重要组成部分。在现代市场营销学中,产品概念具有极其宽广的外延和深刻而丰富的内涵,它是指能够提供给市场,被人们使用和消费,并能满足人们某种需求的任何东西,包括有形的物品、无形的服务、组织、观念或它们的组合。但是,随着社会生产力以及网络和信息化的发展,企业的跨区域经营、跨国界经营,传统的营销受到冲击,网络营销愈显重要,而产品也已不再仅仅是传统的实物产品,而是包括有形产品和无形产品的有机结合。网络营销产品的整体概念可分为五层,如图5-1所示。

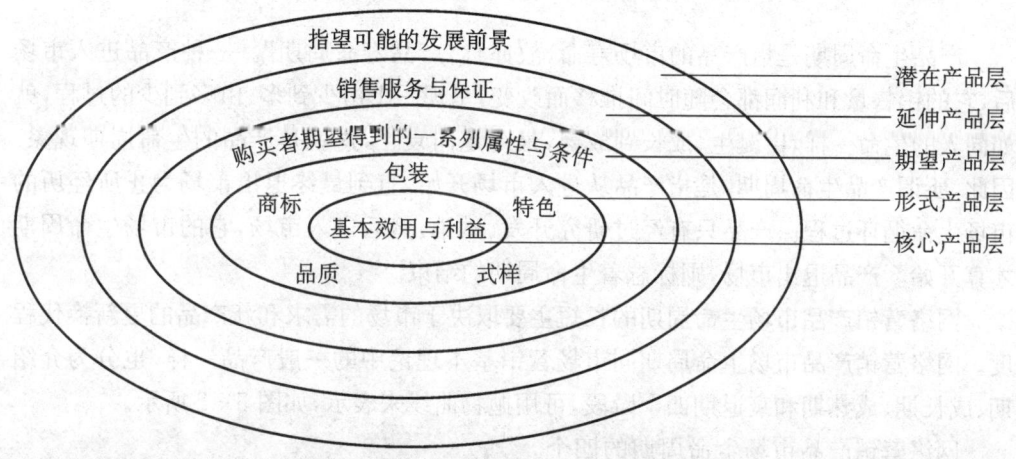

**图5-1 网络营销产品的整体概念示意图**

1. **核心产品层**

核心产品是指产品能够提供给消费者的基本效用与利益。网络营销与传统营销一样,是一种以顾客为中心的营销策略。所以,企业在设计和开发产品核心利益时要从顾客的角度出发,根据前次营销效果来制定本次产品设计开发计划。需要注意的是网络营销具有全球性,企业在提供核心利益和服务时要针对全球性市场提供。

2. **形式产品层**

形式产品是指核心产品借以实现的形式,即产品的物质形态。无论在线上市场还是线下市场,形式产品必须具备品质、式样、商标、包装和特色等五个要件。

3. 期望产品层

期望产品是指顾客在购买产品时期望得到的与产品密切相关的一整套属性和条件。在网络营销中,消费呈现出个性化的特征,不同的消费者可能对产品的要求不一样,对同一核心产品而言,消费者更侧重产品的质量、使用的方便程度、特点等方面的期望。因此,产品的设计和开发必须满足顾客的个性化消费需求。

4. 延伸产品层

延伸产品是指由产品的生产者或经营者提供的,主要是帮助用户更好地使用核心利益的服务。在网络营销中,对于物质产品来说,延伸产品层次要注意提供满意的售后服务、送货、质量保证等。

5. 潜在产品层

潜在产品层是产品的第五个层次,也就是指此种产品最终可能的所有的增加和改变,是企业努力寻求的满足顾客并使自己与其他竞争者区别开来的新方法,能满足消费者潜在需求的,尚未被消费者意识到,或者已经被意识到但尚未被消费者重视或消费者不敢奢望的一些产品价值。潜在产品指出了现有产品的可能的演变趋势和前景。例如,手机可发展成为人类身份识别器等。

### 5.1.2 网络营销产品市场生命周期

产品生命周期是指产品的市场寿命,故亦称"产品寿命周期"。一种产品进入市场后,它的销售量和利润都会随时间推移而改变,呈现一个由少到多、由多到少的过程,就如同人的生命一样,由诞生、成长到成熟,最终走向衰亡,这就是产品的生命周期现象。因此,所谓产品生命周期,是指产品从进入市场开始,直到最终退出市场为止所经历的市场生命循环过程。产品只有经过研究开发、试销,然后进入市场,它的市场生命周期才算开始。产品退出市场,则标志着生命周期的结束。

网络营销产品市场生命周期的长短主要取决于市场的需求和新产品的更新换代程度。网络营销产品市场生命周期同市场营销基本理论中的一般产品一样,也分为介绍期、成长期、成熟期和衰退期四个阶段,可用抛物曲线来表示,如图 5-2 所示。

网络营销产品市场生命周期的四个阶段,实际上表明了消费者对一件新产品推出市场后的接受过程。这一过程可以通过创新扩散理论来解释。

(1) 消费者接受创新的模式。消费者在接受新产品的过程中往往需要经过认识、兴趣、评价、试用、常用等五个阶段。

(2) 消费者接受新产品的差异性。不同的网络消费者对新产品的态度存在

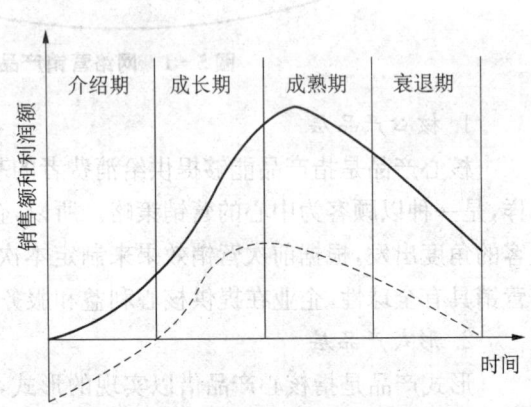

图 5-2 网络营销产品市场生命周期示意图

着很大的差别,因而接受新产品的时间先后也有很大的不同。根据网络消费者接受新产品的时间顺序可将其分为五种类型:

① 创新者。也称为消费先驱,他们富有个性,勇于革新冒险,敢于接受互联网上的新事物,是新产品的最早接受者。但这一类型的人为数很少,约占2.5%。

② 早期接受者。这一类型人的重要特征是年轻,富于探索,受自尊所支配,富有自豪感,经济状况良好。他们在社会中被同一阶层所尊重,并容易成为意见领袖。与创新者相比,其态度较为谨慎。

③ 早期大众。这部分消费者一般保守思想较少,有较好的工作环境和固定的收入,他们有较强的模仿心理,不甘落后于潮流。但由于特定的经济地位所限,他们在购买高档产品时持非常谨慎的态度。研究早期大众的心理状态、消费习惯对提高市场份额有很大帮助。

④ 晚期大众。这部分人的特点是既谨慎又固执,同时他们的收入、教育水平比早期大众略差。往往在大部分人接受后,他们才加入购买。

⑤ 落后者。这部分人传统思想严重,非常保守,对新事物多持反对态度,固守传统消费行为。他们往往在创新变成传统后,才开始接受。

### 5.1.3 生命周期各阶段产品的特点和营销策略

1. 介绍期的市场特点和营销策略

处于介绍期的产品,由于消费者对其不了解,大部分顾客不愿放弃或改变自己以往的消费行为,故需求有限;加之产品技术、性能还不够完善,生产成本高;销售渠道的不畅导致销售费用较高,但是该阶段市场上竞争者较少。

企业在营销策略方面的重点应是加强促销宣传,鼓励消费者试用,吸引中间商,同时还可采用传统营销中的相应策略,如快速掠取策略、缓慢掠取策略、快速渗透策略、缓慢渗透等策略。

2. 成长期的市场特点和营销策略

产品已经定型,技术工艺已经成熟;营销渠道有所增加,市场占有率得到增加;消费者对产品已经熟悉,销售量增长很快;生产的批量化使成本降低,但是市场上开始涌入大量的竞争者。

企业在营销策略方面可以采用产品差异化策略;在加强促销环节的同时,树立产品形象,建立品牌偏好;调整价格,拓展新市场。

3. 成熟期的市场特点和营销策略

在成熟期初期各销售渠道基本处于饱和状态,销售增长率缓慢上升,并进入一个相对稳定时期,后期销量和利润开始下滑。市场上产品出现过剩,竞争加剧,消费需求也开始转移。

企业在营销策略方面有改进产品、开拓市场和调整营销组合策略可供选择。企业在营销策略方面可以考虑采用的策略有:① 集中策略,即把资源集中使用在最易销售的品种上;② 维持策略,即把销售维持在一个低水平上,直至退出市场;③ 榨取策略,即大幅度降低销售费用,增加眼前利润。

4. 衰退期的市场特点和营销策略

这一时期,产品样式陈旧,功能老化,不能适应市场需求;消费兴趣发生转移,忠诚度下降;市场的需求逐渐减退,竞争者已推出新产品,企业处于微利,保本甚至亏损状态;竞争者纷纷退出市场,竞争趋于缓和。

每一个产品都必然经过这个周期阶段,企业要生存和发展就必须不断地推出新产品。在电子商务营销中,由于厂家与消费者建立了更加直接的联系,企业可以通过网络迅速及时地了解和掌握消费者的需求状况,使新产品从一上市就能知道改进和提高的方向,在成长期时就开始进行下一代系列产品的研制和开发,以系列产品的推出取代原有的成熟期和衰退期。同时企业应该把资源集中使用在最有利的细分市场、最有效的销售渠道和最易销售的品种、款式上。概言之,缩短战线,以最有利的市场赢得尽可能多的利润;或者采用维持策略,即保持原有的细分市场和营销组合策略,把销售维持在一个低水平上。待到适当时机,便停止该产品的经营,退出市场;也可以采取榨取策略,即大幅度降低销售费用,如广告费用削减为零、大幅度精简推销人员等,虽然销售量有可能迅速下降,但是可以增加眼前利润。最后可以采用放弃战略,如果企业决定停止经营衰退期的产品,应在立即停产还是逐步停产问题上慎重决策,并应处理好善后事宜,使企业有秩序地转向新产品经营。

### 5.1.4 网络营销产品包装策略

1. 包装的概念与组合要素

包装是指对商品设计并制作容器或包扎物的一系列活动的总称。包装的组合要素一般有五种:

(1) 商标或品牌。这是包装中最主要的构成要素,应在包装整体上占据突出的位置。

(2) 颜色。这是包装中最具刺激销售作用的构成要素,突出产品特色的色调组合,既能加强品牌特征,又有很强的感召力。

(3) 形状。适宜的包装形状有利于储运和陈列,也有利于产品销售。

(4) 材料。材料既影响成本,又影响市场竞争力。

(5) 其他。主要是图案以及标签等内容。

2. 包装策略

网络产品在最终到达消费者手中时不可能是裸露的,这就需要包装,而良好的包装只有同科学的包装决策结合起来才能发挥其应有的作用。可供企业选择的包装策略主要有以下几种。

(1) 类似包装策略。企业所有的产品在包装上共同特征明显。这易于消费者识记,可以节约成本,有利于企业整体形象的塑造和新产品的销售。

(2) 等级包装策略。企业产品包装因质量等级而有所区别,即精品精包、低档简包,以适应不同需求层次的消费者的购买心理,有利于全面扩大销售。

(3) 分类包装策略。根据消费者购买目的和用途的不同,对同一产品进行不同的包装。该策略适应了消费者的购买心理,但增加了成本费用。

(4) 配套包装策略。企业将几种有关的产品组合在同一包装物内。该策略能节约交易时间,便于消费者购买,有利于扩大产品销售。

(5) 再包装策略。包装物还可以再次使用或在一定时间内持续使用。包装物在再使用过程中有延伸宣传的作用。

## 5.2 网络营销新产品开发策略

### 5.2.1 网络营销新产品开发概述

1. 新产品开发的挑战

新产品开发是许多企业取胜的法宝。在网络时代,由于信息和知识的共享,科学技术扩散的速度加快,企业的竞争从原来简单依靠产品的竞争转为拥有不断开发新产品能力的竞争。而且互联网的发展,使得企业在今后获得新产品开发成功的难度增大,其原因如下:

(1) 在某些领域内缺乏重要的新产品构思。一些科学家认为,随着时间的推移,住汽车、电视机、计算机、静电印刷和特效药等领域内值得投资并切实可行的新技术将会越来越少,短时间内,技术的突破是非常不容易的。目前许多的传统优势企业正面临着严峻的挑战,如 Cisco 公司在短短的 15 年就成为美国市场价值第三的大公司,超过了 Intel 公司。Intel 公司正准备从"计算机产业的建筑模块供应商"向"互联网建筑模块供应商"转移。未来的产品构思开发必须适应网络时代的需要。

(2) 不断分裂的市场。激烈的竞争正在导致市场不断分裂。各个公司不得不将新产品的目标对准较小的细分市场,而不是整个市场,这就意味着每一个产品只能获得较低的销售额和利润额。互联网的发展加剧了这种趋势,市场的主导地位正从企业转向消费者,个性化消费成为主流,未来的细分市场必将是以个体为基础的。

(3) 社会和政府的限制。网络时代强调的是绿色发展,新产品必须以满足公众利益为准则,诸如消费者安全和生态平衡。政府的一些政策规划,也使得高污染、高耗能的行业的发展进度减慢,并使工业设备、化工产品、汽车和玩具等行业的产品设计和广告决策工作难以选择有效的突破口。

(4) 新产品开发过程中的昂贵代价。网络时代竞争加剧,公司为了最终找出少数几个良好的构思,通常需要形成许多新产品构思。因此,公司就得面对日益上升呈几何级数的研究开发费用、生产费用和市场营销费用。

(5)新产品开发完成的时间缩短。许多公司很可能同时得到同样的新产品开发方案和构思,而最终胜利往往属于行动迅速的企业和个人。反应灵敏的公司必须压缩产品开发的时间,并尽可能采用计算机辅助设计和生产技术、合作开发,加快进行产品概念试验及先进的市场营销规划等。

(6)成功产品的生命周期缩短。当一种新产品成功后,竞争对手立即就会对之进行模仿,从而使新产品的生命周期大为缩短。

网络时代,特别是互联网的发展带来的新产品开发的困难,对企业来说既是机遇也是挑战。企业开发的新产品如果能适应市场的需要,可以在很短时间内占领市场,打败其他的竞争对手。如果企业的新产品开发跟不上,企业很可能马上陷入困境。

2. 网络时代新产品的开发方式

与传统新产品开发一样,网络营销新产品开发策略也有下面几种形式:

(1)新问世的产品,即开创了一个全新市场的产品;

(2)新产品线,即使公司首次进入现有市场的新产品;

(3)现有产品线外新增加的产品,即补充公司现有产品线的新产品;

(4)现有产品的改良或更新,即提供改善了的功能还有较大感知价值并且替换现有产品的新产品;

(5)降低成本的产品,即提供同样功能但成本较低的新产品;

(6)重定价产品,即以新的市场或细分市场为目标市场的现有产品。

企业网络营销产品策略中采取哪一种具体的新产品开发方式,可以根据企业的实际情况决定,但结合网络营销市场特点和互联网特点,开发新市场的新产品是企业竞争的核心。对于相对成熟的企业,采用后面几种新产品方式也是一种短期的较稳妥的策略,但不能作为企业长期的新产品开发模式。

3. 网络营销新产品构思与数据库的应用

网络营销新产品开发的首要前提是新产品构思和概念的形成。在每一个阶段,都有一些伟大发明推动技术革命和产业革命,这个时期的新产品构思和概念的形成主要是依靠科研人员的创造性来推动。新产品的构思可以有多种来源,可以是顾客、科学家、竞争者、公司销售人员、中间商和高层管理者,但最主要的来源还是依靠网上消费者的偏好来引导产品的构思。网络营销的一个最重要特性是与顾客的交互性,它通过信息技术和网络技术来记录、评价和控制营销活动,掌握市场需求情况。网络营销通过其网络数据库系统处理营销活动中的数据,并用来指导企业营销策略的制定和营销活动的开展。网络营销数据库系统一般具有以下特点:

(1)在营销数据库中每个现有或潜在顾客都要作为一个单独记录存储起来,只有了解每个个体的信息才能进行市场细分,并可通过汇总数据发现市场总体特征;

(2)每个顾客记录不但要包含顾客的基本信息(如姓名、地址、电话、IP地址等),还要包含一定范围的市场营销信息(如顾客的浏览偏好、购物习惯等),即顾客需求和需求特性,以及有关的人口统计和心理测试统计信息;

(3)每个顾客记录还要包含有顾客是否能接触到针对特定市场开展的网络营销活

动信息,以及顾客与公司或竞争对手的交易信息;

(4) 数据库中应包含顾客对公司采取的营销沟通或销售活动所做反应的信息反馈;

(5) 存储的信息有助于网络营销制定者制定营销政策,如针对目标市场或初级市场提供何种合适的产品或服务(如爆款),是否可以使用以及每个产品在目标市场可采用何种营销策略组合;

(6) 通过数据库可以用来保证在对顾客推销产品时,有针对性地开展促销业务关系活动;

(7) 数据库建设好后可以代替市场研究,无须通过专门的市场调查来测试顾客对所进行的营销活动的响应程度;

(8) 随着大型数据库可以自动记录顾客信息和启动控制与顾客的交易,自动营销管理已成为可能,但这要求有处理大批量数据的能力,在发现市场机会的同时对市场威胁提出分析和警告。大型数据库提供的高质量的信息使得高级经理能有效进行市场决策和合理分配有限的资源。

利用网络营销数据库,企业可以很快发现顾客的现实需要和潜在需求,从而形成产品构思。通过对数据库的分析,可以对产品构思进行筛选,并形成产品的概念。

### 5.2.2 网络营销新产品开发的类型

新产品的界定,应从顾客的需求出发,只要产品整体概念中的任何一个层次发生了变化、改进、革新,都可以称之为新产品。在过去,一般根据新产品与原有产品的差别,按由小到大的顺序,将新产品划分为如下几种类型:重新定位而产生的新产品、仿制级的新产品、改进级的新产品、换代级的新产品、全新级的新产品。

网络时代新产品的开发,必须研究消费者的消费行为与消费要求的特点,进而确定网络营销新产品的定位和新产品的开发。与传统新产品开发一样,网络营销新产品的开发也有上述几种类型,但策略制定的环境和方法是不一样的。

1. 开发全新的产品

这种类型的新产品开发策略一般是由创新型公司采用,其结果是开创了一个全新市场的产品。网络时代使得市场需求发生了根本性的变化,消费者的需求和消费心理也发生了重大变化。因此,如果有很好的产品构思和服务概念,即使没有资本,也可以凭借这些产品构思和服务概念获得成功,因为许多风险投资资金愿意投入互联网上市场。例如,阿里巴巴网站,提出独到的为中小企业提供网上免费中介服务,迅速将公司发展壮大起来。这种策略是网络时代最为有效的新产品开发策略,因为,互联网时代,消费者更关注的是行业排名第一的企业,具有"赢者通吃"的现象和"优者越优,劣者越差"的马太效应。

2. 开辟新的产品线

互联网的技术扩散速度很快,利用互联网对已有产品线进行迅速模仿和研制开发是一条捷径,但这种新产品线开发策略只能作为一种对抗性的防御策略。仅仅只会模仿别人,是很难有核心竞争力的。因此,企业应该主要是开辟新的产品线,保障产品不断地、持续领先。在市场中,一个品类的产品在没有进入衰退期之前,就应该进行新的产品开发和研制,形成有效的新产品线开发策略。

3. 在现有产品线中增加新产品

这种类型的新产品开发策略是指公司在现有产品线中补充新的产品。由于市场不断细分,市场需求差异性增大,这种新产品开发策略是一种比较有效的策略。它既能满足不同层次的差异性需求;也能以较低风险进行新产品开发,因为它是在已成功产品上进行再开发。

4. 现有产品的改良或更新

这种类型的新产品开发策略是指公司提供改善了的功能或较大感知价值,并且能替换现有产品的新产品。在网络营销市场中,由于消费者可以在很大范围内挑选商品,消费者具有很大的选择权利。企业在面对消费者需求品质日益提高的驱动下,必须不断改进现有产品,进行产品的升级换代。目前,产品的信息化、智能化和网络化是必须考虑的,如电视机的数字化,电冰箱的上网功能,以及洗衣机的智能化等功能的增加。再如,对于图书,目前某些出版社已经出现了"定制图书""按需印刷"的服务。

阅读材料

### 谁说图书定制不赚钱?这种营销方式愈受出版社青睐

**版本定制助推单品上量**

版本定制其实不是一个出版概念,而是一种营销方式。大部分营销人对版本定制有着这样的理解,这种针对渠道的营销方式,现阶段的表现值得期待。安徽少年儿童出版社营销部主任詹玮玮认为,版本定制是指出版社根据现有内容,针对不同的渠道或平台,对图书做一些标识的情况;就合作方来分类,可以分为与企业合作和与政府部门合作等类型。"但我们很少会为了某一渠道专门开发产品,那样的成本会比较高。"广西师范大学出版社集团发行中心总经理卢建东将版本定制理解为"一种独家销售模式"。他说:"版本定制并不是由渠道决定内容,也不是仅在某一渠道销售,而是在一定时间内由某一渠道独家销售,或者由某一渠道独家销售某一特定版本。"

不仅新媒体渠道和电商可作为版本定制的合作方,线下机构同样也能参与进来。比如安徽少年儿童出版社和深圳爱阅公益基金会合作推出的定制版"国际安徒生奖大奖书系"之《架起儿童图书的桥梁》等。作为一种营销方式,版本定制目前表现出一定的潜力。由于其根据渠道属性进行定制的特点,往往渠道都会进行包销,所以销售成绩有所保障。据了解,一般情况下,定制的数量不会低于5 000册。例如,大象出版社对"王立群智解成语"系列(4种)进行定制出版,截至目前,在"十点好物"商城销售5 500套左右。广西师范大学出版社集团与罗辑思维、十点读书、新世相等进行合作,推出定制版"男孩全书"系列(7种)、"女孩全书"系列(6种)销售均超过2.5万套,定制版《365儿童百科》销售超过2.8万册。四川人民出版社为渠道定制的适合中学生阅读需求的"中国

现代经典文学精选丛书",从装帧设计、定价、用纸、产品形态等方面,完全区别于原有适合成人阅读的版本,不到半年时间销售达3万套,实现660万码洋。此外,也有针对宣传品的定制,如由中国少年儿童新闻出版总社针对全渠道发行的漫画版《狼王梦》,专门为博库网定制渠道专属海报等宣传品,从2017年6月在博库网上线,半年时间销售超过6万册。

能够实现这样的销售成绩,一方面是因为定制这种"特权"使得渠道更愿意在营销上进行投入,如定制版"王立群智解成语"系列自11月24号在"十点好物"商城上线后,十点读书公众号于11月28日推送文章,当晚即售出600余套;12月11日,"十点课堂"微信公众号推送文章,售出近1 000套;加印后,"十点读书"平台又重新撰文推送。另一方面,也是最根本的原因,就是图书的选择。

**版本定制选书标准高**

版本定制是如何获得出版社青睐的呢?一是其符合如今差异化的出版趋势。四川人民出版社营销中心负责人周晓琴认为,不同的读者对图书产品(特指纸质图书)的装帧形态、开本大小、文案策划等个性化需求越来越多,如果能够为这些读者群"量身定做",提供定制化服务,相信也是进一步做好做精图书营销及发行工作的思路。二是其在专业化方面的优势。机械工业出版社营销销售二部副主任李双磊认为,因为专业化的分工日益加剧,目标读者将更细化、更专业,这种情况下,精准出版和精准培训的需求会更多。那么,具备哪些特点的图书适合进行版本定制呢?一是高码洋。在中少总社与博库网的成功合作之后,双方对渠道定制图书的前景十分看好。博库网相关负责人认为,针对目前图书电商的销售趋势,更适合定制的图书应该是具有一定客单价基础的图书。这是因为,图书产品的客单利润额很低,很多情况下单笔利润额较薄,甚至利润额低于快递费用,而具有一定客单价基础,可以保证一定的毛利。二是高品质。高品质主要指图书的内容质量要高、与读者的契合度要高。三是高附加值。如何为定制产品增加更多附加值,是在版本定制时最需要考虑的事情之一。例如,北京联合出版公司在"十点读书"独家首发的"随时的修养2"系列(8种),相比其他渠道的版本增加了布书衣,取得了较好的销售成绩;安徽少年儿童出版社为京东定制的"欢乐中国年立体书"(礼盒装),相比平装版本,不但增加外盒包装,而且增加新年贺卡、DIY不倒翁、灯笼涂鸦画、新年红包等。

**版本定制未来仍需探索**

从市场反馈来看,这股大潮正在形成。例如,机械工业出版社营销销售二部业务二区目前已定制出版40余个品种,合作渠道包括学校、公司、大型企事业单位等;安徽少年儿童出版社也已推出过数十种定制版本图书;四川人民出版社仅2017年就推出30多个版本定制的品种,合作方包括电商平台、新华书店、民营书店等不同渠道。但是目前,版本定制在出版社内部普遍还未形成固定机制。一方面,这种方式对平台有一定的依赖性,因而受到平台不确定性的影响。

(资料来源:王少波.中国出版传媒网.http://www.cbbr.com.cn/article/121375.html)

在网络经济条件下,企业一般会更加注重提供同样功能,但成本较低的新产品。网络时代的消费者虽然注重个性化消费，但个性化消费不等于是高档次消费。个性化消费意味着消费者根据自己的个人情况，包括收入、地位、家庭以及爱好等，来确定自己的需要，因此，消费者的消费意识更趋向于理性化，消费者更强调产品给消费者带来的价值，同时包括所花费的代价。在网络营销中，产品的价格总的是呈下降趋势。因此，提供相同功能的，但成本更低的产品，更能满足日益成熟的大众市场需求。

在网络营销初期，全球的广大市场上，企业可以重新定位产品，以取得更多的市场机会。例如，在国内的中档家电产品，通过互联网进入国际上其他发展中国家或者贫穷国家或地区的市场，可以将产品重新定位为高档产品。

企业网络营销中，新产品的开发策略到底应该采取哪一种具体类型，需要根据企业的实际情况决定。但是，结合网络营销市场的新特点以及互联网的相关属性，开发新市场的新产品应该是企业竞争的核心。对于相对成熟的企业，采用后面几种新产品策略，也是一种在短期内较为稳妥的策略，但是不能作为企业长期使用的新产品开发策略。

### 5.2.3 网络营销新产品开发的程序

与过去新产品研制和试销不同，在网络条件下，顾客可以全程参与新产品研制和开发。同时，顾客参与新产品研制与开发不再是简单地被动接受测试和表达感受，而是主动参与和协助产品的研制开发工作。与此同时，与企业关联的供应商和经销商也可以直接参与新产品的研制与开发，因为网络时代企业之间的主流关系是合作，只有通过合作才可能增强企业竞争能力，才能在激烈的市场竞争中站稳脚跟。通过互联网，企业可以与供应商、经销商和顾客进行双向沟通和交流，最大限度提高新产品研制与开发的成功率。

值得注意的是，许多产品并不能直接提供给顾客使用，它需要许多企业共同配合才有可能满足客户的最终需要。网络营销中的新产品开发程序包括新产品的构思与概念的形成、新产品研制、新产品试销与上市三个阶段。

1. **网络营销中新产品的构思与概念的形成**

网络营销中新产品开发的首要前提是新产品的构思和概念的形成，这个时期主要依靠科研人员的创造性推动的。

新产品的构思可以有多种来源，可以是顾客、科学家、竞争者、公司销售人员、中间商和高层管理者，但最主要的还是依靠顾客来引导产品的构思。网络营销的一个最重要特性是与顾客的交互性，它通过信息技术和网络技术来记录、评价和控制营销活动，来掌握市场需求情况。因此，企业要充分利用网络营销数据库来进行新产品构思与概念的形成。

2. **网络营销中新产品的研制**

与过去的新产品研制与试销不一样，顾客可以全程参加概念形成后的产品研制和开发工作。顾客参与新产品研制与开发不再是简单地被动接收测试和表达感受，而是主动参与和协助产品的研制开发工作。与此同时，与企业关联的供应商和经销商也可以直接参与新产品的研制与开发,因为网络时代企业之间的关系主流是合作,只有通过合作才可能增强企业竞争能力,才能在激烈的市场竞争中站稳脚跟,也就是所谓的双赢。通过互联网,企业可以与供应商、经销商和顾客进行双向沟通和交流,可以最大限度地提高新产品研制与开发速度。

值得关注的是,许多产品并不能直接提供给顾客使用,它需要许多企业共同配合才有可能满足顾客的最终需要,这就更需要在新产品开发的同时,加强与以产品为纽带的协作企业合作。

3. 网络营销中的新产品试销与上市

网络市场作为新兴市场,消费群体一般都有很强的好奇心和消费领导性,比较愿意尝试新的产品。因此,通过网络营销来带动新产品试销与上市,是比较好的策略和方式。但须注意的是,网上市场群体还有一定的局限性,目前的消费意向比较单一,所以并不是任何一种新产品都适合在网上试销和推广。一般对于与技术相关的新产品,在网上试销和推广的效果比较理想,这种方式一方面可以比较有效地覆盖目标市场,另一方面可以利用网络与顾客直接进行沟通和交互,有利于顾客了解新产品的性能,还可以帮助企业对新产品进行改进。

利用互联网作为新产品营销渠道时,要注意新产品能否满足顾客的个性化需求的特性,即同一产品能针对网上市场不同顾客需求生产出功能相同但又能满足个性需求的产品,这要求新产品在开发和设计时就要考虑到产品式样和顾客需求的差异性。例如,戴尔电脑公司在推出电脑新产品时,允许顾客根据自己的需要自行设计和挑选配件来组装自己满意的产品,戴尔公司可以通过互联网直接将顾客订单送给生产部门,生产部门根据个性化需求组装电脑。因此,网络营销产品的设计和开发要能体现产品的个性化特征,适合进行柔性化的大规模生产,否则再好的产品也很难在市场经久不衰。

## 5.3 网络营销品牌策略

虽然网络营销和传统营销在产品的销售方面有很大的不同,但二者都需要注意产品营销策略。与传统营销相比,网络营销有很多不利之处,产品的质量、包装、直观感受都不易觉察到,这就决定了网络营销的品牌策略在网络交易中有更重要的作用。

### 5.3.1 产品品牌内涵

1. 品牌与商标

品牌是一个名称、名词、符号或设计,或者是它们的组合,目的是识别某个销售者或某群销售者的产品或劳务,并使之同竞争对手的产品和劳务区别开来。品牌能给拥有者带来溢价、产生增值,是一种无形资产,它的载体是用于和其他竞争者的产品或劳务相区分的名称、术语、象征、记号或者设计及其组合,增值的源泉来自消费者心智中形成的关于其载体的印象。品牌承载的更多的是一部分人对其产品以及服务的认可,是一种品牌商与顾客购买行为间相互磨合衍生出的产物。简单地讲,品牌是指消费者对产品及产品系列的认知程度,是人们对一个企业及其产品、售后服务、文化价值的一种评价和认知,是一种信任。因此,品牌就是制造商或经销商加在商品上的标志,由名称、名词、符号、象征、设计或它们的组合构成,用以识别不同生产者或经营者所提供的产品或服务的一种标志。

品牌是一个集合概念,它包括品牌名称和品牌标志两个部分,品牌名称是指品牌中可以用语言称呼的部分;品牌标志是指品牌中可以被认出、易于记忆但不能用语言称呼的部分,通常由图案、符号或颜色等构成。在产品推广过程中,品牌既能区别不同生产厂家或经营者所提供的产品,还有提升产品价值的功能。它代表着经营者对交付给顾客的产品特征、利益和服务的一贯性的承诺,久负盛名的品牌就是优等质量的保证,所以企业在生产经营中均重视品牌的发展。

商标与品牌一样,都是用以识别不同生产经营者的不同种类、不同品质产品的商业名称及其标志。不同的是品牌是经济概念,商标是法律概念,法律中规定,商标有注册商标和未注册商标之分,而各国法律所保护的是注册商标,这就要求企业在经营中要考虑品牌的注册,以寻求法律保护,进而借助品牌提升竞争力。

2. 网络品牌与传统品牌

由于网络营销是新兴的流通方式,网络品牌与传统品牌有着很大不同,传统品牌多是产品品牌,网络品牌多是域名品牌与产品品牌的结合,所以,传统优势品牌不一定是网络优势品牌。传统知名品牌的深入人心,使得人们不太关注其网站的建设,尽管可口可乐、耐克等品牌仍然受到广大青少年的青睐,但是这些公司网站的访问量却并不高。既然知名品牌与网站访问量之间没有必然的联系,那么公司到底要不要建设网站就是一个值得考虑的问题。从另一角度看,这个结果也意味着公司要在网上取得成功,绝不能指望依赖传统的品牌优势。

传统市场消费者的购买行为是由认知、信任进而产生行动的过程。传统品牌之所以把大量的预算花在网络品牌形象的塑造上,就是因为这种形象能够缩短从认知、信任到购买的时间。而网络营销的最终目的还是产品销售,所以网上购买行为也需要品牌形象的支持,品牌带来的信誉和保证在某种程度上可以抵消虚拟环境的不安全感。

### 资料阅读

中石化是干什么的,相信很多人都知道,平时开车去加油站加油,中石化的品牌大名就静静地在高处"注视"着我们。很多人再次关注它是在新冠疫情中正式卖菜的罕见事迹。看来它已抢起了生鲜电商的生意,你会去找中石化买菜吗?

中石化公司,全称为"中国石油化工集团有限公司",它可是中国最大的成品油和石化产品供应商,创立至今也有三十多年的历史,一直以来,以油气勘探开发为主要业务,是我国第二大油气生产商。现在中石化正式卖菜,这着实让人震惊。

中国石化早期的企业网站访问的人数很低。2008年涉足非油业务,从自有品牌孵化、全国集采、区域直采、电子商务、跨界合作,到社交电商、O2O、无人便利店,易捷紧跟产业变革,从未被落下。在国家提倡传统行业转型升级的大环境下,作为石化业巨头,中石化也在积极摸索石化业务以外的新路子,旗下的易捷便利店的规模不断扩大,"易捷北京"App已经上线内测并于2017年8月24日启动加盟商招募,官方称这是为了满足消费者一站式购物的需求。2019年年初,中石化旗下唯一跨境电商平台"易捷海购"正式推出社交电商项目——"易捷赚客",采用S2B2C模式,会员层级关联,社交分享赚钱,挖掘社交流量。推广主体是中石化自有员工,数十万员工均为社交电商的第一层人脉关系网络基础。2020年2月27日,中石化内部人士透露,截至目前,仅北京地区便有450座加油站开展了蔬菜销售业务,日销售量超3000份,是2月15日的5倍!

"线上下单,不下车不开窗,一键送到后备箱",堪称是2020年最神奇的消费购物场景:不用下车,加满油,买满新鲜蔬菜,直戳消费者"痛点"。自此,中国生鲜电商,迎来了最大的"搅局者",全国超过27000个易捷便利店,都是潜在的生鲜前置仓,一旦全面铺开,将碾压所有生鲜电商玩家。

其首先推出的套餐是一份蔬菜礼包组合,约14斤,包括西红柿、豆角、胡萝卜、西兰花等10多种蔬菜和10个鸡蛋,可满足三口之家3天左右的需求,售价99元。消费者可以通过易捷加油App中的"一键加油"下单,在"配送到车"页面选择"蔬菜礼包组合"进行购买。更为贴心的是,购买蔬菜礼包还另送一个口罩。自2月15日起,中国石化浙江石油辖区的加油站,已开始销售包括鸡蛋、猪肉、青菜在内的食材套餐,分为88元纯蔬菜套餐、158元肉菜蔬菜套餐2种规格。当前,中国石化的生鲜业务,并未全面铺开,更多的是试探。据中石化相关负责人表示,买菜是老百姓的刚需,我们推出的零接触服务,是响应国家的号召,日后我们会对此进行商业评估。根据中石化最新披露的数据,中石化拥有30 668座自营加油站,而旗下的易捷便利店守着中国最大的成品油零售连锁终端,27 362家门店遍布全国,堪称"中国便利店之王"。这意味着,一旦中石化完成商业评估,全面启动生鲜电商业务,便拥有了超27 000个前置仓,将瞬间成为生鲜电商的头号玩家,其线下品牌的价值叠加网络品牌的价值,且加油+买菜的消费场景、消费频率较高。最好的时代,大幕才刚刚拉起,机会还很多,抓住机会,勇敢尝试。

### 5.3.2 网络营销产品品牌策略

1. 网络产品品牌命名和设计策略

网络产品在品牌命名和设计时应注意以下方面:

(1) 品牌命名和设计要符合市场所在地的法律规范,不得违反法律中所规定的禁用条款,不得和他人的注册商标相同或相似。

(2) 品牌命名和设计要力求简洁明快、易读易记,便于网络传播;体现产品的优点和特性,暗示产品的优良属性;显示企业与产品与众不同的特色,避免大众化的名称和标志;符合当地的文化、习俗,使之富有内涵,情谊浓重,唤起消费者和社会公众美好的联想。

(3) 品牌名称应与产品专用名称统一,或与产品品牌标志统一。

2. 网络产品品牌统分策略

在互联网上销售的产品或提供的服务,不可能只有一种类型、一种规格的产品,或提供一种模式的服务,企业必须根据市场和自己的产品或服务的具体情况做出品牌选择。一般情况下有五种选择策略:

(1) 个别品牌。个别品牌指每一个产品使用不同的品牌,企业有多少个产品就有多少个品牌。其特点是产品之间相互没有影响,既不会出现一荣俱荣、一损俱损的现象,也不会出现因一个品牌的成败而影响企业声誉的现象,但推销费用较高,企业创名牌难度较大。

(2) 统一品牌。统一品牌指企业生产经营的所有产品共同使用一个品牌,也就是企业只有一个品牌。其特点是企业所有产品使用同一品牌,在市场上极易出现一荣俱荣、一损俱损的现象,但推销费用较低,在创名牌上重点是通过产品质量和售后服务塑造品牌形象,同时也容易使消费者记住品牌和企业的关系。

(3) 分类品牌。分类品牌指企业将产品按类划分,一类产品一个品牌,企业有多少类产品就有多少个品牌,这是对前两种做法的折中。

(4) 企业名称加个别品牌。企业名称加个别品牌指一类产品用一个品牌,同时在每个牌子前冠以企业名称。其特点是有利于企业声誉的培养,并利用企业声誉推出新产品,节约推销费用,还可以保持每一种产品的相对独立性。

(5) 多品牌策略。由于市场上存在着两种产品替代形式,一种是新旧产品或不同产品之间的替代,一种是相同产品不同厂家或不同品牌之间的替代。替代的结果是企业的销售量下降。为了提高市场竞争力、提高市场占有份额,多品牌策略应运而生。多品牌策略是指同一企业在同一产品上使用两个或两个以上的品牌，根据替代原理，单一品牌的产品销售量会下降，但企业总销售量会上升。多品牌策略在使用中一种方法是不同品牌的名称不同，但品牌标志相同。一种方法是主副品牌，即品牌是由两部分构成，前面是主品牌，后面是副品牌，所有产品的主品牌相同，而副品牌不同。

3. 互联网域名商标策略

域名是指计算机网上的名字，由一串用点分隔的名字组成，用于在数据传输时标识计算机的电子方位。域名作为互联网的单位名称和在 Internet 网络上使用的网页所有者的身份标识，由于域名的所有权属于注册者，所以域名具有商标属性。在网络时代的今天，由于域名系统(DNS)是国际共有资源，可较好地实现信息传播，这就决定了它有巨大的商业价值。随着互联网的广泛普及和大量应用，注册域名的企业越来越多，许多企业还把知名商标注册成域名，一般人们所知道的驰名商标几乎都成了互联网上的域名。

域名注册采用注册在先的原则。注册域名有两种做法：一是在国内注册二级域名，一是在国际注册一级域名。同时还要遵守《中国互联网域名注册暂行管理办法》的规定。

### 5.3.3 网络品牌的开发

品牌营销是市场经济高度竞争的产物，经过多年实践，已经发展得相当成熟，形成一个以"品牌经理制"为代表的完整管理体系。因特网所具有的交互、快捷、全球、媒体特性等优势，对于提高企业知名度、树立企业品牌形象、更好地为用户服务等都提供了有利的条件，这些网络本身固有的特性对于每一个企业都是公平的。因此，企业应该根据自身的产品与服务特点，利用网络资源创建、开发自己的网络品牌。

1. 在调查市场、了解消费者需求的基础上开发网络品牌

不管是实体市场品牌在网络市场上的创新，还是网络新品牌的推出，都需要有明确的需求指向，避免出现品牌开发出来却因缺少需求支持而胎死腹中的情况。

2. 有意识地利用电子商务建立网络品牌

麦包包诞生于 2007 年 9 月，凭借时尚的产品设计、高产品性价比、优质的售后服务以及精准的市场定位，满足不同消费者的箱包需求，始终引领行业发展潮流。同时，建立技术领先的品控实验室，引进国际检测流程，确保箱包品质。麦包包几乎成了时尚箱包、流行箱包的代名词。麦包包将网络品牌效应扩展到实体生产领域，完成了向自有品牌制造商的转变，成为一个年销售上亿元、一天可以推出 50 个新产品并且实现"零库存"的网络明星企业。在坚果市场，"三只松鼠"2012 年通过网络强力推出国内第一个互联网森林食品品牌，改变了坚果没有品牌的历史，一举夺得淘宝、天猫坚果零食类目零售冠军的宝座，创造了中国互联网食品历史的突破。

3. 通过网络品牌使原有品牌的内涵得到扩充

品牌的内涵已经延伸到售后服务、产品分销、相关信息与服务等多个方面。例如，

亨氏公司以往为了建立亨氏产品的品牌，设立了 800 免费客户服务热线，支持赞助"宝贝俱乐部"等活动。现在，该公司通过在站点(www.heinzbaby.com)中给用户提供丰富的婴幼儿营养学知识、营养配餐、父母须知等信息，开展网络营养知识的传播与营销。通过这样的沟通方式，使用户在学习为人父母、照顾婴幼儿常识的同时，建立了对亨氏品牌的忠诚度。这样，人们对亨氏品牌的理解就不仅局限于婴儿的营养产品，还包含了丰富的营养学知识的内涵。

4. 利用网站的交互能力维系品牌的忠诚度

与客户及时进行有效的沟通是提高品牌生命力、维系品牌忠诚度的重要环节。网站的交互特性为市场营销中的交流和沟通提供了方便。一方面，客户可以通过在线方式直接将意见、建议反馈给经营者；另一方面，经营者可以通过对客户意见的及时答复获得客户的好感和信任，从而增强客户对品牌的忠诚度。

5. 借鉴传统手段宣传网络品牌

新兴的电子商务网站在利用网络广告进行品牌宣传时，也要注意使用电视、杂志、报纸、户外等传统广告形式树立品牌形象，以使那些还没有接入因特网的用户在上网前就接受他们的品牌宣传，同时也增强那些上网用户在离线状态下对品牌认知的程度。

6. 制定一些特殊的品牌策略

传统企业进入网络经济环境后，为了在网络营销中取得竞争优势，用户必须认识到在企业新的网站中同样能得到原有公司高规格的产品与服务。同时，还可以与其他知名的企业共同建设新的网络品牌，使新的网络品牌具有更加广泛的包容性，形成一个新的网络品牌联盟。

### 5.3.4 网络品牌的管理

1. 网络品牌的经营

品牌是有个性的，需要实力的支撑和文化的承载，品牌对网民有着重大意义，品牌代表着一个网民的喜好和品位。透过品牌，网民去认知网站，区分网站，享受网站所带来的服务，甚至和网站产生情感。一个优质品牌是客户信心的再保证。例如，当我们需要拍卖自己的产品时，首先想到的是淘宝网；当我们购买图书时，首先想到的是当当网和京东网；当我们购买电器产品时，首先想到的是京东商城和苏宁易购。品牌形象会在消费者心目中巩固、发展、延伸和完善，为网络公司创造不断增长的访问量及商务销售额。

一个著名品牌的崛起往往在于其内在精神与当时社会的整体时代精神及人们生活方式的深层次需求的高度契合。从 20 世纪 90 年代开始，这一特征在网络商业活动中表现得越来越明显。阿里巴巴将塑造新商业文明作为企业品牌发展的切入点，通过新商业文明核心范式的宣传在网商和网民中树立自己的品牌形象，收到了很好的效果。苏宁易购作为著名的电器销售商苏宁电器旗下的商务网站，并没有完全依赖于原有的品牌资源，而是彻底颠覆了传统品牌打造的理念，提出了符合因特网的品牌整合方案。通过地面广告、微博互动、微电影冠名、参与电视节目、捐赠公益活动、设立"打拐基金"、多渠道拓展了品牌的影响力。苏宁易购不仅创造了新的网络营销模式,也树立了苏宁新的企业形象。

2. 网络品牌的保护

在网络环境下,随着越来越多的公司在因特网上建立网站,网络品牌的争议也变得相当普遍。

首先,一个公司可能在一个国家拥有该商标权,另一个公司则可能在另一个国家拥有该商标权。但因特网是全球性的,只允许在世界范围内有一个独立的域名。范围的不同导致了问题的产生。例如,一个国内因特网用户,想以其在美国注册的商标作为域名,就可能因该域名已被一个使用同样商标的外国公司抢注而无法实现。

其次,由于因特网的全球性,那些原本在不同行业使用同样商标而能合法共存的公司,也不能使用相同的名称作为域名。在商标法中就不会产生这样的问题,因为易于引起消费者混淆的相似商标不能共存。

第三,域名对商标权的侵犯在网络上是相当严重的。侵权者不仅盗用其他人的商标,而且还限制了商标权人在网络上用其商标作为域名的权利,而这一点对商标权人非常重要,对商标与企业名称一致的商标权人则更是如此。

面对虚拟市场环境,企业应珍惜自己历经几年甚至几十年培植起来的名牌产品。虽然有些国内品牌还不能与国际著名商标比肩,但终究是我国商品文化的精粹,是民族企业的瑰宝,企业应从战略的角度来认识和保护它。

## 复习思考题

1. 简述生命周期各阶段网络营销产品的营销策略。
2. 网络营销新产品开发要考量哪些问题?
3. 如何做好网络营销中的新产品的上市?
4. 网络品牌与传统品牌有哪些异同点?
5. 如何进行网络品牌的管理?

## 思维拓展

### 搜狐品牌的风风雨雨

搜狐公司(NASDAQ:SOHU)是中国最领先的新媒体、电子商务、通信及移动增值服务公司,是中文世界最强劲的互联网品牌。"搜狐"在中国是家喻户晓的名字。目前,搜狐拥有近1亿注册用户,日浏览量高达2.5亿,是中国网民上网冲浪的首选门户网站。

作为优秀的中国互联网品牌,搜狐吸引了众多国际知名品牌的关注,强强联手与合作,为中国网民开辟了前所未有的互联网精彩空间。曾经,搜狐集迪斯尼官方网站、NBA中文官方网站、姚明个人官方网站、世界小姐大赛中文官方网站等独家合作伙伴身份于一身,成为中国网络用户进入互联网的最佳通道。

从创始开始,搜狐逐渐成为中国最领先的门户网站(www.sohu.com)、华人最大的青年社区(www.chinaren.com)、中国最大的网络游戏信息和社区网站(www.17173.com)、北京最具影响力的房地产网站(www.focus.cn)、国内领先的手机WAP门户(www.goodfeel.com.cn)、第三代搜索引擎搜狗网(www.sogou.com)、国内领先的地图服务网站图行天下(www.go2map.com)等七大门户网站为主体架构的中文世界最大的网络资产。

搜狐董事局主席兼首席执行官张朝阳,1964年出生于中国陕西省西安市,1986年毕业于清华大学物理系,同年考取李政道奖学金赴美留学。1993年年底在美国麻省理工学院(MIT)获得博士学位,1996年8月在MIT媒体实验室主任尼葛洛庞帝教授和MIT斯隆商学院爱德华·罗伯特教授的风险投资支持下创建了爱特信公司,成为中国第一家以风险投资资金建立的互联网公司。1997年2月,爱特信公司正式推出ITC中国工商网络,并于1998年2月推出中国人自己的搜索引擎——搜狐;1998年4月,搜狐公司获得第二笔风险投资,投资者包括英特尔公司、道琼斯、晨兴公司、IDG等;1998年2月25日,爱特信正式推出"搜狐"产品,并更名为搜狐公司;2000年,搜狐在美国纳斯达克证券市场上市。

搜狐上线之后,便成为中国最早的门户网站之一,是当时中国互联网企业中当之无愧的佼佼者,张朝阳也被称为"中国互联网第一人"。带着这样的光环,张朝阳受邀在全国各地进行了多次演讲。其中有一场在北京,有一场在深圳。这两次演讲中有两个人听得非常认真,一个叫马云,还有一个叫马化腾。在听完张朝阳的讲座之后,这两个人都很兴奋。马化腾回去之后便做出了OICQ,从此开启了开挂一般的人生。而马云则是经历了第二次创业失败,正打算另谋出路,正巧此时搜狐崛起,让他看到了新的希望,于是他满怀信心前去应聘,但却被刷掉了。所以在北京的那个大雪天里,他痛哭着把《真心英雄》唱了一遍又一遍,带着满满的遗憾结束了自己的北漂生涯,同时也开启了自己的传奇。那是1999年,彼时的张朝阳已经功成名就,而马云和马化腾却只是默默无闻的小伙子,阿里巴巴和腾讯都还只是在路上。搜狐是当之无愧的中国"互联网第一品牌",这种情况足足持续了将近十年时间才得以转变。

回顾起搜狐的发展历史,2008年是一个难以避开的时间节点。这一年,搜狐迎来自己的鼎盛时期。也是在这一年,搜狐开始由盛转衰。时值奥运会在中国北京举办,搜狐拿下了北京奥运赞助商的资格,全国公交地铁站里遍布着"看奥运,上搜狐"的广告,它做到了真正意义上的举国皆知。

2008年以后,才是中国互联网真正腾飞的时节,无数条小溪小河才渐渐汇聚成了江湖。往后的11年里,阿里巴巴、腾讯、美团、百度、今日头条、京东、拼多多等众多借由互联网为基,以电商或是以内容为势的企业一步步发展壮大,成为整个世界都开始熟知的存在。人们口里念叨谈论的互联网品牌,也发生了变化,曾经辉煌的互联网第一品牌,从2013年至今逐渐步入亏损的行列。搜狐曾经因为自身的一些问题或生病导致错过了很多的机会,错过了搜索,错过了社交,错过了电商等大的行业机会,这也最终导致了搜狐的没落,后面不但被 BAT 赶超,也被 TMD 等青年互联网超级独角兽赶超。

回顾中国互联网行业过去 25 年来的发展,中国互联网创业环境已经发生了很多变化,网络品牌跟你的资源关系不大,更多的是跟你的想法和创新有关。时代变了,搜狐依然是个英雄,张朝阳也决定付出,把他与搜狐的关系归结为一种责任,青山还在,追求卓越的精神也还在,互联网这一块还有诸多机会,我们会看到依然是仗剑天涯的少年。

# 第六章
# 网络营销价格策略

> **案例导入**
>
> **Wish卖家故事：高客单价产品打法，单品利润上千却鲜有退款**
>
> 随着越来越多的中国卖家进入跨境电商行业，激烈的市场竞争难免会使卖家陷入价格战的泥沼。低价竞争不仅使卖家利润大减，同时为了降低成本，产品本身的品质也大打折扣。深圳宸希电子商务公司CEO刘曦，一位剑走偏锋的Wish卖家，通过销售高客单价产品破低价竞争之死局，下面就看看他的价格策略如何出牌。
>
> **如何看待Wish上低单价产品**
>
> 低价产品竞争激烈，但很多卖家往往是被迫卷入低价竞争的旋涡无法脱身，深圳宸希电子商务公司CEO刘曦把对Wish平台低客单价（客单价是指商场每一个顾客平均购买商品的金额，也即是平均交易金额。客单价的计算公式是：客单价＝销售额÷顾客数）产品看法总结为五点：
>
> （1）Wish平台销售的都是比较低客单价的产品，比如1＋1的产品（产品1美金的定价加上1美金的运费）或者2＋1的产品（产品2美金定价加上1美金的运费），这些产品会导致产品的采购价会比较低从而致使产品的质量上打折扣，出现价廉而质不优的情况。
>
> （2）低客单价产品在Wish平台的重复出现率较高，且低价产品的同质化非常严重。
>
> （3）产品价格的竞争，当一个产品出来的时候，价格会越来越低，从而陷入价格战的恶性循环。
>
> （4）产品的物流方向，作为Wish卖家都知道1＋1的产品或者2＋1的产品客单价比较低，所以物流方面只能走简易物流以及平邮，但这一方式，最后的妥投率极低，给消费者带来不好的购物体验。所以，想改变这一现状，Wish卖家可以考虑高客单价的产品，选择更为优质的物流渠道，提高消费者购物体验。
>
> （5）结款方面，销售1＋1产品或者2＋1的产品，其结款率时间比较久，这对中小卖家来说，需要面对巨大的资金压力。
>
> **对高客单价产品开发思路**
>
> 刘曦曾在朋友圈发过一张ERP截图，图中显示，一款高客单价的电子游戏竞技

类产品，利润高达1 000多。如此高客单价的产品，不管是在Wish平台还是其他跨境电商平台都是极具挑战性的。刘曦为什么会开发这类产品，这类高客单价产品的开发思路又是怎样的呢？刘曦认为，当前Wish平台上做1+1甚至2+1产品的卖家很多，而高客单价的产品却相对稀缺，这正是一个需求的缺口，开发高客单价的思路也就因此而生。而开发这类高客单价产品的逻辑，刘曦更多地会去参考其他平台上产品的思路。

刘曦介绍，"Wish平台上高客单价的产品相对较少，所以我们会去找其他平台的垂直大类目，甚至是一些垂直的产品做参考，分析这些产品的转化率和产品的销售状况，再针对这些产品到Wish平台进行搜索、查看。如果在Wish平台里面没有销售，那么这些产品将来在Wish平台是具有较高的爆发率。"

很多卖家会好奇，高客单价的产品在Wish上的转化率状况会如何？刘曦认为："这种商品的转化率表现总体来说还是不错的，因为Wish现在给到卖家的流量越来越精准化。当然会也会有Wish卖家会关心，这么高的客单价的退款率又是怎么样呢？比如之前我提到那款高客单价的电子游戏竞技类产品，它具有极高的专业性，这款产品开发的初衷就是针对专业化游戏竞技消费者，同时我也可以给一些恶意买家设置一些围墙，他们不知道这类产品应该怎么使用，怎么操作，从而也大大降低了被恶意买家退款的情况，所以开发高客单价产品并不是说价高就做，同时还要考虑产品的专业性程度。"

（资料来源：雨果网.http://m.cifnews.com/article/29526.）

## 6.1　网络营销定价分析

### 6.1.1　网络营销定价的影响因素

企业营销策略有很多种，但无论是传统营销还是网络营销，价格策略都是最富有灵活性和艺术性的策略，是企业营销组合策略中的重要组成部分。

网络营销价格是指在网络营销过程中买卖双方成交的价格。网络营销价格的形成是极其复杂的，它受到多种因素的影响和制约。企业在进行网络营销决策时必须对各种影响因素进行综合考虑，从而采用相应的定价策略。影响网络营销定价的因素主要有以下因素。

1. 对价格的敏感度

决定价格敏感度强弱的因素首先是来自顾客对信息的掌握程度。在互联网络的世界里，顾客更容易找到潜在供应商和进行产品和价格的比较，从而形成明确的价格观点和替代物选择动机。顾客可通过搜索比较、查询比较、竞价比较等多种方式获得准确的价格信息。这种信息的透明化总是提高网络消费者的价格敏感度,而其传播的广域性又要求网络营销中的定价必须进行跨越本土化的思考。另一方面,在网络上销售产品具有同质化高的特点,因此在这一特点的影响之下,价格对消费者的购买决策的影响力就会变得更强,即消费者对于价格的敏感度升高。

2. 独特的价值效应

价格的重要的决定因素之一是产品的独特价值,顾客对价值的判断源于其对顾客总价值(包括产品价值、服务价值、人员价值和形象价值)与顾客总成本(包括货币成本、时间成本、体力成本、精神成本)之间的差额的理解。因此,在互联网营销中,一方面,企业可以通过具有明显差异化的服务、网站和企业形象以及在服务过程中所体现的人性化的关怀来降低消费者对同质化产品的价格敏感度,提高消费者的购买欲望;另一方面,由于整个购买过程均在网上进行,从而可以通过各种方式降低消费者的综合交易成本,特别是价格对比网站、网上拍卖竞价网站的发展和网上集体议价的出现,更加显现网络营销的价格优势。

3. 顾客参与的主动性

顾客在整个网络产品价格确定的过程中一直处于主动的态势和主导的地位,主要体现在顾客制定价格,而不是接受价格。传统营销多是一口价,而网络营销中的价格是有弹性的。顾客可以议价,划价,竞价,制定适合自己的价格。顾客在购买过程中变被动为主动。

4. 回归"一对一"谈判

"一对一"谈判体现了网络给营销带来的个性化和定制化的特点。首先,网络的互动性能即时获得消费者对产品外观、颜色、样式等方面有具体的内在个性化需求;其次,互联网技术的发展让企业收集消费者数据和进行数据挖掘的能力逐步提高,按照消费者的特性不断地进行细分并依据此细分进行个性化营销日渐成为网络营销的主流。数据挖掘工具让"一对一"谈判重新回归到互联网营销,也使个性化定价成为可能。

正因为网络营销的定价策略受到诸如顾客掌握的信息、购买者的价值感受和交易成本、顾客的谈判能力、同质化和有效的市场等因素的影响,所以,网络营销的定价策略也表现出诸多的类型。

## 6.1.2 网络营销定价目标和特点

如果产品的来源地和销售目的地与传统市场渠道类似,则可以采用原来的定价方法。如果产品的来源地和销售目的地与原来传统市场渠道差距非常大,定价时就必须考虑这种地理位置差异带来的影响。例如,Amazon 的网上商店的产品来自美国,购买者也是美国,那产品定价可以按照原定价方法进行折扣定价,定价也比较简单;如果购买者是中国或者其他国家消费者,那采用针对美国本土的定价方法就很难面对全球化的市场,影响了网络市场全球性作用的发挥,为解决这些问题,可采用本地化方法,在不同市场的国家建立地区性网站,以适应地区市场消费者需求的变化。

1. 网络营销定价目标

企业的定价目标一般与企业的战略目标市场定位和产品特性相关。企业价格的制定要从市场整体来考虑，它取决于需求方的需求强弱程度和价值接受程度；再有就是来自同类或替代性产品竞争压力的程度。而需求方接受价格的依据则是商品的使用价值和商品的稀缺程度，以及可替代品的机会成本。企业的定价目标一般有生存定价、获取当前最高利润定价、获取当前最高收入定价、销售额增长最大量定价、最大市场占有率定价和最优异产品质量定价。对于消费者大众市场，企业必须采用相对低价的定价策略来占领市场；对于工业组织市场，企业可以采用双赢的定价策略。

由于网络营销可帮助企业加强对成本的控制，网络价格基础也有降低的趋势：

(1) 通过互联网可以减少人为因素和信息不畅通的问题，在最大限度上降低采购成本。

(2) 利用互联网将生产信息、库存信息和采购系统连接在一起，可以实现实时订购，企业可以根据订购需要，最大限度地降低库存成本，实现"零库存"管理。

(3) 生产成本控制，利用互联网可以节省大量生产成本，一方面，利用互联网可以实现远程虚拟生产，在全球范围寻求最适宜的生产厂家生产产品；另一方面，利用互联网可以大大节省生产周期，提高生产效率。

2. 网络营销产品的价格特点

价格策略一直是营销理论研究中的一个难题。因为价格对企业、消费者乃至中间商来说都是最为敏感的问题。互联网和网络营销的发展，为人们解决这一难题找到了一条出路。与传统市场营销产品的价格相比，网络营销产品的价格具有一些新的特点：

(1) 价格水平趋于一致。在这个全球化的市场环境中，需求者和竞争者可以通过网络获得某企业的产品价格信息，并与其他企业的同类产品进行比较。比较的最终结果，会使某种产品变化不定且存在差异的价格水平趋于一致，这对那些执行差别化定价策略的公司会产生重要的影响。

(2) 非垄断化。它使企业面临的是一个完全竞争的网上市场，无论是市场垄断、技术垄断还是价格垄断，从垄断的时间和程度上都会更加短浅。

(3) 趋低化。一方面，网络营销使企业的产品开发、促销等成本降低，企业可以进一步降低产品价格；另一方面，由于网络扩展了用户的选择空间，因此，要求企业以尽可能低的价格向用户提供产品和服务。

(4) 弹性化。网络营销的互动性使用户可以与企业就产品的价格进行协商，实现灵活的弹性价格。

(5) 智能化。通过网络，企业不仅可以完全掌握产品对用户的价值，而且可以根据每个用户对产品的不同需求，生产定制产品。由于在产品的设计与制造过程中，数字化的处理机制可以精确地计算出每一件产品的设计制造成本，企业完全可以在充分信息化的基础上建立起智能化的定价系统，实现根据每件产品的定制要求制定相应价格。

3. 网络营销定价特点

(1) 全球化。网络营销市场是全球化的市场，这使得产品定价必须考虑目标市场范围的变化给定价带来的影响，必须采用全球化和本地化相结合的原则进行定价。

（2）低价位定价。互联网使用者的主导观念是"网上的信息产品是免费的、开放的、自由的"。但如果面对的是工业组织市场中高新技术的新产品，网上顾客对产品的价格就不太敏感。顾客主要关心服务方便和产品新潮，并不一定要求低价位定价。

（3）顾客主导定价。顾客主导定价是指为满足顾客的需求，顾客通过充分的市场信息来选择购买或者定制生产自己满意的产品或服务，同时希望以最小代价获得这些产品或服务。简单地说，就是顾客的价值最大化，顾客以最小成本获得最大收益。顾客主导定价的策略主要有顾客定制生产定价和拍卖市场定价。顾客主导定价是一种双赢的发展策略，既能更好地满足顾客的需求，同时企业的收益又不受到影响。

（4）价格透明化。在网络营销中，买方拥有越来越多的信息优势而卖方不再有信息优势，这是因为互联网提供了丰富的信息资料，顾客只要坐在计算机前，就可以到世界各地相关的网站搜索信息。顾客可以全面掌握同类产品的不同价格信息，甚至是同一产品在不同地区或不同零售商的价格信息。

（5）价格动态化。在不同渠道、不同时间、不同精力花销情况下，顾客表现出差异性价格承受心理，企业必须开发专门的产品服务组合，根据不同的产品配置、渠道、客户类型和时间，进行区别定价。

## 6.2 网络营销定价方法

定价方法是指在定价目标的指导下，运用价格决策理论和数学模型，给产品制定一个基本价格或浮动范围的具体计算方法。影响定价的三项基本因素是成本、市场需求和竞争对手，因此，定价方法相应地有以下三种。

### 6.2.1 成本导向定价法

成本导向定价法是以产品的总成本为中心，分别从不同的角度制定对企业最有利的价格。成本导向定价法由于较为简便，是企业最基本、最普遍和最常用的定价方法。它可以分为以下几种。

1. 成本加成定价法

成本加成定价法是以成本为基础，加上预期的利润来确定产品的售价。预期利润可以由企业根据市场环境及企业营销实力确定。此法的优点是：简单易行，在市场环境因素基本稳定的情况下，可保证各行业预期的利润率，从而保障生产经营的正常进行。缺点是忽视考虑商品的需求情况，因而是典型的生产导向观念的产物；由于对产品销量很难预知，因此导致成本和价格的计算缺乏科学性。

2. 盈亏平衡定价法

盈亏平衡定价法，也叫保本定价法或收支平衡定价法，是指在销量既定的条件下，企业产品的价格必须达到一定的水平才能做到盈亏平衡、收支相抵。企业试图找到一种价格,使用这种价格时,企业的收入与成本相抵,或者能达到期望中的利润目标。在实际网络营销过程中,由于盈利点之间的相互补充,可能会导致企业在定价时,价格甚至低于保底价(更多的是与保底价持平),以增加其他盈利点的收入。例如,互联网平台以低价产品或服务吸引客户,而将盈利点更好地转向其他项目,譬如广告、活动方面。

### 6.2.2 需求导向定价法

需求导向定价法是指企业在制定价格时,主要根据市场需求的大小和消费者的反应,分别确定商品价格。其特点是灵活有效地运用价格差异,对平均成本相同的同一产品,价格随市场需求的变化而变化。以需求为导向的定价法,主要有以下两种。

1. 理解价值定价法

理解价值定价法是指企业以消费者对商品价值的理解度为定价依据,运用各种营销策略和手段,影响网络消费者对商品价值的认知,形成对企业有利的价值观念,再根据商品在线上消费者心目中的价值来制定价格。采用这种定价方法,显然需要企业能够比较自己的产品与竞争者的产品在市场上被消费者理解的程度,从而做出恰如其分的估计。因此,运用此定价法先要做营销调研。

2. 需求差异定价法

根据不同的市场需求制定不同的商品价格,是定价中极为普遍的一种定价法。这种定价的基础是顾客心理的差异、商品的式样差异、出售时间和地点的差异等。通常采用需求差异定价法的条件是市场要能够细分,同时不同的细分市场要能看出需求程度的差别。差别价格小会引起消费者的反感,在传统的市场营销体系,由于商圈的范围与人们活动的范围有很大的关系,因此,如果过分细分市场,则在特定的区域里细分产品的需求将会非常小,也就会失去意义。

### 6.2.3 竞争导向定价法

竞争导向定价法是以市场上竞争者的类似产品的价格作为企业产品定价的参照系的一种定价方法。它可以分为以下几种。

1. 随行就市定价法

随行就市定价法是一种简单的定价方法,其特点是把本企业的产品的价格定得与市场上竞争者的同类产品的价格相近。当企业的产品特色不明显,又不打算以低价与竞争者竞争时,一般采用这种定价方法。企业可以根据自己产品与竞争者产品的差别来确定下一个略高于、略低于或相似于竞争者产品价格的价格。运用这种定价方式,在网络营销的时候,要选择能够吸引线上消费者的宣传。

2. 主动竞争定价法

与通行价格定价法相反,它不是追随竞争者的价值,而是根据本企业产品的实际情况及与竞争对手的产品差异状况来确定价值,因而价格有可能高于、低于或与市场价格一致。一般为实力雄厚或产品独具特色的大型电商平台所采用。

### 3. 密封投标定价法

密封投标定价法主要用于投标交易方式。投标价格是投标企业根据对竞争者的报价估计确定的,而不是按企业自己的成本费用或市场需求来制定的。企业参加投标的目的是希望中标,所以它的报价应低于竞争对手的报价。这在网络投标项目中使用较多。

总之,成本限定了价格的基数,市场需求决定了价格的波动区间,竞争对手的价格提供了定价的参照点。产品要面对的,常常是有多重影响因素同时作用的复杂的市场环境,所以,为了有效地达到营销目标,企业往往不能选用单一的方法,而要结合不同的定价策略及综合其他因素,选用多个方法来核定价格,对不同结果进行比较、筛选和调整,直到给产品找到一个最恰当的价位。所以,定价方法的选择,要根据市场和企业的具体情况综合考虑,灵活选用。

## 6.3 网络营销定价策略

定价策略是企业网络营销组合策略中的重要组成部分,是企业营销策略中最活跃的因素。无论是传统营销还是网络营销,定价策略都具有很强的灵活性、艺术性和竞争性,企业开展网络营销应该重视网络营销策略的精心策划与综合运用。

### 6.3.1 低价渗透策略

低价渗透策略,就是企业把产品以较低的价格投放网络市场,以吸引网上顾客,抢占网上市场份额,提高网上市场占有率,以增强网上市场竞争优势。低价能使企业取得最大网上市场销售量,并且能够有效阻碍竞争者的跟进与加入。

采取这种策略的条件是:市场规模足够大且存在着较多的潜在竞争者;产品无明显特色,需求弹性大,低价会有效刺激需求增长;大批量销售会使企业成本显著下降,企业总利润明显增加。

#### 1. 直接低价策略

直接低价策略是指产品在网络平台公布价格时就比同类产品定的价格要低。它一般是制造商在网上进行直销时采用的定价方式,如戴尔公司电脑定价比同性能的其他公司产品低 10%~15%。采用低价策略的前提是,开展网络营销活动为企业节省了大量的成本费用。

#### 2. 折扣低价策略

折扣低价策略是指企业发布的产品价格是网上销售、网下销售通行的统一价格,而对于网上顾客又在原价的基础上标明一定的折扣率来定价的策略。这种定价方式可以让顾客直接了解产品的低价幅度,明确网上购物获得的实惠,以吸引并促进顾客的购买。这类价格策略常用在一些网上商店的营销活动中,它一般按照市面上的流行价格进行折扣定价。例如,亚马逊网站的图书价格一般都要打折,而且折扣达到3~5折。

3. 促销低价策略

促销低价策略是指企业虽然以通行的市场价格将商品销售给顾客,但为了达到促销的目的,还要通过某些方式给顾客一定的实惠,以变相降低销售价格。如果企业为了达到迅速拓展网上市场的目的,而产品价格又不具有明显的竞争优势,那么由于某种考虑不能直接降价时则可以考虑采用网上促销低价策略。例如,许多企业为了打开网上销售局面和推广新产品,常常采用临时促销低价的策略。比较常用的促销低价策略有有奖销售和附带赠品销售等。

实施低价渗透策略需要具备的条件有以下几个方面:

(1) 低价不会引起实际和潜在的竞争;

(2) 产品需求价格弹性较大,目标市场对价格高低比较敏感;

(3) 生产成本和营销成本有可能会随产量和销量的扩大而降低。

网络营销活动中,采用低价策略需要注意的是:首先,由于互联网是从免费共享资源发展而来的,因此顾客一般认为网上商品应该比从其他渠道购买的商品便宜,所以,在网上不宜销售那些顾客对价格敏感而企业又难以降价的产品;其次,在网上公布价格时要注意区分消费对象,一般要区分一般消费者、零售商、批发商、合作伙伴,分别提供不同的价格信息发布渠道,否则,可能因低价策略混乱而导致营销渠道混乱,甚至影响企业的形象,造成不必要的公关危机;最后,网上发布价格信息时要充分考虑同类站点公布的可比商品价格水平,因为,消费者可以通过搜索功能很容易地在网上找到更便宜的商品,如果企业产品定价明显高于同类商品价格,不仅不能促进销售,还将在顾客心目中形成定价偏高或不合理的形象。

## 6.3.2 高价撇脂策略

与低价渗透策略相反,高价撇脂策略是指在产品生命周期的投入期,企业产品以高价投放市场,以攫取高额利润,犹如从牛奶中撇走奶油一样。以后,随着销量和产量的扩大、成本的降低,再逐步降低价格。根据网络营销实践,实施高价撇脂策略一般应满足以下条件:消费者对网络销售平台具有很大的美誉度,所销售的产品质量与高价相符;市场有足够多的顾客能接受这种高价,并愿意支付高价购买;在高价情况下,竞争对手在短期内不易加入该产品市场。例如,电子数据资源平台,由于许多平台具有一定的垄断性,同时平台又能够提供全面的数字资源的服务,因此,往往会采用撇脂策略。

网络营销中,企业为了宣传网站、占领市场,常常采用低价销售的策略。另外,不同类别的产品应采取不同的定价策略。对于日常生活用品等购买率高、周转快的产品,适合采用薄利多销、宣传网站、占领市场的定价策略;而对于周转慢、销售与储运成本较高的特殊商品、耐用品,价格可定得高些,以保证必要的盈利;对于那些具有独特属性的产品,因为消费者无法通过网络利用感官直接了解产品的价值,主要依赖价格来判断产品价值,所以,企业可以借助高价位树立产品在网络市场上的独特形象。

### 6.3.3　定制生产定价策略

定制生产定价策略是在企业具备定制生产条件的基础上,利用网络技术和辅助设计软件,帮助消费者选择配置或者自行设计能满足自己需求的个性化产品,同时承担自己愿意付出的价格成本。例如,戴尔公司的用户可以通过其网页了解本型号产品的基本配置和基本功能,根据实际需要和能承担的价格水平,配置出自己满意的产品。目前这种允许消费者自行定制生产、自行规定价格范围的营销方式还处于不太成熟的阶段,由于受技术或其他因素的局限,消费者只能在有限的范围内进行挑选,企业还不能做到完全按照消费者的个性化需求组织生产与供货。

### 6.3.4　使用定价策略

所谓使用定价策略,就是顾客通过互联网进行必要的注册后,无须完全购买就可以直接使用企业的产品或服务,企业则按照顾客使用产品的数量或接受服务的次数进行计费。

商品交换活动中,产品的买卖一般是完整产权的转让,顾客购买产品后即拥有对产品的完整产权。随着经济的发展,人们的需求变化越来越快,产品更新换代周期越来越短,许多产品购买后使用几次就有可能被新产品所替代,或者顾客对某种产品的使用只是偶尔的几次,这种变化的产生无疑制约了这些产品的销售。为适应这种情况,企业可以在网络营销中采用这种类似租赁的按使用次数定价的方式。

这种定价方式,一方面减少了企业为完全出售产品而进行的大量生产和营销成本,同时还消除了潜在顾客的某些顾虑,促使顾客积极使用企业的产品,扩大了企业产品的市场份额;另一方面,顾客只是根据使用次数付款,在充分满足需求的前提下,大大节约了产品的购买成本。

需要说明的是,并非所有的产品都适合这种按使用次数定价的方式。采用按使用次数定价的方式,主要应考虑产品是否适合在互联网上传输,产品使用过程中是否可以实现远程调用。目前,比较适合的产品有电脑软件、音乐、电影、电子刊物等产品。例如,我国的用友软件公司推出网络财务软件就采用这种定价方式,顾客在网上注册后就可以在网上直接处理账务,而无须花费全额购买软件或担心软件的升级、维护等问题。

### 6.3.5　拍卖定价策略

拍卖是一种古老的市场交易方式,经济学认为市场要想形成最合理价格,拍卖是发现产品价格最好的方式。网上拍卖定价,也是网络营销活动中经常运用的一种定价方式。网上拍卖是以互联网为平台、以竞争价格为核心,建立生产者和消费者之间的交流与互动机制,共同确定价格和数量,从而达到均衡的一种市场经济过程。所谓网上拍卖(Auction Online)是指通过互联网实施的价格谈判交易活动,即利用互联网在网站上公开发布将要招标的物品或者服务的信息,通过竞争投标的方式将它出售给出价最高或最低的投标者。其实质是以竞争价格为核心,建立生产者和消费者之间的交流与互动机制,共同确定价格和数量,从而达到均衡的一种市场经济过程。

1. 网上拍卖定价的方式

(1) 增价拍卖。这是最常用的一种英式拍卖方式,一般由拍卖人预定最低起拍价格,规定每次的加价额度,然后买方通过互联网公开竞价,买家可根据自己实际情况,输入系统要求的最低价格,也可以输入可以接受的最高价格,然后由系统代理出价,在规定的时间内,叫价最高者获得产品购买权。

卖家可以自定义加价额度,也可以使用专用出价系统自动代理加价,系统自动代理加价额度可以预先设定为累进或固定不变两种情况。

网上竞价拍卖一般属于C2C交易,主要是二手货、收藏品或者一些普通物品等在网上以拍卖的方式进行出售。它是由卖方引导买方进行竞价购买的过程,一般适用于拍卖周期较长(如1天以上)的拍卖。

(2) 降价拍卖。降价拍卖又称荷兰式拍卖,是先由拍卖人设定一个起拍价格(即拍卖的最高期望价格),然后逐步按照预定的降价额度与时间间隔降价,如果在降低到某个价格时有竞拍者愿意出价,则该次拍卖成交。荷兰式拍卖的竞价是一次性竞价,即在拍卖中第一个出价的人成为中拍者。网上荷兰式拍卖一般用于拍卖周期较短(如几个小时)的拍卖。

(3) 竞价拍买。竞价拍买是竞价拍卖的反向操作,它是由买方引导卖方竞价实现产品销售的过程。在预定拍买过程中,顾客提出计划购买商品或服务的质量标准、技术属性等要求,并提出一个大概的价格范围,大量的商家可以以公开或隐蔽的方式出价,消费者将与出价最低或最接近要价的商家成交。

(4) 集合竞价。集合竞价模式是一种很多购买者联合下单购买同一类商品而形成一定购买规模,而该商品订购价格随参与人数的增加而不断下跌,最终所有人都将获得优惠售价的交易方式。

集合竞价充分利用了互联网的特性将零散的消费者联合起来,形成类似集团采购的庞大订单,从而与供应商讨价还价,争取最优惠的折扣。例如,集体议价电影票的活动,活动计划原本500张电影票,原价30元。竞价人数达400人时,价格可降为5元,结果活动6天之内500张票以5元的价格销售一空。

集体议价模式可以划分为两种:一种是预先议价,由发起人预估销售量,直接跟商家切货买断,以大量订购的方式取得低价,然后转卖给其他购买者。这种方式中发起人要承担一定的风险,如果预估不准,没有将订购的商品全部卖出,发起人要承担后续处理的费用。另一种是先征集需求,然后与厂商商量各个购买数量级别的价格折扣,购买的人越多价格越低,这种方式中经营者承担的风险比较低。

## 2. 网上拍卖的时间规则

互联网公正透明以及信息快速传播的特点使得网上拍卖有着与传统拍卖不同的拍卖机制,为了防止竞买人在最后时刻进行投标的倾向,规定一个完成交易的严格的时间是非常重要的。

现有拍卖网站的时间终止规则有固定时间规则、固定期限无应答规则两种。

(1) 固定时间规则。规定一个拍卖结束的时间,到达这个时间点时拍卖结束,不准再延续时间。拍卖设置了固定的时间期限,规定出价时间结束后,最高出价者即为商品的购买人。购买人所付出的总费用包括得标价格、所有运费、代工费等。

固定时间规则优点是所有竞买人事先都明确知道该拍卖活动到什么时间截止。其缺点是,会引起很多的竞买人到最后时刻投标,会增加拍卖系统的负荷,并且多数竞买人在最后时刻投标会使得最终的拍卖价格较低,对拍卖人不利。

(2) 固定期限无应答规则。在规定的截止时间之后若有新的出价,截止时间延续一个固定的时间期限,只有在这个期限之内没有新的出价提交时,该拍卖活动才结束。

固定期限无应答规则的优点是可以在同一时间结合起所有对拍卖物感兴趣的竞买人。其缺点是只要有竞买人继续出价,拍卖即无法结束,通常竞买人也会采取最后时刻投标的策略。

### 6.3.6 产品组合定价策略

如果某个产品是产品组合中的一个组成部分,企业就需要制定一系列产品价格,从而使产品组合取得整体的最大利润。这种定价策略主要有以下几个方面。

#### 1. 产品线定价策略

通常企业开发出来的产品是一大类产品,往往不会只是单一的产品。当企业生产的系列产品存在需求和成本的内在关联性时,为了充分发挥这种内在关联性的积极效应,需要采用产品线定价策略。在定价实践中,首先确定产品线中某种产品的最低价格,它在产品线中充当领袖价格,主要用来吸引消费者购买产品线中的其他产品;其次,确定产品线中某种产品的最高价格,主要用来塑造品牌形象和收回投资;最后,依次确定产品线中其他产品的价格。

#### 2. 产品群定价策略

为了促进销售,企业可以把在消费上有连带关系的产品组成一个群体,一并销售。在营销实践中也称搭配销售、配套销售或捆绑式销售。例如,影剧院不单卖一场的影剧票,而是将几部影片合在一起售票,或出售季票、月票等;各旅游景点推出的通票制等。实施这种定价策略,必须使价格优惠到有足够的吸引力,否则不会有人购买。

#### 3. 互补品定价策略

互补品是指需要相互结合才能供顾客消费的一组产品之间的关系。其中价值较高、价值周转或更新周期较长的产品一般为主产品;必须与主产品结合一同使用,价值较低、价值更新周期比较短的产品一般称为次产品或附带产品。例如,打印机与配套墨水,血糖仪与血糖试纸等产品之间的组合关系就是互补品。互补品间的交叉弹性系数为负值,即主产品的价格上升,与其互补的产品需求量就要下降。所以,对于互补品的价格策略,要综合考虑影响具有互补关系一组产品的各种因素。在企业的网络营销实践中,我们经常看到主产品一般采用低价渗透的价格策略(有时候为了吸引更多的消费者或者为了引流,有些网络营销甚至会采取免费的价格策略),而附带产品则常常采用高价撇脂价格策略。

## 6.4 网络营销免费价格策略

在传统营销中,免费价格策略一般是短期和临时性的;在网络营销中,很多企业通过实施免费价格策略来达到营销的目的。例如,在网上,人们已经惯性使用免费电子邮件获得各种免费软件、免费电子报刊等,这并不是传统市场中商家使用的那种"买一赠一"的销售手法,而是实实在在的免费经营行为,因此也可以将其称为零价格策略。这种看来有悖常理的举措,却是企业在网络中进行商务活动的常用策略之一。

采用免费策略的产品一般都是利用产品成长推动占领市场,帮助企业通过其他渠道获取收益,为未来市场发展打下基础。但是,并不是所有的产品都适用免费定价策略。受企业成本影响,如果产品开发成功,只需要通过简单复制就可以实现无限制的生产,使免费商品的边际成本趋近于零或通过海量的用户,使其沉没成本摊薄,这就是最适合用免费定价策略的产品。免费价格策略如果运用得当,便可以成为企业的一把营销利器。例如,网络游戏中,在某个特定时间,推出免费的产品或功能进行赠送。

### 6.4.1 网络营销免费的形式及流行原因

免费价格策略就是将企业的产品和服务以零价格形式提供给顾客使用,以满足顾客的需求的一种策略。免费价格策略是市场营销中常用的营销策略,它主要用于促销和推广产品,这种策略一般是短期和临时性的。但在网络营销中,免费价格不仅仅是一种促销策略,它还是一种非常有效的产品和服务定价策略。

1. 免费价格的形式

(1) 产品和服务完全免费,即产品(服务)从购买、使用和售后服务所有环节都实行免费服务,如免费杀毒软件;

(2) 对产品和服务实行限制免费,即产品(服务)可以被有限次使用,超过一定期限或者次数后,取消这种免费服务,如网络收费电影;

(3) 对产品(服务)实行部分免费,如一些著名研究公司的网站公布部分研究成

果,如果要获取全部成果则必须付款作为公司客户,如艾瑞咨询网部分免费定价策略;

(4)对产品和服务实行捆绑式免费,即购买某产品或者服务时赠送其他产品和服务。

2. 网络免费价格策略流行的原因

免费价格策略之所以在互联网上流行,原因大致归纳为两大方面:一是网络市场的巨大潜力;二是通过免费占领网络市场,进而实现收费或者创造间接收益。

(1)互联网在"免费"中取得长足发展。互联网作为20世纪末最伟大的发明,以免费、开放、自由为其特征。它的发展速度和增长潜力令人生畏,任何有眼光的人不敢放弃发展成长的机会,免费策略是最有效的市场占领手段。

(2)免费策略是吸引消费者的最有效手段。网络中最稀缺的资源是人们的注意力。因此要吸引住顾客,提供免费产品和服务可能是最直接和最有效的手段。这种方法会产生对某种产品和功能的需求,进而挖掘其潜在的市场。例如,某个网站用提供免费电子邮件吸引用户,在积累了一定用户的具体资料后,其经营者便可将这些资料有偿提供给需要这些资料的厂商,以此来获利。又如,腾讯公司经过二十多年的快速发展,已成为目前中国最大的互联网综合服务提供商之一,但企业一直秉承一切以用户价值为依归的经营理念,始终处于稳健、高速发展的状态。作为一个互联网综合服务提供商,腾讯提供各种免费的信息、免费游戏、免费即时通信工具、免费电子邮件等服务吸引浏览者,以此换取访问人数的增加,扩大自己网站的宣传效果,以及客户的黏性,成为当今互联网上最重要网站。腾讯通过寻找广告商和资助人,在游戏、软件中植入相关的或相应的企业广告,为腾讯公司发展壮大提供资金的支持,其成功的主要因素之一就是庞大的注册会员。

不仅是网络服务商,对于软件制造商来说,通过免费下载和试用来吸引用户,等用户了解和熟悉了该软件的功能或尝试一些使用后,为了进一步使用,或者为获得更全面的服务,就需要向软件制造商支付费用了。这就是软件产品最独特的"锁定用户"作用。有的软件制造商还以极低的注册费在网上推销客户端软件,又以相当高的价格向硬件供应商、系统集成商或网站建立者销售他们的服务端软件,从而达到获利的目的。

免费也能赚钱,尤其是先免费,后赚钱,或者"甲"免费"乙"赚钱,这或许正是网络营销独特的价格策略之一。

### 6.4.2 适用对象及实施

1. 网络营销免费产品的特性

网络营销中产品实行免费策略是要受到一定环境制约的,并不是所有的产品都适用免费策略。互联网作为全球性开放网络,可以快速实现全球信息交换,只有那些适合互联网这一特性的产品才适合采用免费价格策略。一般说来,网上免费产品具有下面一些特性：

(1) 易于数字化。互联网是信息交换的平台，它的基础是数字传输。对于易于数字化的产品都可以通过互联网实现零成本的配送。企业只需要将这些免费产品放置到企业的网站上，用户可以通过互联网自由下载使用。企业通过较小成本就实现产品推广，可以节省大量的产品推广费用。

(2) 无形化。通常采用免费策略的大多是一些无形产品，它们只有通过一定的载体才能表现出一定的形态，如软件、信息服务、音乐制品、图书等。这些无形产品可以通过数字化技术实现网上传输。

(3) 零制造成本。这里零制造成本主要是指产品开发成功后，只需要通过简单复制就可以实现无限制的生产。对这些产品实行免费策略，企业只需要投入研制费用即可，至于产品生产、推广和销售则完全可以通过互联网实现零成本运作。

(4) 成长性好。采用免费策略的产品一般都是利用产品成长推动占领市场，为未来市场发展打下坚实基础。

(5) 冲击性强。采用免费策略的产品主要目的是推动市场成长，开辟出新的市场领地，同时对原有市场产生巨大的冲击。例如，曾经的 3721 网站为推广其中文网址域名标准，以适应中国人对英文域名的不习惯，采用免费下载和免费在品牌电脑预装策略，1999 年，在短短的半年时间内迅速占领市场并成为市场标准。但是如果企业没有相应的盈利模式，就会陷入靠强行安装其他公司的软件在用户的计算机里，成为流氓软件。

(6) 间接收益明显。采用免费价格的产品(服务)，可以帮助企业通过其他渠道获取收益。这种收益方式也是目前大多数互联网综合服务提供商的主要商业运作模式。在 2020 年新冠疫情期间，钉钉软件的大热，为阿里公司开拓了全新的网络市场。

2. 免费价格策略的风险

自从有了互联网之后，人们产生了疯狂的想象力，大家都在想怎样才能在网上迅速膨胀，迅速扩大自己的知名度。互联网上最早出现这样的机会的是浏览器，微软公司把它的 IE 浏览器免费提供给用户，开创了互联网上免费的先河，也借此机会彻底打败了未来最有威胁的 Netscape 公司。在此之前，Netscape 正在培养消费者的消费习惯，从使用台式机上的软件转而去习惯使用互联网上的软件，主要的目的是在用户使用习惯之后，就开始收钱了，这是 Netscape 提供免费软件的背后动机。但是 IE 的出现打碎了 Netscape 的美梦。所以对于这些公司来说，为用户提供免费服务只是其商业计划的开始，商业利润还在后面。但是并不是每个公司都能顺利获得成功，Netscape 的免费浏览器计划就没有成功。所以，对于这些实行免费策略的企业来说，必须面对承担很大风险的可能。

3. 免费价格策略实施步骤

免费价格策略一般与企业的商业计划和战略发展规划紧密关联，企业要降低免费策略带来的风险，提高免费价格策略的成功性，应遵循下列步骤：

(1) 与企业总体商业运作模式相吻合。

互联网作为成长性的市场,在市场获取成功的关键是要有一个可能获得成功的商业运作模式,因此考虑免费价格策略时必须考虑是否与商业运作模式吻合。

(2) 分析采用免费策略的产品(或服务)能否获得市场认可。

也就是提供的产品(服务)是否是市场迫切需求的。互联网上通过免费策略已经获得成功的公司都有一个特点,就是提供的产品(服务)受到市场的极大欢迎。例如,雅虎的搜索引擎克服了在互联网上查找信息的困难,给用户带来了便利;我国的三大网站都提供了大量实时性的新闻报道,满足了用户对新闻的需求。

(3) 分析免费策略产品推出的时机。

在互联网上的游戏规则是"赢家通吃",消费者往往只记住第一,而会忽略其他排名靠后的公司。因此,在互联网上推出免费产品是为抢占市场,如果市场已经被占领或者已经比较成熟,则要审视推出的产品(服务)的竞争能力。

(4) 考虑免费价格产品(服务)的附加效应。

目前国内外很多提供免费的互联网综合服务提供商对用户也不是毫无要求。它们有的要求用户接受广告,有的要求用户每月在其站点上购买多少钱的商品,还有的要求提供接入费用等。

(5) 策划推广免费价格产品(服务)。

互联网是信息海洋,对于免费的产品(服务),网上用户已经习惯。因此,要吸引用户关注免费产品(服务),应当与推广其他产品一样有严密的营销策划,在推广免费价格产品(服务)时,主要考虑通过互联网渠道进行宣传。

### 6.4.3 免费价格定价策略

简单地说,免费价格策略就是将企业的产品和服务以免费的形式提供给顾客使用,满足顾客的需求。免费价格策略是网络营销中常用的策略之一,这种策略一般是一种短期的和临时性的促销策略。在网络营销中,免费价格策略不仅是一种促销策略,而且是一种非常有效的产品或服务的定价策略。

1. 完全免费

完全免费即产品或服务购买、使用以及售后服务所有环节都免费提供。例如,互联网企业在诞生之初,许多民众无法理解互联网企业可以提供的信息,为此,美国在线公司成立之初,在商业展览会场、杂志封面、广告邮件,甚至飞机上,提供免费的美国在线公司软件,连续5年后,吸收到100万名用户。雅虎率先提供免费电子邮件、聊天室、网上寻呼等服务,使消费者认识和熟悉了这些产品和服务,并对此形成了依赖。

2. 有限免费

有限免费即产品或服务可以被有限次使用,超过一定期限或者次数后即不再享受免费。

### 3. 部分免费

这是指对产品整体某一部分或服务全过程某一环节的消费可以享受免费的定价方式。例如,一些著名研究公司的网站公布部分研究成果,如果要获取全部成果则必须付款;一些电影或 VCD 常常免费播放某一片段,要想观看全部内容,则需要付费。

### 4. 捆绑式免费

该方式在购买某种产品或服务时可以享受免费赠送其他产品和服务的待遇。例如,美容院为了促进美容药品的销售,在顾客购买药品后可以享受免费美容服务。

## 复习思考题

1. 如何分析影响网络营销定价的因素?
2. 网络营销定价的目标有哪些?
3. 网络营销定价的方法有哪些?
4. 简述网络营销免费价格策略。

## 思维拓展

### 京东商家如何使用"生 e 无忧"合理定价商品?

一直以来,为商品定价这个问题是商家们比较头疼的,如果商品定价过高,会导致这款商品失去很多的潜在客户;而定价过低,就算能够获得很多客户,但是极有可能会在行业中掀起一场价格大战,到最后连收支平衡都很难保障。定价是门学问,那么如何才能制定出想要的合理价格呢?

#### 一、定价的意义

有一些企业会把自己商品的价格定得很高,以此形成和中低端的差异,让人产生稀缺的感觉。利用产品价格来控制拥有者的数量,这种价格策略不仅提高了商品的价值,而且暴利,甚至会让消费者心甘情愿地购买。

而有一部分企业会把商品价格定得特别低,甚至无利润,以此打击对手、扩大市场范围。价格是市场战略中很重要的一个营销工具,有效利用就会是一把营销利器。那么,京东商家们又是如何合理定位店铺中商品价格的呢?

#### 二、定价技巧

1. 参考定价

参考定价是比较简单的定价方式,市场中大多数商品都存在相像的商品。商家们可以参考和自己商品比较相像的是如何定价的,可以比较下商品的品牌,还有服务、商品性能、售后等,以此来合理定价。

2. 使用"生 e 无忧"定价

第一步:打开生 e 无忧首页(没有订购的商家可点击生订购),打开行业数据→点击行业价格分析。

第二步：选择类目、日期→点击确定→即可显示商品价格区间、SKU个数、价格区间占比。

接下来商家们即可根据市场行业数据简单判断自己商品应该如何合理定价。

3. 价值定价

顾名思义，就是根据这个商品能够为顾客带来什么价值和在顾客心里这个商品应该值什么价位。这种定价方法不仅能够让商家赚到更多的利润，而且消费者也更加愿意接受。例如，苹果手机，它的售价远远高于成本价，但是如果按照成本价售卖，销量不仅不会提升，反而会下跌。就像我们平时购物也总会想，这个东西这么便宜，好不好用啊，质量怎么样啊，会不会是假的……而这些疑虑都是我们不正确地定价商品导致的，对销售会产生很大影响。

### 三、影响定价的因素

影响商品定价的因素包括市场需求、竞争对手，或者是季节、政策法规等。例如，桃子、橘子这些水果可以代替苹果而且价格比苹果价格低，那么就会对苹果价格产生影响，此时，如果电视中正在报道苹果对健康有更多好处，这也会对苹果有一定影响。京东商家们把握好这些影响因素，合理定价，转化就会更好。

### 四、定价的注意点

京东商家们也不是轻易涨价或者降价，商品涨价会让消费者反感，甚至拒绝购买这款商品；商品降价则会影响整体品牌形象，一旦降价就很难再恢复原价了。也有利用涨价成功提高商品价值和品牌价值的，还有利用降价成功达到大量销售增强亲和力作用的。当然，这不是绝对的，通过"生e无忧"可以使京东商家们能够制定科学定价策略，谨慎进行价格调整。只有以经营战略的思维和高度来定位商品最合适的价格，商品才最有竞争力。

（资料来源：京东卖家论坛.http://mjbbs.jd.com/thread－154341－1－1.html.）

# 第七章
# 网络营销渠道策略

**案例导入**

### 董酒选择酒仙网开启"互联网+"背后的思考

2015年8月19日,贵州董酒股份有限公司与国内酒类电商酒仙网合作,推出了一款网络定制产品,并在酒仙网上进行独家销售,开启了传统白酒在互联网上的渠道定制销售。

董酒方面表示,相信通过酒仙网敏锐的产品定制能力和强大渠道推广能力,必能为定制产品的大卖打下坚实的基础,未来双方还将进一步深化合作力度,在互联网领域多做文章。

酒仙网董事长郝鸿峰则表示,酒仙网在产品打造上的丰富经验以及独特的大数据优势,能给产业链上游酒业更多产品开发上的支持,使产品更加贴合大众消费者。

业内人士认为,近几年"互联网+"与各行各业不断融合,诞生了诸多新的发展形态,并迸发出惊人的活力。滴滴打车、共享单车等软件的诞生,改变了人们的出行乘车方式;美团、大众点评等软件,帮助人们实现了足不出户就能满足衣食住行等多种需求的愿景。由此可见,互联网将对未来社会发展产生战略性和全局性的影响。而作为最传统的酒行业,在与"互联网+"的碰撞中或许也会擦出新的火花。

在本次发布会上，这款名为"54°董酒何香"的定制产品亮相。董酒是董香型白酒的典范，是中国老八大名酒之一，其生产工艺和配方曾三次被国家权威部门列为"国家机密"，"国密董酒"由此得名。此次推出的定制酒，在延续董酒优良品质的基础上，更配以 750 mL 的大容量和独具匠心的设计包装，前景被看好。

在互联网专业人士看来，此次董酒与酒仙网的合作，可被视为酒行业积极拥抱"互联网＋"的一个侧影。"互联网＋"为各个行业既带来了挑战，也带来了新的机遇。酒行业在经历了一轮深度的市场调整后，为谋求新的发展，也开始拥抱"互联网＋"的风口，开始新的尝试。总体来看，酒企的"触网"目前主要分为三种模式。

第一种模式是自起炉灶、自建网络商城。譬如酒行业"一哥"的茅台，斥巨资打造专属的电商平台"茅台商城"；洋河集团 2013 年推出了自有 App"洋河 1 号"，发力 O2O；青岛啤酒近期宣布推出"青啤快购"App，涉足社区 O2O 领域。但受制于流量、运营、技术等专业性因素，这类模式目前成功的案例不多。

第二种模式是借力他人，通过与电商平台的合作，来进行品牌形象展示和产品销售，以此实现网络渠道的扩建。譬如茅台入驻了天猫、工行融 e 购等平台，燕京啤酒入驻天猫和京东。这种模式能解决一部分销售问题，可目前酒类的线上消费依然有限，依然无法撼动线下市场。

第三种模式是联手电商，打造专门针对互联网群体的定制产品。目前，这种模式受到越来越多的酒企追捧，就连酒行业"老大"茅台，也开始了为消费者提供线上线下同步定制的服务。

酒企要推网络定制酒，考虑到渠道成本、风险控制等因素，在合作方的选择上普遍倾向于与酒仙网这类经验丰富、拥有成熟运营经验和庞大消费者基础的酒类垂直电商合作。酒仙网在互联网定制酒的开放上是国内酒类电商中的先行者。在此之前，酒仙网已经进行了一系列产品的定制，开发了包括厚工坊型男系列、汾酒集团封坛原浆、仰韶小陶、唐王宴、三人炫、孔府家"朋自远方"等一系列互联网定制产品。其中，与酒仙网共同打造的"三人炫"，更是创造了半年网销 1.5 亿的业绩，掀起了网络定制酒的高潮。再者，酒仙网自 2009 年成立至今，经过 6 年多的发展，建立起了一套涵盖供应、采购、销售、仓储、物流等多方面的运营体系，同时不断深耕酒类 B2C、B2B、O2O 以及品牌运营综合服务等多个业务领域，运营管理经验相当丰富，职业运营团队能为酒企提供专业化的服务。另外，酒仙网受到了资本市场的青睐，先后获得 7 轮高额融资。资本的不断助力，为酒仙网在酒类电商领域大展拳脚、不断协助酒企探索互联网转型的新路径提供了支持。最后，酒仙网拥有的数百万会员的数据积累与庞大的交易规模，为酒企的新产品提供了强大的推广渠道和销售平台。据了解，2014 年"双十一"，酒仙网在天猫创造了 8 000 万元的销售业绩，今年更是立志于将其六周年庆活动"9.9 酒水狂欢节"打造成酒类电商的标杆节日。

当下，酒行业的互联网转型仍处在探索阶段，但互联网对酒行业的影响会越来越深也是不争的事实。董酒选择酒仙网开启"互联网＋"，借助酒类电商在资本、运营、团队、规模上的多重优势,开发出适合网络消费人群的专属产品,破除白酒行业营销的渠道,打造适合自己的网络营销渠道,这或将为酒行业拥抱"互联网+"提供一种新的范式。

(资料来源:搜狐网.https://www.sohu.com/a/28269438_180467.)

## 7.1 网络营销渠道设计与建设

### 7.1.1 网络营销渠道的设计步骤

在设计网络营销渠道时,一般遵循以下步骤。

1. 分析目标顾客群

由于网上销售对象不同,因此网络营销渠道是有很大区别的。一般来说,网络营销根据购买对象不同主要分为两种方式。

(1) 面向企业。这种模式一般每次交易量很大,交易次数较少,并且购买方比较集中,因此,网络营销渠道建设的关键是订货系统,方便购买企业进行选择。在这种方式下,一方面企业一般都有较好的信用,通过网上结算比较简单;另一方面,由于量大次数少,因此,配送时可以进行专门运送,既可以保证速度也可以保证质量,减少中间环节造成的损耗。

(2) 面向消费者。这种模式一般每次交易量小,交易次数频繁,而且购买者非常分散,因此,网络营销渠道建设的关键是结算系统和配送系统,这也是目前网上销售经常要遇到的门槛。由于国内的消费者信用机制还没有完全建立起来,加之专业配送系统不够完善,因此,开展网上销售活动时,特别是面对大众销售时,必须解决好这两个环节,才有可能获得成功。

2. 确定产品所需的服务方式

在选择网络营销渠道时还要注意产品的特性。有些产品易于数字化,可以直接通过互联网传播,脱离对传统配送渠道的依赖;但大多数有形产品还必须依靠传统配送渠道来实现货物的空间移动。对于部分产品所依赖的渠道,可以通过互联网进行改造,最大限度地提高渠道的效率,减少渠道运营中由于人为失误和时间耽误造成的损失。

由于各种产品的自然属性和用途等不同,所以不是所有的产品都适合进行网上销售。如果供应者一味地打破原有经营体系,越过所有的分销商,直接与经销商和最终客户打交道,会给自己增加额外的负担,到头来不仅没有节约成本,还可能在售后服务、培训体系等方面也做不好。所以,在设计网络营销渠道时,首先要分析产品的特性,确定该产品是否适合在网上进行销售,以及需要什么样的网络分销体系。

在分析产品因素时主要考虑：产品的性质、产品的时尚性、产品的标准化服务、产品价值大小、产品的流通特点、产品市场生命周期。例如，信息、软件产品可以实现在线配送、在线培训和服务，是最适合网上销售的。另外，有些产品虽然目前不适合网上销售，但随着网络技术的发展，消费观念和消费水平的变化，在今后也可能实现网上销售。例如，在我国，大多数消费者还不能很好地接受网络销售的汽车等大宗耐用消费品，因为大部分消费者还习惯于在线下去体验汽车的性能。同时，网络销售汽车时，由于信用体系的不完善，银行无法准确判断消费者的真实信息，因此，在网上销售汽车时，银行与网上销售商的合作意愿不强。

3. 确定渠道模式

确定渠道模式，即是对网络直销渠道和间接渠道的选择。企业可根据产品的特点、企业战略目标的要求及各种影响因素，决定采用哪种类型的分销渠道：网络直销还是网络间接销售。通常来说，直接销售渠道一般适合大宗商品及生产资料的交易，而间接销售渠道一般适用于小批量商品及生活资料的交易。有些产品具有非常高的技术性，或需要经常的技术服务与维修，应由生产企业直接销售给用户为宜。这样，企业既可以保证向用户提供良好的销售技术服务，也可以在采用网络直销的同时开辟网络间接销售渠道。这种混合销售模式被西方的许多企业采用。因为在目前买方市场条件下，通过多种渠道销售产品比通过一条渠道更容易实现"市场渗透"，增加销售量。

4. 选择网络分销商

在从事网络营销活动的企业中，大多数企业除建立自己的网站外，还同时利用网络间接渠道（如信息服务商或商品交易中介机构）发布信息，销售产品，扩大企业的影响力。因此，对于开展网络营销的企业来说，要根据自身产品的特性、目标市场的定位和企业整体的战略目标正确选择网络分销商。一旦选择不当就可能给企业带来很大的负面影响，造成巨大的损失。在筛选网络分销商时，应该从它的服务水平、成本、信用、覆盖、特色及连续性等方面进行综合考虑。

（1）服务水平。网络分销商的服务水平包括独立开展促销活动的能力、与消费者沟通的能力、收集信息的能力、物流配送的能力、售后服务的能力等。比如，对于一个正处于成长期的中小企业来说，它的主要精力都放在了产品的研制开发上，在网络销售中就需要一个服务水平较高的分销商，协助它与消费者进行交流、收集市场信息、提供良好的物流系统和售后服务；而一个实力较强、发展成熟的企业往往只是通过网络信息服务商获得需求信息，并不需要网络中间商开展具体的营销活动。

（2）成本。网络分销商的服务成本主要是指企业享受网络分销商服务所支付的全部费用。这种费用包括生产企业给网络交易中间商的价格折扣、促销支持费用等，在网络中介商服务网站建立主页的费用，维持正常运行时的费用，获取信息的费用。对这些费用的收取，不同网络分销商之间的差别很大。

（3）信用。网络分销商的信用指网络分销商所具有的信用程度的大小。由于网络的虚拟性和交易的远程性，买卖双方对于网上交易的安全性都不确定。在目前还无法对各种网站进行有效认证的情况下，网络中间商的信用程度就显得至关重要。在虚拟的网络市场里,信誉就是质量和服务的保证。生产企业在进行网络分销时只有通过信用比较好的中间商,才能在消费者中建立品牌信誉和服务信誉。缺乏信用的网络分销商会给企业形象的树立带来负面影响,增添不安全因素。因此,在选择网络分销商时要注意其信用程度。

(4) 覆盖。网络分销商的覆盖范围是指网络宣传所能够波及的地区和人数,即网络站点所能营销的市场区域。对于企业来讲,站点覆盖并非越广越好,而要看市场覆盖面是否合理、有效,是否能够最终给企业带来经济效益。在这一点上,非常类似于在电视上做广告。

(5) 特色。网络营销本身就体现了一种个性化服务,更多地满足消费者的个性化需求的特色。每个网站在其设计、更新过程中,由于受到经营者的文化素质、经营理念、经济实力的影响,会表现出各自不同的特色。生产企业在选择分销商时,就必须选择与自己目标顾客群的消费特点相吻合的特色网络分销商,才能真正发挥网络销售的优势,取得经济效益。

(6) 连续性。网络发展的实践证明,网络站点的寿命有长有短。如果一个企业想使网络营销持续稳定地进行,那么就必须选择具有连续性的网络站点,这样才能在用户或消费者中建立品牌信誉、服务信誉。为此,企业应采取措施密切与网络中间商的联系。

5. 确定渠道方案

企业进行产品定位,明确目标市场后,在对影响网络分销渠道决策的因素进行分析的基础上,就需要进行渠道设计,确定具体的渠道方案。渠道设计包括三方面的决策:确定渠道模式、渠道的集成和明确渠道成员的权责利。网络渠道模式的选择在第三个步骤介绍过,这里主要介绍渠道的集成和渠道成员的权责利。

(1) 渠道的集成。渠道的集成,即确定营销渠道的中间商数目。在网络营销中,渠道大大缩短,企业可以通过选择多个中间商,如信息服务商或商品交易中间商来弥补短渠道在信息覆盖上的不足。在确定网络中间商的个数时,可参照传统营销渠道的选择策略,如密集型分销渠道策略、选择型分销策略或独家型分销策略。

(2) 明确渠道成员的权责利。在渠道的设计过程中,还必须明确规定每个渠道成员的责任和权利,以约束成员在交易过程中的行为。例如,生产企业向网络中间商提供及时供货保证、产品质量保证、退换货保证、价格折扣、广告促销协助、服务支持等;分销商要向生产者提供市场信息和各种统计资料,落实价格政策,保证服务水平,保证渠道信息传递的畅通等。在制定渠道成员的责任和权利时要仔细谨慎,要考虑多方面的因素,并取得有关方面的积极配合。

在具体设计网络营销渠道时,还要考虑到以下几个方面:

(1) 从消费者角度设计渠道。只有采用消费者比较放心、容易接收的方式才有可能吸引消费者上网购物,以克服网上购物"虚"的感觉。例如,在中国,目前采用最多的货到付款方式就比较让消费者认可。

(2) 订货系统的设计要简单明了。不要让消费者填写太多信息,而应该采用现在流行的模拟超市"购物车"的方式,让消费者一边看物品比较,一边选购。在购物结束后，一次性进行结算。另外，订货系统还提供商品搜索和分类查找功能，以便消费者在最短时间内找到需要的商品；同时还对消费者提供想了解的有关产品信息，如性能、外形、品牌等。

（3）提供多种结算方式。在选择结算方式时，应考虑到目前的实际状况，尽量提供多种方式方便消费者选择，同时还要考虑网上结算的安全性。对于不安全的直接结算方式，应换成简单的安全方式，如借助现有的第三方支付工具来解决资金结算问题。

（4）设计网络营销渠道的关键是建立完善的配送系统。消费者只有看到购买的商品到家后，才真正感到踏实，因此，建设快速有效的配送服务系统是非常重要的。我国目前配送体系还不成熟，进行网上销售时要考虑到该产品是否适合于目前的配送体系。正因如此，目前在网上销售的商品中，大宗耐用消费品由于配送较为难以满足要求，所以，价值较大的商品在网上销售状况并不理想。尤其是现在各大物流平台竞相进入的生鲜市场，由于冷链物流的不完善，还无法对许多相对偏远和欠发达地区进行完美的配送。

### 7.1.2 网络营销渠道的管理

在选择好网络渠道的分销模式和确定了具体的渠道方案后，渠道就进入了一个相对成熟的阶段，这时企业还有一项十分重要的工作，就是对渠道进行管理，必要时还要对渠道进行调整。在渠道管理过程中，如何有效地避免渠道冲突一直是困扰传统厂商的一大难题。

在网络营销中，由于互联网的运用，大大缩短了渠道的长度，减少了中间环节，同时互联网的开放性和自由性，也加强了渠道成员之间的沟通，这样，互联网条件下的渠道冲突与传统渠道的情况相比有了明显的缓和，但仍然存在。

**1. 冲突表现**

一般来说，网络渠道冲突可分为 4 种：水平冲突、交互冲突、垂直冲突和多渠道冲突。水平冲突发生在渠道中的同类型中间商之间；交互冲突发生在不同类型的中间商之间；垂直冲突发生在不同层次的渠道成员之间，如生产厂商和中间商之间；多渠道冲突则发生在不同渠道之间。网络渠道冲突主要表现为以下几种形式：

（1）在企业选择多个网络分销商销售产品时，由于没有时间和地理区域上的限制，各分销商可能同时面对所有的网上用户，从而引发各分销商之间的冲突。为了扩大销售，分销商会降价销售，使大家的利润都降低。

（2）不同的中间商对价格政策、折扣结构和奖励政策的满意度不同。

（3）企业要求中间商执行某些特定的服务、促销活动及信息收集和反馈工作时，中间商没有真正执行。

（4）生产厂商同时开展网络直销和网络间接销售时，它的直销活动可能会对中间商造成影响，造成生产者与中间层次之间的冲突。

2. 冲突产生的原因

结合渠道形成的固有特性和网络的特点分析渠道冲突产生的原因,可以概括为以下几点:

(1) 角色不一致。渠道成员的角色是指每个渠道成员都可以接受的行为范围。每个成员都应该在渠道中扮演好自己的行为角色。当某个渠道成员的行为超出了其他成员可接受的范围时,就出现了角色不一致的情况,这将导致渠道冲突。例如,原来的某区域的分销商因为网络无边界的特性跨区域做起了另外一个区域的生意,对原来的区域分销商构成了不当销售。

(2) 观点差异。渠道成员对某件事的不同理解和不同的反应。例如,不同的分销商对与企业的合作广告计划看法可能会不一致。一些分销商认为这样能够刺激该产品的销量,从而能得到更大的进货折扣;而一些信息服务商则会综合考虑利用它的网页做广告的机会成本,可能对这个计划的兴趣就不大。

(3) 决策权分歧。企业或分销商是否对商品的最终价格有决定权,分销商是否有权加价销售商品等。网络使得价格的透明性大大提高,如果定价不等,对定价较高的渠道商影响非常大。

(4) 目标错位。不同渠道成员的目标可能不一致。例如,分销商希望更高的价格折扣、更快的交货速度、更少的支出和更多的佣金,以获得最大的利润;而企业则希望分销商要求更少的折扣和佣金,以获得最大的利润。

(5) 资源稀缺。由于稀缺资源分配而引起的冲突。例如,企业在采用间接销售方式时,仍保留了一些较大的客户作为自己的直销客户。

(6) 渠道成员的信用。虽然互联网加强了沟通,但渠道成员的信用在目前还得不到有效的认证。所以,网络条件下渠道成员的信用问题也可能造成渠道冲突。

### 7.1.3 网站营销渠道整合管理

无论是传统营销渠道还是网络营销渠道,都会发生一定的费用。随着渠道类型的选择不同,发生的渠道费用也不同。例如,一般情况下,在区域销售代表、商业贸易伙伴、电话营销和互联网4种营销渠道中,费用就是逐渐递减的,可以用支出收益比(E/R)来描述渠道费用,即用平均渠道支出除以平均渠道交易额,作为渠道调整的依据。在任何一次交易活动中都会发生一系列不同的交易任务,根据不同的任务选择不同的渠道就是渠道整合。通过渠道整合,可以把高支出的交易任务推入较低支出的渠道中去,从而大幅度降低整体交易活动费用。例如,一个基于2 000元的交易活动,当渠道类型为销售代表时,交易费用为500元;经过渠道整合后,交易费用或许只需100元。

在理想的充分发展的网络营销网站中,按各网站发挥功能的不同,通常可将其分为知晓型站点、在线销售站点、企业外联网、商业合作伙伴站点4种类型。不同站点对应着不同的整合方式。

1. 知晓型站点整合

知晓型站点是最简单的一种类型,它通常作为公司产品手册、年度报告、公众商业公告栏和人力资源需求的电子版本而存在,给客户提供有关公司产品、公司服务和公司地址的信息。在一个完整的消费购买过程中,企业的第一步是提升潜在消费者的购买兴趣。只要潜在消费者产生兴趣,他就会主动去收集更多的相关信息进行购买决策。通过渠道成本、渠道效用的综合分析,知晓型站点是完成信息传播最全面、最广泛、最及时而花费最低廉的方式。在渠道整合中,知晓型站点通常作为企业电子化或营销电子化的第一个阶段,或称初级阶段。例如,通过知晓型站点激发互联网用户对产品和服务的购买兴趣,帮助他们收集决策支持信息,而将用户的购买需求移至离线渠道处理,从而达到缩减渠道整体费用的目的;或者通过 E-mail、站内留言等方式接收顾客询问,将企业对顾客问题的反馈移交至其他渠道,如呼叫中心等。

2. 在线销售站点整合

在线销售站点的建立不仅是为了给公司提供各种信息,而且允许客户通过互联网购买各种产品。在线销售站点主要有 2 种类型。

第一种类型是.com 公司,它在网上设有商店主页,主要通过网络为顾客提供直接的产品和服务销售,但在真实的物理世界中不设前台服务点,即没有零售门面店。发展最早和最有规模的该类型公司如亚马逊公司,销售范围已扩至全品类零售业务。以公司销售的图书商品为例,消费者可以通过书名、主题、作者和其他信息搜索书籍信息,也可以定期收到公司发来的针对客户需求的相关书籍信息。对客户而言,这意味着快速和便捷,极大地提升了客户的满意度,积攒了人气。同时为了响应网上客户巨大的产品需求量,亚马逊公司还在美国各地建立了庞大的分销网络和仓库基地,以保证在 3 天之内能够依照顾客的需求顺利地将产品送至顾客手中,这种模式也影响了中国的电商企业。

第二种类型是传统的产品制造商和经销商,他们同时通过网络和现实商店销售产品。由于网络商店和销售门店之间存在着较大的成本差异和可能导致的价格差异,以及由此而引起的消费者流失现象,这些传统制造商和经销商采取了谨慎稳妥的整合措施,即保持原有销售网点的同时,新开设网上商店,以适应不断增长的网络营销浪潮。但同时保持着与传统零售商及零售商店链之间的和谐稳定的长期合作关系和依存关系。例如,世界知名的化妆品公司雅诗兰黛和倩碧。雅诗兰黛的网上销售点,由其传统分销商 Neiman Marcus 集团负责该站点的全部运输服务和离线客户服务。而倩碧公司不允许其下属管辖的网络销售站点给予顾客价格折扣、销售让利等销售门店没有的利益,并拒绝通过任何离线形式做宣传广告。

3. 企业外联网整合

企业外联网主要是为企业的大客户和服务商建立的,只有那些拥有特殊账号的特定客户才能登录,其前身以 EDI(Electronic Data Interchange,电子数据交换)的形式已经存在。通过企业外联网,企业可以大大加强集团公司内部及合作者之间的核心竞争能力。全美最大的网络计算机销售公司戴尔集团公司,是另一个企业外联网的大赢家。

戴尔集团公司的外联网,主要是为公司大客户建立的。通过"入门主页",允许这些特定客户的高层领导下单,以预先商量过的价格或较大的折扣价格购买公司某些特定型号的产品,以此增进客户关系,促进长期合作。同时,外联网销售也减少了公司高级销售代表在简单交易上花费的时间和精力,促使其将节省的时间和精力用来维护与大宗订单客户的关系,解决产品或大的信息系统使用过程中发生的问题。通过戴尔公司的市场反馈,可以证明公司外联网是维持产品竞争力和公司优势的有力武器之一。

4. 商业合作伙伴站点整合

商业合作伙伴站点与前三者不同,前三者都是通过制造企业建立的或与其有直接的上下属管辖关系的网站,而商业合作伙伴站点是由第三方建立、维护和管理的营销网站,聚集多家制造企业产品在一起销售,类似现实生活中的集贸大市场。高科技产业中的计算机数据库和财经界的 Eastmoney(中国上市公司:东方财富)都属于这种类型,它们主要给其他的零售商们提供电子分销渠道。例如,美国电脑软件硬件公司 CDW Corporation(股票代码:CDW)销售由微软公司、IBM 公司、惠普公司、苹果公司和其他高科技产品制造商提供的超过两万种的计算机相关产品和设备。经由第三方商业伙伴渠道站点实现的销售收入不仅占了某些小型公司销售收入近 20% 的比例,对大公司而言也非常重要。另一方面,一些已有单个营销站点而没有达到预期销售额的公司相互合作建立的网络营销站点也叫作商业合作伙伴站点。这种合作和整合主要是有集聚人气,形成产品集聚地的作用。

企业营销的目的是为了使企业利益最大化,无论是传统销售渠道还是电子销售渠道,都是提升企业市场成长率、扩大企业市场占有率、增加企业利润额的途径之一。要想跟上网络时代发展的步伐并保持传统渠道优势,渠道整合有着不可忽视的作用,必须将其提升至企业发展的战略高度来看待。

## 7.2 网络营销与物流配送

物流是指计划、执行与控制原材料及最终产品从产地到使用地的实际流程。物流的作用是管理供应链,即从供应商到最终用户的价值增加的流程。因此,物流管理者的任务是协调供应商、采购代理、市场营销人员、渠道成员和消费者之间的关系。

物流是目前发展网络营销最大的瓶颈所在。网络营销通过减少中间环节降低了成本,从而能提供更多的价格优惠。但若处理不好,物流可能会使节约的成本不足以弥补送货费用。对于无形商品(如软件、音乐、在线服务)的物流,可以直接通过互联网完成。物流问题表现在大多数有形商品的配送上。

### 7.2.1 网络营销与物流的关系

现代物流是网络营销发展的必备条件。网络营销是各参与方之间以电子方式借助于网络这一媒介完成的各种业务交易行为。每笔成功的交易都须具备4个基本的要素,即物流、商流、信息流和资金流。其中,物流是基础,信息是桥梁,资金是目的。每天在全球范围内发生着数以百万计的商业交易,每笔交易的背后都伴随着物流和信息流,贸易伙伴需要这些信息对产品进行发送、跟踪、分拣、接收、存储、提货及包装等。商流是指商品在购、销之间进行交易和商品所有权转移的运动过程,具体是指商品交易的一系列活动。资金流主要是指资金的转移过程,包括付款、转账等过程。信息流包括商品信息的提供、促销行销、技术支持、售后服务等内容,也包括诸如询价单、报价单、付款通知单、转账通知单等商业贸易单证,还包括交易方的支付能力、支付信誉等。在信息化高度发展的网络营销时代,物流与信息的相互配合变得越来越重要,在供应链管理中必然要用到越来越多的现代物流技术。

合理化、现代化的物流,通过降低费用来降低成本、优化库存结构、减少资金占用、缩短生产周期,保障现代化生产的高效进行。相反,缺少现代化的物流,生产将难以顺利进行,无论网络营销是多么便捷的贸易方式,仍将是无米之炊。物流是网络营销概念模型的基本要素。

1. 物流是实现网络营销的保证

在网络营销交易过程中,消费者通过网上购物,完成了商品所有权的转移过程,即商流过程。但网络营销的活动并未就此结束,只有商品或服务真正转移到消费者手中,即只有通过物流过程,商务活动才得以终结。因此,在整个网络营销的交易过程中,物流实际上是以商流的后续者和服务者的姿态出现的,是实现网络营销的保证。没有现代化的物流技术,无论网络营销采用多么便捷的形式,商品生产和交换都难以顺利进行。

2. 信息化是网络营销物流的核心

网络营销的核心是信息化,这个信息化不仅体现在选择商品及电子支付上,也充分体现在物流的整个过程中。物流信息的表示、传递、存储及使用等方面与传统物流过程相比有革命性的变化。这种变化可以概括为物流信息表达的数字化、物流信息收集的自动化、物流信息处理的电子化及计算机化、物流信息传递的标准化和实时化、物流信息存储的数据库化、物流信息管理的系统化、物流信息查询的个性化等。显然,网络营销中的物流是与电子化信息流密不可分的。

3. 网络化是网络营销物流的基础

物流的网络化包含两层含义:一是物流信息的网络化,即物流信息传送、存储的网络化,包括物流配送中心与供应商或制造商的信息传递与存储要通过计算机网络,另外与上下游顾客之间的信息传输与存储也要通过计算机网络;二是组织的网络化,也就是所谓的企业内部网,即信息技术,特别是网络技术在企业内部管理中的应用,通常由企业内部网络系统与企业管理信息系统两部分构成。

4. 自动化、智能化是网络营销物流的双翼

自动化的外在表现是无人化,效果是省力化。同时还可提高劳动生产率、扩大物流作业能力、减少物流作业差错等。自动化的基础是信息化,其核心是人机一体化。自动

化的设施很多,包括自动分拣系统、自动存取系统、条码、语音、射频自动识别系统等。很多发达国家已将这些设施普遍用于物流作业流程中,而我国由于物流业起步较晚,发展水平低,自动化的普及还需要相当长的时间。

智能化是物流的一种最高层次的应用,物流作业过程中的运筹和决策都需要借助于大量的知识才能解决。物流的智能化涉及很多的技术难题。国际上已经有比较成熟的研究成果,为了提高物流的现代化水平,物流的智能化已成为网络营销物流发展的一个新趋势。

5. 整体化、系统化是网络营销物流的最终目标

网络营销物流应是信息流、资金流、物流的整合体。网络营销作为数字化生存方式,代表未来的贸易方式、消费方式和服务方式,因此,要求整体生态环境要完善,要求打破原有行业的传统格局,发展建设以商品代理和配送为主要特征,且物流、信息流、商流有机结合的社会化物流配送中心,建立网络营销物流体系。这个体系的建设,不仅仅是一两个企业的事情,即使是实力雄厚的跨国大公司,完全依靠自己的力量组建覆盖全球的配送网络也是不现实的或是低效率的。

### 7.2.2 网络营销中早期的物流渠道模式及选择

1. 中国邮政系统

采用中国邮政的 EMS(邮政特快专递)或普通邮政寄送服务,是企业根据交易平台上消费者的购物清单和消费者物品寄送地址等信息,亲自将商品包装送到附近的邮局办理邮政特快专递或普通邮政寄送,消费者收到邮局的领物通知后,到所在地邮局领取所购商品的过程。中国邮政的快递和寄送业务,是目前网络营销企业解决外地客户订购业务的最重要方式之一。

中国邮政系统经过几十年的建设,已建成了比较发达的体系,几乎可以到达国内任何一个角落。据资料显示,中国邮政下设 6.7 万多个局所,其中电子化局所 1.62 万多个;有覆盖全国城乡的运输、配送网络和 201 个邮件处理(物流)中心;有 175 套包裹自动分拣(拣货)机;有庞大的海、陆、空立体运输能力。中国邮政既是国内最大的连锁企业,又是国内最大的物流企业之一。

中国邮政系统的优点在于网点众多,服务可以直接伸向我国每一个角落,甚至可以到达很偏僻的村落,这是一些物流、快递公司不可能做到的。其缺点是收费高、速度慢。以国内最大的当当网上书店为例,对于北京以外的地区,一本书普通挂号邮寄费用为 4.5 元,到货时间需要 4~10 天;若通过 EMS 特快专递,则需 30 元,2~5 天收到货。试想,买了一本 10 元的书,通过当当网打了 8 折,却要另外加 30 元的送货费,这样买一本 10 元的书总支出为 38 元,远超过了书本身的定价,而且还要等上好几天。无论从价值成本还是时间成本上看,消费者都是无法接受的。

2. 企业自建配送体系

企业自行建立配送系统,即企业在客户较密集的地区设置仓储中心和配送点,企业

根据消费者在网络营销平台上的购物清单和消费者家庭住址信息。由消费者所在地附近的配送中心或配送点配货并送货上门。自建配送系统能够很好地解决物流时间长的问题。

IBM 公司的"蓝色快车"就拥有自己的"e 物流"。IBM 完善的物流体系靠的是严密的管理和组织,包括新的运作方法、新的经营观念。从货物的管理、分发到货物的跟踪,"蓝色快车"有一套完整的信息系统,可以确定货物上的是第几次列车、什么时候可以到达这个城市、谁可以签收等。IBM 之所以重视货物的派送,是为其在未来网上营销的竞争中打下基础,因为物流方面的服务已经成为竞争的瓶颈。

根据企业的业务范围可以发现,企业自建配送体系的方式存在如下问题:

(1) 配送中心和配送点建设需要大量投资,包括仓储设施、运输车辆、人员等,将带来成本的增加,冲抵网络购物的优势。

(2) 配送中心配送点需要建多少事先难以确定。

(3) 存货带来库存风险。

这使得我国大多数的企业都没有能力采用自建物流渠道方式。但是在网络营销活动中,由于网络的虚拟化及快捷方便的特点,部分有能力的企业还是选择企业自建物流更加适合企业的需要。

### 7.2.3 网络营销中的物流

在社会化大生产和经济高度发展的条件下,在网络营销环境下,商流与物流的分工是必然趋势。商流是实现物流的前提,物流是实现商流的保证。没有商流就没有物流,购销(商流)是产品实体运动的前提,是起主导作用的环节;没有物流,商流也不能实现,实体运动是产品购销的必要条件,物流是商流派生的但又是必不可少的因素。因此,流通过程是产品所有权的转移和产品实体的运动统一的过程。如果产品实体不能以适当的批量、适当的时间与地点,从企业那里转移到顾客手中,整个市场营销活动就将落空。

网络营销物流渠道的具体实施有多种模式可以选择。由于从事的专业不同,ISP、ICP 及其他信息服务提供商更多地从如何建立网络营销信息服务网络、如何提供更多的信息内容、如何保证网络的安全性、如何方便消费者接入、如何提高信息传输速度等方面考虑问题,至于网络营销在线服务背后的物流体系的建立问题则因为涉及另一个完全不同的领域,信息产业界对此疑问较多。实际上,完整的网络营销应该完成商流、物流、信息流和资金流四方面,在商流、信息流、资金流都可以在网上进行的情况下,物流体系的建立应该被看作是网络营销的核心业务之一。网络营销物流渠道体系可以有以下几种组建模式。

1. 自营物流

从网络营销的企业竞争战术的角度来考虑,最重要的决策变量有两个:一是看是否能够提高企业运营效率;二是看是否能够降低企业运营成本。前提是社会物流企业的服务是否能够满足所要求的物流服务标准。很多跨国公司在拓展中国市场时,之所以要从本土带物流企业甚至是配套企业到我国来为其提供物流服务,主要就是因为我们的物流企业在服务理念和服务水平上无法达到客户所要求的服务标准。实际上,国内网络营销企业的物流服务需求也面临同样的问题。

自营物流的优势在于,可以使企业对供应链有较强的控制能力,容易与其他业务环节密切配合,全力进行专门的服务与本企业运营管理。即自营物流可以使企业的供应链更好地保持协调、简洁与稳定。例如,京东的快速崛起,很大程度就是依赖于自身构建的快速反应的自营物流。目前京东的物流不仅可以满足自身发展的需求,同时还可以提供对外的服务。

自营物流的劣势在于,除了上述的优势外,也有很多的缺陷,主要表现为:规模与投入非常大。网络营销公司自营物流所需的投入大,建成后对规模的要求很高,大规模才能降低成本,否则将会长期处于不盈利的境地;建成之后需要工作人员具有专业化的物流管理能力,否则的话只是有硬件,也是无法经营的。

2. 第三方物流配送

第三方物流(Third Party Logistics,3PL 或 TPL)是在 1988 年美国物流管理委员会的一项顾客服务调查中,首次提到的。目前对于第三方物流解释很多,还没有一个统一的定义,一般把第三方物流理解为外包、合同物流、物流联盟、全方位物流服务公司等。美国物流管理协会在 20 世纪 90 年代后期将第三方物流定义为:"物流渠道中的专业化物流中间人,以签订合同的方式,在一定期间内,为其他公司提供所有的或某些方面的物流业务服务。"

第三方物流提供者是一个为外部客户管理、控制和提供物流服务作业的公司。它们既非生产方,又非销售方,而是从生产到销售的整个流通过程中进行服务的第三方。不参与商品的买卖,不拥有商品,但通过提供一整套物流活动为客户提供专门的物流服务或者代理服务。其服务内容不仅仅包括仓储、运输和信息交换,也包括物流策略(或系统)开发、信息管理、咨询、订货履行、自动补货、选择运输工具、运费谈判、包装或重新包装、粘贴标签、产品组配、进出口代理和支付、分装、集运、订单分拣、存货控制、分拣包装、货物跟踪、车辆维护、托盘化、质量控制或产品试验、客户化、售后服务、咨询服务等。它们和外部客户的关系是一种打破传统业务关系束缚的、一体的、长期的"伙伴型"的战略联盟。国外相关统计表明,第三方物流的最大用户群通常是那些有"多品种、小批量、多批次、短周期"的企业或者个人。例如,我国随着电商早期一起快速成长的"三通一达",就是典型的第三方物流提供者。

现代化的第三方物流企业具有信息化、网络化、专业化、规模化、智能化和柔性化的特点,它使网络营销企业完全从烦琐的配送业务中脱离出来,专心致力于网络营销中市场的拓展和商务效率的提高。在国外有许多专门从事第三方物流的著名企业,如美国的联邦快递、UPS,由于它们在物流管理、物流技术等方面的优势,早已成为物流业内著名的国际综合物流代理企业。而在国内,近年来也不断涌现出一批较有实力的企业,如申通快递、圆通快递、天天快递、华宇物流等。

第三方配送是通过选择物流合作伙伴,利用专业的物流公司为网上直销提供物流服务。这是大多数企业的发展趋势。其工作过程一般是网站根据消费者网上购物清单和消费者家庭地址信息,利用第三方专业物流企业的交通、运输、仓储连锁经营网络,把商品送达到消费者的过程。第三方物流企业包括专业货运企业、快递公司,还有一些其他的运输企业等。例如,美国的 Dell 公司就与美国的联邦快递公司合作,利用联邦快递的物流系统为 Dell 公司配送计算机给客户。Dell 公司只需要将要配送计算机的客户地址和计算机的装备厂址通过互联网传输给联邦快递,联邦快递就直接根据送货单将货物从生产地送到客户家里。作为专业化的物流服务公司,联邦快递拥有自己最先进的 Inter Net Ship 物流管理系统,客户可以通过互联网直接送货、查货、收货,客户足不出户就可以完成一切货物配送。

第三方物流企业解决网络营销中的配送问题有两大优势。首先,现代化的第三方物流配送中心是网络营销中成本降低的重要环节。第三方物流企业通过把现代化新型配送中心设置在合理的位置,采用机械化自动分拣系统、成熟的计算机网络化物流信息系统等为网络营销企业提供专业化的、全方位的配送服务。它们可凭借自身的优势,最大限度地优化配送路线,选择最合适的配送工具,从而降低了配送成本。并且,借助第三方物流企业的现代化新型配送中心完成商品配送业务的网络营销企业可以不必自己建设和管理仓库,从而可以节约部分资金和避免因不熟悉仓储管理带来的"磨合成本"。其次,企业不必雇用大批的送货人员。第三方物流企业拥有设置在全国各地区的现代化新型配送中心,其完善的仓储配送设施加上先进的信息网络平台及 GPS(全球定位系统)的应用,形成了庞大的综合运输网络。这种运输网络能大大缩短信息传输时间,提高自动化水平,减少管理层次,提高工作效率和降低差错率,从而准确、及时地实现网络营销中的跨地区配送。

(1) 外包物流。

现代物流服务的核心目标是在物流全过程中以最低的综合成本满足顾客需求。第三方物流企业所追求的最高境界应该体现为物流企业对于其所面对的可控制资源与可利用资源进行最大限度上的合理化开发与利用。这种合理化表现为物流企业对于自身物流能力的客观评估与正确定位,对外部环境与市场需求的深刻了解与合理预期,对企业自身发展方向与发展时机准确把握,使物流企业能够将可控制资源与可利用资源进行有机融合。并在市场运作中以各类有效方法与措施使上述两种资源始终处于相互协调、相互支持的动态平衡状态,使之成为推动和促进物流企业实现其总体发展战略目标的重要原动力。

外包物流优势在于,企业利用专业的第三方物流服务,能够获得如下利益:降低成本,提高专业知识、市场信息获取能力,提高运作效率,改进对顾客服务,使主业更集中以及增加柔性等。

外包物流劣势在于,在我国的具体情况下,把物流外包给第三方物流公司,有两点需要注意。一方面,第三方物流尚未成熟。我国第三方物流尚未成熟,没有达到一定的规模化与专业化,成本节约、服务改进的优势在我国并不明显,而且常常会造成外包物流的失败。另一方面,容易受制于人。在供应链中,第三方物流企业不成熟,过分依赖供应链伙伴,容易受制于人,在供应链关系中处于被动地位,供应链的控制能力差,与最终顾客失去联系并有被淘汰出局的危险。

(2) 物流联盟。

物流联盟指货主企业选择少数稳定且有较多业务往来的物流公司形成长期互利的、全方位的合作关系。货主企业与物流企业优势互补,要素双向或多向流动,相互信任,共担风险,共享收益。物流联盟一方面有助于货主企业的产品迅速进入市场,提高竞争力;另一方面使物流企业有了稳定的资源。当然,物流联盟的长期性、稳定性会使货主企业改变物流服务供应商的行为变得困难,货主企业必须对今后过度依赖于某个供应商的局面做周全考虑。

### 7.2.4　网络营销时代的物流配送趋势

1. 当前我国物流产业中存在的问题

随着电子商务在互联网上的高速发展,网络营销给物流配送提出了更高的要求。目前我国物流配送中仍然存在很多问题,这些问题将在以后很长一段时间内阻碍物流产业的发展,同时也制约着网络营销的快速发展。可以归纳为以下几个方面:

(1) 物流产业发展的理论支持欠缺。

当今物流管理理论的研究和实际应用都已取得了长足的进步,国际上出现了许多新的理论。我国物流管理的研究者对这些新理论的研究和探讨还有待于进一步消化和吸收。

学术界及各企业应加强现代网络营销和物流理论的研究,吸收国外的先进思想、理论和技术。吸取别国物流管理研究的成果,向网络营销及物流发达的国家学习,鼓励理论界研究网络营销及物流中的难题,少走弯路,尽量走捷径,加快我国网络营销及物流产业发展的步伐。

(2) 物流产业难以适应网络营销的快速发展。

从整个物流产业看,物流企业专业化、社会化、绿色化程度较低,第三方物流与企业相互间配合协作性较差;物流产业的资源消耗较大,尤其是物流的包装物等的大量使用,不能及时回收和再利用,对环境保护和资源消耗产生重要影响,不能满足绿色发展和可持续发展的要求。

相关部门可以采取政策性的推动措施,加快物流业的绿色发展步伐;企业应该注意产业结构的调整,同时要注意转变观念,按自身企业特点选择合适的物流模式,更好地契合网络营销的绿色环保的发展理念。

(3) 物流产业智能化程度不高。

目前,我国建设的物流配送体系较为庞大和完善,但是智能化仓储、人才建设程度及普及程度等不高。物流产业应积极发展智能化的物流服务体系。从全球经济发展的趋势和为客户提供更完善服务的角度看,对物流服务的智能化要求将越来越强烈。

社会各界应大力加强物流专门人才的培养。通过在高校开设物流专业、确立物流研究方向培养现代物流专门人才,也可以通过物流行业协会来开展物流职业教育和传播物流知识,还可以通过从业资格认证的方式来激励人们投身于物流行业,提高物流从业人员的整体素质。

2. 网络营销时代的物流新趋势

(1) 组建物流联盟。物流联盟是指货主企业选择少数稳定且有较多业务往来的物流公司,以形成长期互利的全方位的合作关系。货主企业与物流企业优势互补,要素双向或多向流动,相互信任,共担风险,共享收益。

对于已经开展普通商务的公司,可以建立基于互联网的网络销售系统;同时可以利用原有的物流资源,承担网络营销的物流业务。拥有完整流通渠道的制造商或经销商开展网络营销业务,比 ISP、ICP 或互联网站点更加方便。国内很多制造商、经销商的物流设施普遍比专业物流企业的先进,这些企业完全可以利用现有的物流网络和设施支持网络营销业务。另外,区域性或全国性的第三方物流企业具有物流网络上的优势,在达到一定规模后,随着其业务沿着主营业务向供应链上游或下游延伸,第三方物流企业转而进入网上购物经营有着相当的经营优势。因此,组建物流联盟是最合理发挥制造业企业和专业物流企业自身优势的一条捷径,在生产企业已有的物流设备的基础上,结合专业物流企业的物流理念和制度安排,共同建立企业的网络营销物流系统,如阿里巴巴公司整合的菜鸟驿站。

(2) 物流中央化。物流中央化模式强调"整体化的物流管理系统",是一种以整体利益为重,冲破按部门分管的体制,统一从整体进行规划管理的方式。在市场营销方面,物流管理包含分配计划、运输、仓储、市场研究、为用户服务 5 个过程。在流通和服务方面,在物流管理过程中包含需求预测、订货过程、原材料购买、加工过程,即从原材料购买直至送达顾客的全部物资流通过程。

(3) 第四方物流。第四方物流的概念首先是由安德森咨询公司提出的,它甚至注册了该术语的商标,并将其定义为"一个调配和管理组织自身的及具有互补性的服务提供商的资源、能力与技术,来提供全面的供应链解决方案的供应链集成商"。从概念上来看,第四方物流是有领导力量的物流提供商,它可以通过整个供应链的影响力,提供综合的供应链解决方案,也为其顾客带来更大的价值;它不仅控制和管理特定的物流服务,而且对整个物流过程提出解决方案,并通过电子商务将这个过程集成起来。第四方物流实际上是一种虚拟物流,是依靠业内最优秀的第三方物流供应商、技术供应商、管理咨询顾问和其他增值服务商,整合社会资源,为用户提供独特的和广泛的供应链解决方案。这是任何一家公司所不能单独提供的。

因此,第四方物流的特点之一是其提供了一整套完善的供应链解决方案,以便有效地适应需方多样化和复杂的需求,集中所有的资源为客户完善地解决问题。它不仅集成了管理咨询和第三方物流服务商的能力,更重要的是,一个前所未有的、使客户价值最大化的统一的技术方案的设计、实施和运作,只有通过咨询公司、技术公司和物流公司的齐心协力才能够实现。第四方物流的特点之二是通过其对整个供应链产生影响的能力来增加价值,即它能够为整条供应链的客户带来利益。第四方物流充分利用了一批服务提供商的能力,包括第三方物流、信息技术供应商、合同物流供应商、呼叫中心、电信增值服务商等,同时再加上客户的能力和第四方物流自身的能力。

总之,第四方物流通过提供一个全方位的供应链解决方案来满足今天的企业所面临的广泛而又复杂的需求。这个方案关注供应链管理的各个方面,既提供持续更新和优化的技术方案,同时又能满足客户的独特需求。

按照安德森咨询公司的说法,第四方物流存在3种可能的应用模式。知识密集型模式,也称"协助提高者",即第四方物流为第三方物流工作,并提供第三方物流缺少的技术和战略技能;方案定制模式,也称"方案集成商",即第四方物流为货主服务,是和所有第三方物流提供商及其他提供商联系的中心;整合模式,也称"产业革新者",即第四方物流通过对同步与协作的关注,为众多的产业成员运作供应链。

事实上,第四方物流无论采取哪一种模式,它都是在解决企业物流的基础上,整合社会资源,解决物流信息充分共享、社会物流资源充分利用的问题。因此,它也是发挥政府职能、推进我国现代物流产业发展和提升的助力器。

网络营销环境下,物流的管理与控制出现了许多新的特点与需求。这就要求从事网络营销的企业以传统物流为基础从整体利益出发,冲破按部门分管的体制,从整体进行统一规划和管理,建立起具有信息化、网络化、自动化、智能化、整体化、社会化的物流配送体系,满足网络营销对物流的新需求,使网络营销这一新的营销方式得以顺利进行。

## 7.3 网络直销策略

### 7.3.1 网络直销渠道类型

网络直销是指企业借助互联网、计算机通信和数字交互式媒体且不通过其他中间商,将网络技术的特点和直销的优势巧妙地结合起来进行商品销售,直接实现营销目标的一系列市场行为。按照网络直销在企业中的地位,可以划分为以下几种类型。

1. 主营网络直销模式

企业在很长时间范围内或在较大的程度上,开展业务的最主要渠道就是网络,网络直销占主导地位,如戴尔公司是这类型企业的典型代表。戴尔公司的蓬勃发展,受益于独特的直接经营模式,作为全球领先的系统与服务公司,2010年在财富500强中名列第131位。戴尔公司90%的销售收入来自企业,10%来自个人客户,但在线销售量中90%的销售收入来自中小企业和普通个人用户。为了给客户提供简便易行、卓有成效的解决方案,并在降低客户成本的同时,使其能享受到更卓越的服务和产品价值,在戴尔网络直销商务模式中,建立了如图7-1所示的价值链。

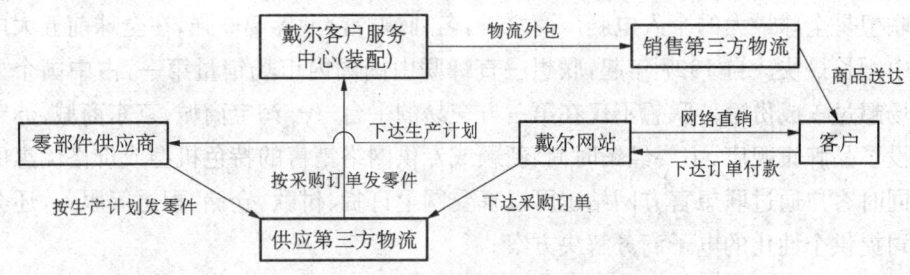

图 7-1　DELL 网络直销模式图

网络直营模式消除了中间商,减少了不必要的成本和时间,让戴尔公司可以更好地理解客户的需要,使戴尔公司能以富有竞争性的价位,为每一位消费者定制并提供具有个性化配置的强大系统。通过平均四天一次的库存更新,戴尔公司能够把最新相关技术带给消费者,而且远远快于那些运转缓慢、采取分销模式的公司。

戴尔公司还在 2011 年开通了自己的一站式服务网站"戴尔知道",主要是针对目前中小企业所面临的一些现实中存在的问题,或者说是其预见未来可能会发生的一些问题,所提出的一种切实可行且能降低成本的有效解决问题的方案,帮助客户做出更明智的决定,取得更有效的管理成果。在内容的编排中,"戴尔知道"从用户所考虑的几大类问题及针对不同行业的需求,分别从智能数据管理、虚拟化、成本控制、解决方案、案例分析、产品介绍等多个角度为中小企业提供更加有效的帮助与支持。

2. 辅助网络直销模式

传统的生产制造企业,为了适应网络经济环境的变换,通常会采取辅助网络直销模式,即企业在保持传统营销模式的同时,开展网络直销作为一种补充的模式。例如,海尔、联想、美的等企业,联想网络服务平台如图 7-2 所示。

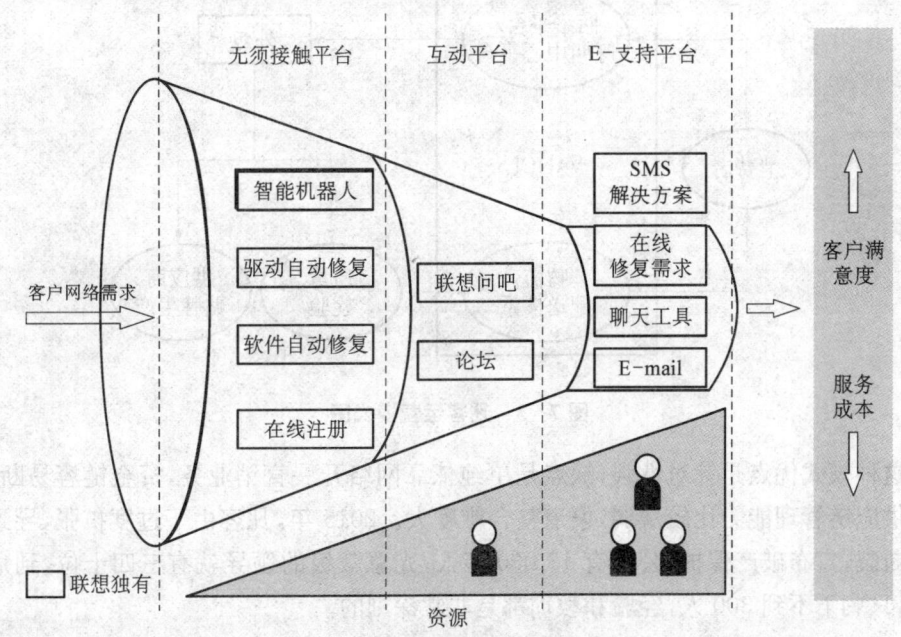

图 7-2　联想网络服务平台

联想是全球最大的个人电脑厂商之一,名列《财富》世界500强,在全球前五大电脑厂商中增长最快。自1997年起,联想一直蝉联中国国内市场销量第一,占中国个人电脑市场超过三成份额。联想不仅在第三方交易的平台——淘宝商城、京东商城、苏宁易购开设了品牌旗舰店,主要经销时尚、新颖或专供网络销售的特色机型或价格优惠的机型。同时客户通过联想官方网站也可以享受网上订货、付款、仓储、配送等服务,还会为其公司提供个性化的电子商务解决方案。

联想渠道的成功也正是在细分客户需求的情况下,为了最大化满足不同消费者需求而采取不同的分销渠道,通过各个分销渠道有机的结合,建立合理的渠道结构,健全有效的内部激励机制,采用合理的价格控制手段,结合商品物流透明化和对经销商负责等渠道管理措施的实施,使其获得更多的竞争优势。

3. 单一网络直销模式

开展这种类型直销模式的企业,可能没有自己的实体店铺,没有大规模的仓储设备,依靠第三方物流,开展网络直销业务,如曾经红极一时的凡客诚品等。凡客诚品选择自有服装品牌网上销售的商业模式,并以现代化网络平台和呼叫中心为服务核心,业务的主要渠道是B2C网上零售和目录邮购业务,其中网上零售占近八成的订单比例。据艾瑞调查报告,凡客诚品2009年已跻身中国网上B2C领域收入规模前四位,凡客诚品将目标客户锁定到了中国的中产阶层熟悉互联网、热衷于网上购物的25~35岁左右的中层经济状况的70后、80后年轻人。

凡客诚品曾支持300个城市的货到付款服务。其中在一线城市以自有配送团队配送为主,其他地区主要以外包物流公司配送,见图7-3。

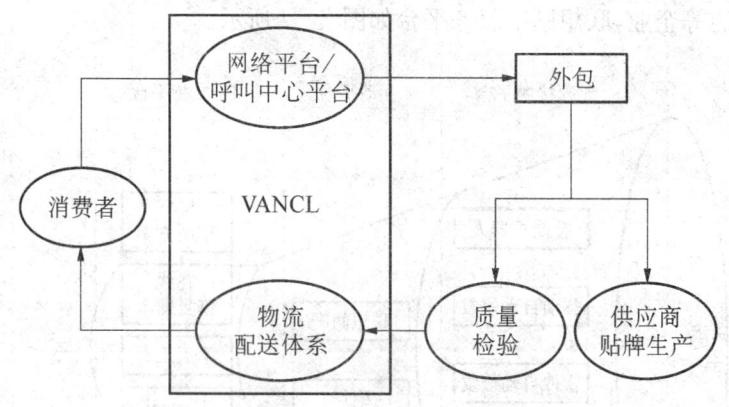

图7-3 凡客运营模式图

这种模式优点是针对性强;缺点是单纯依靠网络开展直销业务,资金链容易断裂,同时供应链管理能力比较薄弱,渠道整合难度大。2015年,凡客由于过度扩张,导致资金链断裂,宣布破产保护,公司有13 000多人,光总裁级的领导就有三四十位,到危机时候,只剩下不到300人,经验和教训都是非常深刻的。

### 7.3.2 网络直销模式的优缺点及内容

1. 网络直销模式的优点

(1) 企业可以直接获得消费者的真实的第一手市场数据,合理利用资源,安排生产和销售。

(2) 企业与消费者在互动的过程中,可以达到双赢。网络直销帮助企业可以利用网络工具,如电子邮件、公告牌等,及时获得真实、有价值的需求信息,提高产品质量,改善经营管理的同时,降低了企业的营销成本;而消费者不仅降低了购买成本(包括货币成本、时间成本、精神体力成本等),同时也能得到个性化的产品或服务,从中获得更多的价值。

(3) 可以变推式供应链为拉式供应链。企业根据客户的实际订单结合预测来采购资源,安排生产,这样可以有效地减少库存,提高库存周转率。

(4) 市场运作的规范性。与分销模式相比,企业的统一定价,以及运作的规范化,避免了中间商对产品价格的影响。

2. 网络直销模式的弊端

网络直销模式的实现是以成熟的市场机制、信用服务体系、高效的物流配送体系为基础,上述缺一都不可能实现。

(1) 渠道冲突更为复杂。网络直销模式增强了新的中间商的作用的同时,必然对传统中间商的利益造成威胁。这种威胁主要体现在跨区销售、网络低价冲击,以及信息平台发布的市场信息不一致等方面。这种冲突不仅给企业带来损失,同时也会由于地区价格、服务差异悬殊,降低消费者对企业的品牌忠诚度。

(2) 信息超载引发商务成本上升。随着网络越来越受到企业和消费者的重视,成千上万的企业开始建立自己的网站。面对大量的分散的域名,企业必须加大投入,才能吸引消费者打开企业主页。这就需要从两方面入手解决:一是尽快组建高水平的专门服务于商务活动的网络信息服务点;二是从网络间接分销渠道寻求解决方案。无论哪种方法,都必将导致企业商务成本的增加。

3. 网络直销策略的内容

网络直销是生产商不通过中间商,直接借助互联网实现企业与客户之间的信息沟通、产品定制、产品传递等功能,进行商品的销售,实现营销目标。采用网络直销的企业一般拥有网上在线配置系统、订货系统、结算系统和商品配送系统。其中,客户可以通过在线配置系统设计自己所需要的产品或服务,从产品特点、组合价格等多项菜单中进行选择,然后将选择信息发送给供应商的制造系统,从而启动随后的采购、组装等流程。

按不同的方式对网络直销进行划分会有不同的类别。例如,按企业开展网络直销的途径划分,可以将网络直销划分为自建网站直销模式、依托平台直销模式和混合直销模式;按网络直销在企业中的地位划分,可以将网络直销划分为主营网络直销模式、辅助网络直销模式和单一网络直销模式。

每个公司都应当综合考虑公司的目标规模、业务需求和顾客购买状况,分别采取不同的网络直销策略。

(1) 产品策略。通过网络调查,了解消费者的需求,允许客户参与产品的设计与开发,让客户通过互联网自行选择产品与服务,实现定制营销。

(2) 渠道策略。渠道包括销售渠道与物流渠道,网络营销的销售渠道可以采用网上直销和虚拟市场,物流渠道可以采用组件物流联盟与整体化物流管理系统的方式。

(3) 定价策略。网络营销因缺少中间流通环节,所以价格竞争更加激烈。商家通常选用成本定价的方式来满足顾客对价格的需求,但议价也是网络营销产品定价常见的方式。

(4) 促销策略。网络广告是网络促销的主要方式,它通过互联网发布产品的特点、功能与价格等信息,客户可以通过网络实时查询相关信息。网络广告的立体化与多方位化改变了过去信息的单向传递,实现了信息的互动交流,同时也宣传了商家,树立了企业的品牌形象。

 **复习思考题**

1. 什么是网站营销渠道整合管理?
2. 网络营销与物流的关系是什么?
3. 为什么要建立物流联盟?
4. 简述网络营销时代的物流新趋势。

 **思维拓展**

### 菜鸟网络——第四方物流体系的落地

2013年5月28日,由阿里巴巴牵头,搭建一个能让中国任何地方实现24小时配送的物流体系,阿里巴巴集团、银泰集团联合复星集团、富春集团、顺丰集团、三通一达(申通、圆通、中通、韵达),以及相关金融机构等各参与方共同宣布,"中国智能骨干网"项目正式启动,合作各方共同组建的"菜鸟网络科技有限公司"(以下简称"菜鸟网络")正式成立。马云任董事长,沈国军任首席执行官。历史告诉我们,越是最基础最重要的东西越是不起眼,那些鲜有被公众关注的东西,往往很多时候是推动我们社会和经济进步的核心力量。在阿里巴巴的介绍中,菜鸟网络将利用先进的互联网技术,建立开放、透明、共享的数据应用平台,为电子商务企业、物流公司、仓储企业、第三方物流服务商、供应链服务商等各类企业提供优质服务,支持物流行业向高附加值领域发展和升级。最终促使建立社会化资源高效协同机制,提升中国社会化物流服务品质,打造中国未来商业基础设施。而这个中国智能骨干网体系(菜鸟网络),将通过自建、共建、合作、改造等多种模式,在全中国范围内形成一套开放的社会化仓储设施网络。

概念性的东西向来都非常枯燥,阿里巴巴高举高打的过程中,很多人以为阿里要整合中国的物流产业,将四通一达等民营企业招安,进而为阿里巴巴旗下淘宝、天猫等日益高涨的交易额提供配送服务。但事实上马云的真正核心战略是:打造一个真正的覆盖全国甚至未来统筹全球物流体系的第四方物流。所谓第四方物流,无非就是基于第三方物流体系之上进行统筹配送,不提供实际物流服务的平台。但为什么这么多年不管是中国还是欧美日韩,甚至科技最发达的美国没有成功的落地案例,没有成功地应用到实际商业服务中去呢?

下面先来看下思维导图,便于把简单的几个要点分析用图表的方式进行表述,方便大家理解菜鸟这个第四方物流体系的组成部分和运作方式。

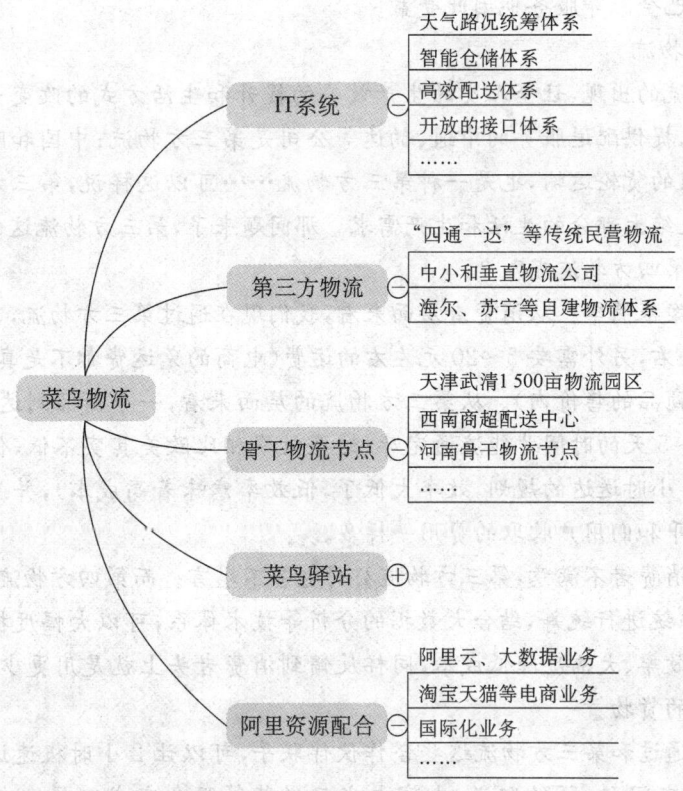

这张架构图由5个核心的要点组成。

1. IT系统

事实上,不仅仅是整个菜鸟物流的运营模式,就连菜鸟物流的IT运维系统也是一个第四方的IT系统。这套IT系统整合和对接了众多的第三方IT系统,包括智能仓储系统、分拣配送系统、路况天气系统、开放的接口管理系统等林林总总不下几十个,并且未来随着菜鸟物流体量的增加,还会新接入各种各样的IT信息系统。

值得一提的是,菜鸟物流这个庞大的IT系统还将会是一个半开放半封闭的社交网络系统,随时随地采集分析社交网络和网民行为数据,实时了解并且能够实时加以利用。IT系统看不见摸不着,但至关重要。纵观全球近20年来的科技发展史,任何一家大型企业,不管是科技企业还是传统企业,能否架构起来一套完善的IT系统,直接决定了这家公司的销售额、财务效率、人力资源的利用。换句话说,大型企业到了一定程度后,拼的就是IT系统的建设和使用。这也是为什么近年来全球主流的科技企业都在学习IBM进行企业级服务的转型,纷纷进军企业IT系统综合解决方案的市场。这些企业包括微软、戴尔、联想、海尔,甚至以后中国的BAT、TMD等厂商也将把企业级信息系统的服务作为重要的战略要地。

菜鸟物流在开始建设之前,阿里巴巴就已经开始开发相关的IT信息系统,并且成立了阿里云这样的云服务公司,各地建设了一大批的数据处理中心,这些数据处理中心不仅仅用于阿里巴巴电子商务的服务,还用于这套庞大的IT系统的运营服务。当然,后来的阿里巴巴金融等服务也因此受益。

2. 第三方物流

第三方物流的出现,让全人类的生产效率的提升和生活方式的改变如此深刻。现在淘宝上购物,提供配送服务的中通、韵达等公司是第三方物流;中国和欧美国家做生意,几十万吨级的货轮运输,也是一种第三方物流……可以这样说,第三方物流无处不在,已经能满足绝大部分的生活和生产需求。那问题来了,第三方物流这么强大、成熟,为什么还需要第四方物流呢?

问题的答案很简单!从消费者层面来看,我们现在通过第三方物流,需要的时间往往在2~5天左右,另外需要5~20元左右的运费(电商的免运费都不是真正的免运费,已经包含在了商品的售价内)。从第三方物流的层面来看,一个商品到达用户手中,相应地也需要2~5天的时间才能流通完毕(这个效率相比欧美其实不低,但相比菜鸟未来的全中国24小时送达的规划,效率太低了,低效率意味着高成本),并且每单运费均摊后的成本几乎和向用户收取的费用一样多。

这种模式消费者不满意,第三方物流公司也苦不堪言。而第四方物流的出现,利用其高效的IT系统进行统筹,结合大数据的分析等技术体系,可以大幅度提升第三方物流企业的配送效率、大幅度降低成本,同样反馈到消费者头上就是用更少的钱、更快的时间拿到自己的货物。

菜鸟网络通过和第三方物流这些合作伙伴联手,可以让2小时极速达、当日达、次日达、承诺达、夜间配、预约配送、大家电当日送装等服务变成可能。在建设初期的2015年"双11"期间,大家可能注意到这样一个新闻:北京时间2015年11月11日凌晨零点14分,北京朝阳区的一位买家就收到了刚刚在天猫上购买的微鲸电视。仅仅14分钟,消费者从购物到收货,这个新闻很小,但这个时刻必将被载入中国电商史。这个奇迹背后就是菜鸟物流和合作伙伴日日顺物流的通力合作。在此前,光有菜鸟物流或光有日日顺是无法完成的,双方的合力带来了超出我们所有人想象的效果。具体来说,这个过程如下:根据菜鸟网络大数据预测,商家会提前锁定到区县的畅销型号,并把相关商品提前下沉到对应的中心、网点,让商品距离用户最近。而日日顺物流拥有100个中心和6 000家网点,在接到系统订单后,第一时间将商品出库装车,通过菜鸟网络结合高德地图(阿里巴巴旗下地图平台)路况信息计算的最佳配送路线,才能如此快地将商品送达消费者。不久的将来,生活在北上广深这些城市的人们,会经常感受到"刚刚下单买了东西,吃个饭的时间货品就到了"。而我们生活在三四线乃至农村的消费者,也可以享受到朝发夕至的购物体验。

菜鸟物流的价值不仅仅是速度。2015年"双11"过后,整个中国几乎没有出现之前几年大规模爆仓的情况,这其中菜鸟物流当居首功。正是菜鸟物流利用大数据和云计算的统筹作用,合理分派仓储和运力,提高分拨和运输效率,才避免了2015年"双11"的爆仓。截至2015年10月,菜鸟平台伙伴共拥有17.6万个物流快递网点,共有128个国内仓,合作伙伴配送能力覆盖全国2 800个区县,可实现50万个村子送货进村。与此同时,菜鸟平台还拥有74个遍布全球范围的跨境仓,跨境电商物流合作伙伴数量已经有49家,其物流覆盖能力可至全球224个国家和地区。

3. 骨干物流节点

第四方物流在理论上是不进行任何实际的物流建设的,通过信息手段进行物流统筹就可以,那是否还需要建设骨干物流节点呢?如果去建设,那不就是"既做裁判,又做运动员"吗?会不会被第三方物流认为在和他们抢生意呢?关于这种问题的探讨,业界早已有之。但从人类发展史来看,任何事物的实施不能单独依靠理论分析和数据模型来进行,一定要结合国情来搞。美国在1998年就提出第四方物流的概念,但直到今天美国也没有做成自己的第四方物流体系,反而在中国被阿里巴巴做得初具规模。原因很简单,美国的第四方物流体系目前还停留在概念和试水阶段,没有考虑实际的国情和市场情况以及各方参与者的利益诉求。在中国,阿里巴巴做第四方物流的时候,打破常规,自建了一大批的骨干物流节点。这些骨干节点基本上规模都非常惊人,动辄十几亿甚至更高额度的投资。以菜鸟网络搭建的中国智能骨干网天津武清项目(华北物流中心)为例,分三期建设占地1 500亩,定位为以仓聚货,不仅要整合社会化物流资源,为电商零售企业提供物流基础设施及服务,还肩负着带动周边电商企业联动发展,形成电商产业集群,促生一批围绕该平台的新兴第三方服务企业整体发展,并带动当地传统产业电商化的重任。与此同时,菜鸟网络在上海、广州、武汉、重庆、成都、郑州等中国主流城市纷纷建成了智能骨干物流中心。

骨干物流节点的作用有多明显,简单来说,某快递公司经常从上海市往全国各地运送货品,往往先要在上海完成分拨、包装、配车、扫码等工作,到了目的地后再进行4~5个以上的分解步骤,而多次的分解步骤意味着会产生多次短距离的物流运送,如果信息化水平不够,这些过程很多都需要人工来完成,效率可想而知,最终商品到了消费者手里后时间成本和配送成本必然会非常高昂(这仅仅简单举例,实际的物流配送过程中经过的流程会更烦琐,比如车辆还有50%的空驶率等问题)。而入驻菜鸟物流中心后,可以依托菜鸟物流先进的信息系统(很多系统也不是阿里自建,而是整合的第三方系统)和仓储中心,轻松地完成大批量产品的整个分拨、仓储等工作,进而提高配送效率。

很多时候,菜鸟物流作为一个开放的第四方物流体系,虽然自建了骨干节点,但并非全部"自建",比如菜鸟物流的使用场地很多本来就是各地政府规划好的物流园区,再比如心怡物流这样的公司是菜鸟网络的仓储管理服务提供商,主要为天猫超市仓库服务。充分利用好第三方的作用，发挥平台的作用，这就是菜鸟物流能够迅速发挥作用的原因所在。菜鸟网络有关负责人接受媒体采访时表示，菜鸟网络依旧是沿袭阿里"平台化"战略，其仓储资源面向第三方开放。总之，菜鸟的骨干物流节点的建设看起来是一个很繁重的工作，实施起来却很轻松。

4. 菜鸟驿站

美国作为全球物流信息化最发达的国家，按理说物流配送效率要比中国快很多，那为什么美国人不太喜欢在网上购物呢？其实很简单，除了美国线下商业太发达不需要网购这个众所周知的原因外，主要原因就是美国无法解决物流问题中的"最后一公里"。虽然美国商业级的物流需求中，大部分的环节都可以用自动化的机器来实现，但涉及"最后一公里"的上门配送，人力成本太高了，动辄接近5~8美元一单的货品让美国消费者直呼受不了。在中国，过去的黄金10年，电子商务和物流产业能够在信息化水平相对低下的情况下高速发展，很大一部分原因就在于中国的人力成本低廉，快递员被划入了蓝领阶层。但时至今日，中国的服务价值意识提高，人力成本开始骤增，对于很多快递企业来说一个10元成本的单子，有5元是在"最后一公里"被消耗了。这种消耗无疑是一种浪费，以2015年"双11"产生的4.6亿个订单为例，假如每笔物流订单在"最后一公里"流通环节能节约3元人民币的话，仅此一天中国物流行业就能节约十几亿人民币。

菜鸟物流下了很大工夫去解决这个问题，于是乎帮助消费者代收货物的菜鸟驿站就应运而生。相比之前阐述的几大轻量的要点，菜鸟驿站则重了很多。菜鸟驿站的出现，让街边的超市饭店、连锁店铺、学校门房等都有了新的作用：帮助用户代收快递。在消费者层面的改变就更为明显：以前，消费者通过电商平台选定商品，然后选择或者系统分配快递公司。有时候上班期间，收取快递不方便，往往要么让快递员再跑一趟甚至几趟，要么送到公司或者让邻居、物业等代收。而使用菜鸟驿站之后，消费者在网上购买商品之后，点击选择离自己最近的菜鸟驿站网点，快件送达之后，会有一个提货短信提醒。取件时，凭手机提货短信即可。使用菜鸟驿站，可以避免这几年颇让消费者头疼的由于快递单子泄露引发的个人信息泄露。

在快递员层面，菜鸟驿站的推出是他们最高兴的事情，意味着他们不用在寒风中冻得瑟瑟发抖，一边还要抱怨"用户正在开会无法接电话无法收快递""用户又不在家，又白跑一趟"。对于每天送货达上百件的快递员来说，如果每一个点，等待几分钟，一天的业务量就可能送不完（这就是"最后一公里"物流派送效率低下的原因之一）。因此，在实际操作中，过去，在收件人不在家的情况下，快件员一般请小区物管代收快件或者明天再跑一趟。而现在，投递员只需把快件送到网点即可。对于快递员背后的快递公司来说，快递效率大幅度提升，每个快递员每天配送的包裹数量能够提升几十个百分点。假如中国大部分的购物群体都来使用菜鸟驿站，"最后一公里"的问题基本上就能解决了。

5. 阿里资源配合

纵观人类几千年的文明发展史，我们可以得出一个简单的结论：在农业社会，最有价值的资源是土地,一切的战争是围绕地盘展开的;在工业社会,最有价值的资源是石油煤炭等能源,一切的纷争是围绕能源展开的;而现在,最有价值的资源就是信息数据,谁掌握了信息,谁就掌握了时代的脉搏,谁就能打赢信息时代这场没有硝烟的战争。

在信息时代,不管从哪个层面来看,阿里巴巴都是当今中国甚至全球范围最有价值的企业之一。阿里巴巴拥有四大核武器业务,分别是:电子商务(淘宝、天猫、1688、聚划算以及投资的相关电商企业)、物流(菜鸟物流)、金融(支付宝、余额宝、网商银行等)、大数据(阿里云等)。目前阿里巴巴旗下四大核武器中电商业务已经上市,市值一度达到3 000亿美元,而其他三大未上市的业务每一块业务都有再造一个阿里巴巴电商业务的可能,也就是说阿里巴巴目前持有的资产估值在1万亿美元以上。相比金钱的价值,这四大业务每天产生数以亿计的数据则更加值钱,更能体现阿里巴巴的能力。同时阿里巴巴这四大业务可以相互配合、相互互补,又都可以单独运作,这种业务模式的牢固之处就在于此。

举个简单的例子,看看阿里巴巴这四大业务是怎么配合起来的。还是以2015年震惊全球的"双11"为例,这一天阿里巴巴产生了912亿人民币的交易额,超过4.6亿个包裹。这其中,阿里巴巴的淘宝和天猫等电子商务业务提供购物的平台支撑、支付宝和花呗等金融业务提供支付平台的支撑,阿里云这样的大数据平台让几亿消费者同时购物没有压力,菜鸟物流则基本避免了2015年"双11"的快递爆仓,并且相比往年消费者可以更早地拿到抢到的东西。在这其中可以发现如果离开阿里巴巴其他三大业务的支持,单独的菜鸟物流独木难支,难以发挥到像现在这样的作用。这也是为什么菜鸟第四方物流模式只有阿里巴巴这样的公司可以做,而中国邮政乃至联邦快递这种国内外的传统物流巨头无法插手。

(资料来源:丁道师.速途研究院.)

# 第八章
# 网络营销促销策略

## 案例导入

### 封杀王老吉

2008年5月12日14时28分04秒,汶川发生了里氏8.0 Ms地震,是中华人民共和国成立以来破坏力最大的地震。5月18日晚,由多个部委和央视联合举办的赈灾募捐晚会上,加多宝集团代表阳先生手持一张硕大的红色支票,以1亿元的捐款成为国内单笔最高捐款企业,这一善举顿时成为人们关注的焦点。

第二天在一些网站论坛,不断流行着这样一个名为《封杀王老吉》的帖子:"王老吉,你够狠!捐一个亿,胆敢是王石的200倍!为了整治这个嚣张的企业,买光超市的王老吉!上一罐买一罐!不买就不要顶这个帖子啦!"

这个热帖被各大论坛纷纷转载。从百度趋势上不难看出,"王老吉"的搜索量在5月18日之后直线上升,而《封杀王老吉》的流量曲线与"王老吉"几乎相当。3个小时内百度贴吧关于王老吉的发帖超过14万个。天涯虚拟社区、奇虎、百度贴吧等论坛的发帖都集中在5月23日18点之前开始。接下来不断出现王老吉在一些地方断销的新闻。南方凉茶"王老吉"几乎一夜间红遍大江南北,一些人在MSN的签名档上开始号召喝罐装王老吉。这个热帖迅速被搜狐、网易、奇虎等国内人气最旺的论坛转载,受到网友的热捧,几天之后,类似的帖子已经充斥大大小小各类网络社区,"要捐就捐一个亿,要喝就喝王老吉""为了'整治'这个嚣张的企业,买光超市的王老吉!上一罐买一罐!"等言论如病毒般迅速在网络里扩散,成为民众热议的话题。因为一个亿,加多宝被推到舞台中心,吸引了无数公众的关注,在此背景之下网络话题被挑起,显得如此名正言顺,以至于不少网民觉得支持王老吉是应该的事,如同受恩应回报一样理所当然。如此的创意,高关注度、好口碑指数都在意料之中,"封杀王老吉"事件当仁不让入选2008上半年度最典型、最成功的网络口碑营销个案之一。究其原因,有以下几个方面值得借鉴:一是口号有创意:"让王老吉从货架上消失,封杀它!""封杀王老吉""够狠"等字眼正话反说、利用带有负面字眼的标题吸引网民关注,深具"标题党"的创意,引人入胜的标题是话题成功的关键之一;二是情节够煽情:利用在中央电视台大型募捐活动中突出表现,通过一个"封杀王老吉"的口号,把"一个亿"吸引到的公众目光转移到企业自身,借助公益来煽情,把网民的好感直接引导为实际行动;三是对比引争议:利用当时人们热衷比较各企业捐款数额的舆论背景,在帖子中直接将王老吉与王石进行对比,惹起争议,突出自身,在加速话题的扩散的同时,又争取到网民对自己的支持,提高事件的网络口碑指数。

成功之一:借势(事件传播的土壤)。此处用"借势"这个词吧,说"灾难营销"有点太苛刻。王老吉的捐款数额是足以引起一片赞誉的,况且是在当时"比富(比谁捐款多)"的大舆论背景下。CCTV那场捐款晚会的收视率是不用质疑的,"一鸣惊人"是那场晚会赋予王老吉最大的收获(这可能比投放几个亿的广告效果都要好)。

成功之二:策划(制造事件——病毒源本身)。网友是单纯的,也是容易被煽动的。王老吉捐款一个亿的"壮举"在接下来的几天里迅速成为各个论坛、博客讨论的焦点话题。但是话题是分散的,需要一个更强有力的话题让这场讨论升级。于是《封杀王老吉》成了由赞扬到付诸实际购买行动的号令。创意本身契合当时网友的心情,使得可能平日里会被人痛骂为"商业贴"的内容一下子成了人人赞誉的好文章。

成功之三:推动(给病毒传播一个源动力)。病毒之所以能够扩散,除了病毒源"优质"之外,初期的推动也很重要。一个单帖,能够有如此大范围的影响,背后网络推手对于这个帖子的初期转载和回复引导至关重要。BBS营销在这个事件中显得尤为成功。首发天涯等大论坛,然后迅速转载各个小论坛,之后,就可以依靠病毒自身的传播惯性去进行扩散了。

(资料来源:网络营销教学网站.http://www.wm23.com/wiki/28212.htm.)

## 8.1 网络营销促销策略概述

### 8.1.1 网络营销促销策略的作用和形式

网络营销促销策略简称网络促销,是指利用现代化的网络技术向虚拟市场传递有关产品和服务的信息,以启发需求,引起消费者的购买欲望和购买行为的各种活动。虽然网络促销与传统促销的目的都是相同的,即推销产品,但在促销观念和手段上却有着较大差别。所以,对于网络促销的理解,一方面应当站在全新的角度去认识这一新型的促销方式,理解这种依赖现代网络技术、与顾客不见面、完全通过电子技术交流思想和意愿的产品推销形式;另一方面则应当通过与传统促销的比较去体会两者之间的差别,吸收传统促销方式的整体设计思想和行之有效的促销技巧,打开网络促销的新局面。

1. 网络促销的作用

(1) 传递企业及产品信息。在竞争如此激烈、商品大量充斥市场的今天,一般的商品宣传难以促成消费者购买企业的产品。作为一个现代企业,要想扩大产品的销售,就要及时、准确地向消费者传播信息,想方设法地让消费者尽可能多地了解企业的产品,加深消费者对产品的认识和记忆,吸引他们的注意。

(2) 诱导和说服消费者购买。网络促销的目的在于通过各种有效的方式,解除目标公众对产品或服务的疑虑,说服目标公众坚定购买的决心。例如,在同类产品中,许多产品往往只有细微的差别,用户难以察觉。企业通过网络促销活动,宣传自己产品的特点,使用户认识到本企业的产品可能给他们带来的特殊效用和利益,进而乐于购买本企业的产品。

(3) 及时反馈信息。网络促销能够通过电子邮件、网站意见箱、BBS 等及时地收集和汇总消费者的需求和意见,迅速反馈给企业管理层。由于网络促销所获得的信息基本上都是文字资料,信息准确,可靠性强,对企业经营决策具有较大的参考价值。

(4) 创造需求。运作良好的网络促销活动,不仅可以诱导需求,而且可以创造需求,发掘潜在的消费群体,扩大销售量。

(5) 稳定销售。由于市场动态变化,一个企业的产品销售量可能时高时低,波动很大。这是产品市场地位不稳的反映。企业通过适当的网络促销活动,树立良好的产品形象和企业形象,往往有可能改变用户对本企业产品的认识,使更多的用户形成对本企业产品的偏爱,达到稳定销售的目的。

(6) 树立企业产品形象。行业内的企业之间,在产品和技术上的差异越来越小,已进入了靠形象赢得消费者、占领市场的时代。在现代商战的激烈战争中,企业以及产品如果没有良好的形象,就只能被消费者冷落,被市场抛弃。因此,网络促销活动不仅仅是为了当前多卖几个产品,更重要的是在做长期的潜移默化的工作,为树立企业及其产品的良好形象打基础。

2. 网络促销的特点和优势

网络营销有两个特点:一方面,它以互联网为基础,以互联网为营销媒介;另一方面,它属于营销的范围,是一种营销形式。企业网络营销包含企业网络推广和电子商务两个方面,网络推广就是用互联网进行企业宣传,电子商务就是使用简单、快速的电子通信,买卖双方不需要面对面地进行交易。

虽然与传统营销有许多相似之处,但互联网营销有其独特的优势。

(1) 可以节约费用,轻松控制营销预算。在互联网信息时代,有关产品和公司的信息可以在互联网上看到,客户可以随时查看。这样可以节省打印、存储和运输成本,并且所有公司产品信息都可以在网上直接更新。与传统媒体的高成本相比,通过网站营销的成本大大降低。

(2) 消费者从被动变为主动。在传统营销中,企业是主动的,消费者是被动的。企业通过各种媒体向消费者传递信息。但在网络营销中,消费者看到公司和产品的信息,有兴趣的会主动联系企业,可以相互沟通,大大促进了交易。

(3) 提供足够的信息而不是不切实际的广告词。网络营销的方式不同于传统营销者紧盯人的陈词滥调。在线客户是信息的主动寻求者,通过事实逻辑和相互沟通而被说服,从而达成交易。

(4) 可以建立交谈式的对话。当一个潜在客户查看公司的网络信息后,可以通过在线联系方式建立对话,而客户将不可避免地向公司提出问题,并且公司也可以迅速响应客户。可以提供最新的信息和回答客户的问题,然后发掘新的潜在客户,并建立公司和品牌的忠诚度。

(5) 缩短时间、把握时机。在网络世界里,快是以秒来衡量的,当人们在几秒钟内无法得到答案时,那将是无法忍受的。因此,客户服务提供的 24 小时响应策略能够满足客户在这方面的需求。

3. 网络促销的形式

网络促销是在网上开展的促销活动,形式有四种,分别是网络广告、销售促进、站点推广和关系营销,其中网络广告和站点推广是网络促销的主要形式。

网络广告类型很多,根据形式不同可以分为旗帜广告、电子邮件广告、电子杂志广告、新闻组广告、公告栏广告等。

网络营销站点推广就是利用网络营销策略扩大站点的知名度,吸引网上流量访问网站,达到宣传和推广企业以及企业产品的效果。站点推广主要有两类方法,一类是通过改进网站内容和服务,吸引用户访问,达到推广效果;另一类通过网络广告宣传推广站点。

销售促进就是企业利用可以直接销售的网络营销站点,采用一些销售促进方法如价格折扣、有奖销售、拍卖销售等方式,宣传和推广产品。

关系营销是通过借助互联网的交互功能吸引用户与企业保持密切关系,培养顾客忠诚度,提高企业的收益率。

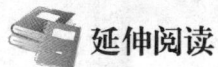

**延伸阅读**

## 网络广告常见术语

1. Impression

广告的收视次数(Impression),指 Counter(计数器)上的统计数字即该网页的收视数。广告主希望他的广告被 10 万人次看到,这 10 万人次就是 10 万个 Impression。

2. Click

点击次数(Click)。访问者通过点击广告而访问企业的网页,称点击一次。点击这个广告,即表示他对广告感兴趣,希望得到更详细的信息。

3. Click Rate

点击率(Click Rate),广告被点击的次数与广告收视次数的比率,即 Click/Impression。如果这个页面出现了 1 万次,而网页上的广告点击次数为 500 次,那么点击率即为 5%。目前,亚太区的点击率平均为 0.5%。点击率可以精确地反映广告效果,这也是网络广告吸引力的一个标志。

4. CPM

千人成本(Cost per Mille),即广告主购买 1 000 个广告收视次数的费用或者是广告被1 000人次看到所需的费用。比如说一个广告Banner的单价是＄1/CPM的话,意味着每1 000人次看到这个Banner的话就收＄1,如此类推,10 000人次访问的主页就是＄10。

5. Frequency

一个浏览者看到同一个广告的次数。广告主可以通过限定这个次数来达到提高广告效果的目的。

6. Keywords

关键字(Keywords),用户在搜索引擎中提交的查询关键字。

7. Page View

综合浏览量(Page View),即网站各网页被浏览的总次数。一个访客有可能创造十几个甚至更多的Page Views,是目前判断网站访问流量最常用的计算方式,也是反映一个网站受欢迎程度的重要指标之一。

8. First View

它是我们访问一个页面时,所看到的第一屏。这是投放广告的最佳位置,所以广告条一般都设在这个位置。

9. Moving Icon

会飞的Button广告,可以根据广告主的要求并结合网页本身特点设计"飞行"轨迹,增强广告的曝光率。

(资料来源:百度文库.常见网络广告术语.)

### 8.1.2 网络营销促销步骤

对于任何企业来说,如何实施网络促销都是一个新问题,每一个营销人员都必须摆正自己的位置,深入了解产品信息在网络上传播的特点,分析网络信息的接收对象,设定合理的网络促销目标,通过科学的实施程序,打开网络促销的新局面。网络促销的实施步骤可以分为以下几方面。

1. 明确促销活动的目的

企业在开展网络促销活动之初,首先要明确企业开展促销活动的目的。例如,企业可以通过网店开展的促销活动和企业形象宣传达到提高企业的知名度,提升企业在网民心目中的形象,获得网民对企业的认同感的目的;企业也可以通过采取一系列的网络促销手段来提高销售量,以达到刺激消费的目的;企业还可以将滞销的商品通过网络促销的方式推销出去,以调整库存结构,加速资金流转。

2. 确定网络促销活动的对象

网络促销对象是指在网络虚拟市场上可能产生购买行为的消费者群体。随着互联网的迅速普及,这一群体也在不断扩大。这一群体主要包括三部分人员:产品的使用者、产品购买的决策者、产品购买的影响者。

3. 设计网络促销内容

网络促销的最终目标是希望引起购买。这个最终目标是要通过设计具体的信息内容来实现的。消费者的购买过程是一个复杂的、多阶段的过程,促销内容应当根据购买者目前所处的购买决策过程的不同阶段和产品所处的寿命周期的不同阶段来决定。

4. 决定网络促销组合方式

网络促销活动主要通过网络广告、站点推广、销售促进和关系营销四种促销方式展开。但由于企业的产品种类不同,销售对象不同,促销方式与产品种类和销售对象之间将会产生多种网络促销的组合方式。企业应当根据四种方式各自的特点和优势,结合本企业产品的市场情况和顾客对象,扬长避短,合理组合,以达到最佳的促销效果。

5. 制定网络促销预算

在网络促销实施过程中,使企业感到最困难的是预算的制定。所有的价格、条件都需要在实践中不断学习、比较和体会,不断地总结经验,只有这样,才可能用有限的资金收到尽可能好的效果,达到事半功倍的效果。

6. 衡量网络促销效果

网络促销的实施过程到了这一阶段,必须对已经执行的促销内容进行评价,一方面是为了衡量促销是否达到了预期的目标要求,另一方面也是为了根据评价指标判断促销决策的正确性,及时总结经验。企业进行促销效果的评价可以通过两个方面进行,一方面,可以利用互联网的专业统计软件对主页访问人数、点击次数等直接手段进行评价;另一方面,销售额的增加情况、利润的变化情况、促销成本的降低情况,也有助于判断促销决策是否正确。

7. 加强网络促销过程的综合管理

在网络促销的实施过程中,要及时地对偏离预期目标的活动进行调整,并不断地进行信息沟通和协调,这是保证取得最佳效果必不可少的程序,也是保证企业促销连续性、统一性所必需的。

## 8.2 网络公共关系策略

网络公共关系又称线上公关或e公关,指企业以互联网作为信息沟通渠道,为改善企业形象,提高企业的知名度和美誉度,增进与公众的良好关系而采取的相关措施。在信息化的社会中,企业间的竞争逐渐由有形资产的竞争转为品牌、形象、商誉等无形资产的竞争,"高服务、高关系"是公共关系的主要方向,企业引导与自己利益相关的客户和社会大众了解企业的文化和政策,与大众建立和谐的关系,以使这种关系对企业的营销产生有利的影响,所以公共关系也属于一种促销手段。

### 8.2.1 网络出版物策略

网络出版物,从一般意义上理解,指的是互联网信息服务提供者将自己创作或他人创作的作品经过选择和编辑加工,登载在互联网上或者通过互联网发送到用户端,供公众浏览、阅读、使用或者下载的在线传播出版物。产品数字化和流通网络化是网络出版物的两个主要特点。

**1. 网络出版物的传播优势**

网络出版物是网络公共关系策略中不可缺少的一环,是与网络公众进行信息传播和及时沟通的桥梁。网络出版物与传统媒介出版物相比,有其独特的优势:

(1) 成本低廉,发布便捷。与纸质媒介出版物相比,网络出版物采用了电子排版、阅读系统,大大简化了采编、录入、制版、印刷、发行的过程,缩短了出版周期。由于电子报纸告别了纸张,以数据形式在网络空间传输,资金紧张、劳力不足、运输不便等一系列困扰组织公共关系人员的问题便可迎刃而解。与广播、电视等大众传播出版物相比,使用网络这个免费的发布平台,节省了高昂的版面费用,成本相对低廉。网络发布信息,由于没有中间媒介,组织可以自己掌握主动权,根据自己的需要发布并修改信息内容。

(2) 信息全面,资料丰富。在传统的公共关系信息发布实践中,由于信息容量有限,组织只能选择最重要的信息发布,删减了很多次重要的信息。在网络中则没有容量限制,可以将组织需要发布的各方面信息通过网络发布出去,还可以将组织公关资料链接到其他相关信息上,"超链接"功能使网络公关资料大大超过了现实中传统出版物的静态资料。例如,美国著名的运动品牌 Reebok 公司的站点上,不但提供了有关企业的资料,还提供了有关当下流行的多功能体育训练的丰富信息,甚至包括气功、体操、太极等女性在健美中心经常参加的体育训练。网站中对各种体育训练的专题报道、对著名教练的采访等信息,在当地报纸上是找不到的,网站因此吸引了大批女性网民,为Reebok 公司带来了良好的社会宣传效应。

(3) 新颖独特,方式创新。网络出版物形式多样,不断创新,不仅能够向受众显示文本,还融合了多种媒体技术,综合运用图片、视频、音响、动画等手段,富于生动性和感染力。某些企业大胆创新,利用网络多媒体特性创建网络虚拟社区,公众可以在这个虚拟社区里聊天、看新闻甚至购物,企业在一种模拟真实环境的、轻松的、生活化的氛围中传递企业文化、品牌信息,加强了传统公共关系的"软性"宣传,吸引公众主动参与其中,建立了即时的双向沟通交流,获得了良好的体验式传播效果。

(4) 24×7 模式,即时反馈。网络出版物全天 24 小时、一周 7 天不停顿传播最新的公共关系信息,公众在任何时间只需登录互联网便能查阅了解组织相关信息。同时网络的双向交流特性使得即时的信息反馈成为可能,公众可以针对自己所关心、疑惑的问题向组织提出自己的意见和建议,寻求解答、表扬或批评。这些公众反馈信息对于组织公共关系人员来说,是宝贵的财富,他们可以根据这些反馈资料,检查、反省组织的公关活动,发现组织的问题,了解目标公众的心理和需求,建立并完善网络数据库等。这是传统出版物不能比拟的独特优势。

2. 网络出版物的策略形式

网络出版物形式众多,且在不断创新发展,比如电子杂志、电子书籍、网络音频视频节目等,这类出版物带有明显的网络特征,互动性比较强、传播快速、受众面宽,也是比较好的网络公共关系媒体。

(1) 电子邮件(E-mail)策略。在网络普及的今天,电子邮件已经成为绝大多数组织不可缺少的交流工具,无论是针对内部公众,还是外部公众,通过电子邮件传递含有公关信息的资料的数量和频次都极为惊人,电子邮件也成了重要的网络公共关系出版物之一,使我们享受了电子邮件带来的交流的便捷性和互动性。

(2) 网络公关新闻策略。网络新闻稿是公共关系网络出版物的重要组成部分,其传播速度快、传播范围广、传播时间无限制的特点,在传递组织新近信息、保持与社会公众的紧密联系方面具有独特的优势。网络的互动性使得网络新闻的制作与传统新闻稿件的制作有所区别,网络的超链接功能使得网上互动性质的新闻信息远超过传统媒体中的静态新闻稿。虽然网络让组织的新闻发布在一定程度上掌握了主动权,可以通过新闻线、网络论坛或自己的站点发布新闻,但是新闻媒体对组织社会形象的建立仍然具有举足轻重的作用,与新闻记者建立友好关系的重要途径是为其提供可靠的新闻信息来源和规范的新闻稿件。在制作网络新闻稿件时,应注意以下技巧:在新闻稿页面的顶部和底部添加联系链接和信息,使得网络公众或新闻媒介人员可以针对此新闻与组织相关人员取得联系,实现及时的双向互动;创建从新闻稿到相关图片的链接。图片的视觉冲击力和现场效果会吸引公众和记者的兴趣,此种链接可以帮助他们找到相关的图片资源;创建从新闻稿到本站点中过去的新闻稿及其他相关信息的链接,便于公众和记者了解事件的前因后果和相关资料;创建从新闻稿到其他站点中相关信息报道的链接,使得公众和记者可以了解来自不同视角的观点,从而更深刻地掌握关于事件的全方位信息。

公共关系人员制作好的网络新闻信息可以通过网络论坛、新闻组或自己的站点发布。利用与组织有关的网络论坛、新闻组发布新闻时应首先争取论坛管理员的同意。现在许多社会组织已经建立起自己的网站,利用自己的站点发布新闻将成为组织网络新闻发布的主流策略。也有一些社会组织在自己的网站上开设媒体入口,专门提供组织相关资料供记者访问查阅,便于记者及时了解企业动态,这是一种很好的媒体公关方式。社会组织可根据自己的需求和预算选择合适的新闻发布及公关方案,向媒体、潜在客户群以及社会公众定向传播企业信息,并可对传播效果进行监测,如我国知名的能源资源环境 App"能见"。

(3) 新闻组和网上论坛策略。随着我国因特网用户的不断增加,网上论坛和新闻组正在逐渐成为网络上有影响力的社会舆论工具之一,网络公众针对社会热点问题,在论坛和讨论组里发表自己的看法,交流各种信息,甚至有些时候网上论坛的热点问题也会被社会大众和新闻媒体关注,反过来成为社会热点问题。

对于想要了解公众真实想法和观点,希望能与公众交流并施加影响的社会组织来说,网上论坛和新闻讨论组无疑提供了绝佳的工具。

市场调查研究:网上论坛和新闻组中聚集着对不同主题感兴趣的人们,他们在网络上就共同感兴趣的话题进行讨论、交流。公共关系人员通过阅读其中的文章、留言,可以从中发现市场热点、公众的想法,还可以根据自己的需求设计问题,以论坛成员的身份与网络公众们讨论,观察他们的反应,听取他们的看法和声音。

发布非商业消息:网络论坛和新闻组的用户们大多反感论坛中赤裸裸的商业推销,公共关系人员应注意遵守网络论坛礼节,以软营销的方式发布组织相关信息,以趣味性、新闻性、互动性、知识解答性信息为主,在满足论坛用户利益的基础上巧妙地宣传组织。

与网络公众建立友好关系:公共关系人员以平等的身份活跃于论坛中,真诚地提供有益的信息,回答公众的提问,帮助他们解决问题,增强彼此的好感和信任。努力成为某领域的专家或意见领袖,从而树立组织的权威、专业的形象,以非商业的方式引导公众访问组织的站点,建立良好的互动关系。

预防和控制危机:通过对论坛信息的监测,公共关系人员可以及时发现公众对组织的态度、观点的变化,在发现对组织形象不利的议论时,及时采取措施发布正面信息、提供解释,防止不利影响的扩散。

(4)博客、微博策略。博客诞生于1997年,微博首次出现于2009年8月新浪推出的"新浪微博"内测版,它们实质是一种新型的个人互联网出版物,为个人提供了一个信息发布和思想交流的网络传播平台。博客和微博用户无须掌握高深的知识和技巧,只需通过文字、影音、图片和链接就可以建构起个性化的网络日志空间。

目前,我国的博客、微博人群已过亿,随着他们的发展,越来越多的社会组织也开始尝试使用博客、微博这一新工具。据调查,美国《财富》周刊榜上有名的500强企业中,有两成以上的企业高管人员拥有自己博客,IBM、Google、苹果等著名企业竞相开通自己的企业博客,博客正在成为社会组织与社会公众沟通的新平台,而不仅仅是记录个人生活的工具。

(5)其他网络出版物策略。电子杂志是一种新型出版物,它是集合了声音、图像、动画、视频等元素,综合而成的声像兼备、图文并茂的数字机读杂志,展示形式如传统杂志,具有翻页效果,故名电子杂志。电子杂志具有可视性、交互性、多样性、娱乐性、传播速度快、免费等特点。它是一种非常好的媒体表现形式,兼具了平面与互联网两大特点。公共关系人员可以创建组织的电子杂志或把传统公关杂志转换成电子杂志,但是需要注意的是,必须生动活泼,以独特的风格吸引网络受众订阅。

Webcast/Podcast:Webcast即网络播放、在线直播。Podcast可以解释为基于网络的、通过"订阅"收听音频、视频的网络媒体传输方式。Podcast可以应用于组织网站的"媒体中心"或"新闻中心"中,新闻活动的图片、视频等都可以以Podcast的形式发布,持有多媒体移动终端的公众可以根据需要下载资料。Podcast还可以用于向客户发布产品演示手册等,是一种直接向目标公众传递多媒体信息的渠道,正在越来越多地被组织熟悉和应用,如B站等。

### 8.2.2 网络事件策略

网络事件策略实质上是公共关系事件营销策略的一个分支,指的是组织通过策划、组织和利用具有名人效应、新闻价值以及社会影响的人物或事件,通过网络媒体发布,吸引新闻媒体和社会公众的兴趣与关注,以期提高组织的知名度、美誉度,树立良好的组织形象。网络事件策略是近年来十分流行的一种公关传播与营销推广的手段,集新闻效应、广告效应、公共关系、形象传播于一体,形成一种快速提升组织的知名度与美誉度的策略手段,网络事件策略已成为公关传播过程中的利器。

网络上争论得沸沸扬扬的"周老虎事件",曾经是 2007 年网络红极一时的著名网络事件,关于"周老虎事件"的帖子贴满了整个网络,不论是新浪、网易、搜狐等新闻门户,还是各种类型的小型网站,甚至国外媒体都给予了关注。其实问题的焦点就是两个,其一:陕西境内是否存在华南虎;其二:周正龙拍摄的照片是否就是真正的华南虎(或者是照片翻拍)。本来是一个简单的问题,但是这一简单的问题由于涉及方方面面的利益,照片的真假扑朔迷离,引起了网民的高度关注,进而发展成为"全民参与"的网络舆论互动。在华南虎事件中,某年画厂家积存的华南虎年画成了抢手货,被抢购一空,"中国摄影家协会鉴定照片""国家林业局新闻发布会"也对其组织自身进行了恰当的形象展示,堪称 2007 网络事件公关的典型案例。从以上的网络事件案例可以看出,网络事件与传统事件既有相似之处,又具有其特殊性。

1. 网络公关事件 VS 传统公关事件

网络事件的核心要素与传统的公共关系事件策略大致相同,包括三个方面。

第一,事件的新闻性。新闻性是吸引眼球的必备要素,这要求公关人员在利用或策划事件的过程中富于发现力和创造力。

第二,事件发布媒体的聚集力。选择事件信息发布的网络媒体工具,要考虑其受众的范围和相关度,以及对目标受众的影响力。

第三,事件传播效果的扩散性。事件的信息和影响能够广泛地流传和流行,影响社会公众对于组织的观点、态度。

与传统的公关事件相比,由于网络环境的特殊性,网络事件具有不可控性、更强的互动性和参与性及信息的无限传递性等特点。

(1) 不可控性。网络的开放性,任何组织和个人都难以对网络进行全盘控制。网络是一个相对自由的空间,只要不违反法律和道德,任何观点的信息都被允许在网络上自由传播,组织对于来源于电子邮件、网上论坛、博客等的声音都是难以监控和左右舆论方向的。对于组织利用策划的事件将会如何发展,组织是难以预料的,因此要更加谨慎。

(2) 更强的互动性和参与性。传统的公关宣传就如我们看现成的影视广告片,没有互动参与性。而网络媒体具有其他媒体不可比拟的个性化和互动性,网络事件的公关宣传更强调公众能参与到整个过程当中,就如同参与影片的编辑、导演、制作一般,每一个网络公众的参与都可以影响事件的走势,更易造成轰动性的宣传效应,但同时也需注意在此过程中小心谨慎、潜移默化地引导舆论。

(3) 信息的无限传递性。传统公关宣传难免要借助大众媒体的宣传力,有时需要支出高额的媒体发布费用,而网络传递信息是免费的,如果事件引起网民的关注,事件信息将呈病毒式的扩散,产生不断辐射的宣传效果。

2. 网络公关事件策划技巧

网上的事件策略与传统的事件策略在本质上是共同的,在这个庞大的信息世界,每天都在上演着各式各样的"表演",新鲜的形式永远层出不穷,因此对企业的公共关系人员,就要求有敏锐的观察和借鉴能力,不断地创造更新、更好的事件,为组织公关活动助力。

(1) "争做第一"的策略。在网络世界里,特别是电子商务里,人们往往关注的是"第一事件""第一说法""第一位置",因此如何树立组织形象,就成了至关重要的事情。在策划网络事件时,企业公共关系人员要注意选择借用或创造别人未想未做之事,把组织推到某个领域第一的位置,树立权威、专业的形象,使公众在提及某领域时便自然联想到组织。例如,富亚涂料老总喝涂料的公关事件就做了别人未想未做之事,造成了轰动效应,让公众看到了企业的责任感,萌生了对企业的好感和信任。

(2) "热点移用"策略。"热点",即被社会公众广泛关注的事物或形象,认知度大和影响广泛是热点问题的主要特征。组织公共关系人员如果能巧妙地移用这些热点,把人们的视线通过热点转移到组织的身上来,对于组织公共关系活动的开展无疑有巨大的助益。社会热点问题为事件策划者提供了新的创意思路。

例如,中国成功举办奥运会、神舟飞船成功飞天等,许多企业也成功地借势热点,完成自身的飞跃。联想集团的发展轨迹与利用奥运这一热点营销紧密相关,2003 年,联想集团启用新标识,并在全球范围内注册,开始了进军全球的国际化之路。2004 年,联想集团与国际奥委会签约,成为为 2008 北京奥运会提供技术和服务的"国际奥委会全球合作伙伴"。2006 年,联想集团大力赞助都灵冬季奥运会,展开了铺天盖地的宣传攻势,把联想品质优越的产品和服务带到了全球人民的面前。自 2006 年开始,联想为 2008 北京奥运会做了一系列铺垫活动,联想围绕奥运的一系列事件营销令世界瞩目,增强了联想在行业内领导地位的确立,提升了品牌的知名度和美誉度,树立了良好的形象,成为中国企业的一面旗帜。

(3) "情感制胜"策略。在商业化的社会里人们更加需要情感的温暖,与其做大肆的商业化宣传,不如用实际行动和真情实感来打动公众,树立组织富有责任感和人情味的形象。在某些特殊时期,如在新冠疫情期间,如果组织积极对受灾人群伸出援手,提高企业的社会责任感,自然会赢得公众的好感,也会引来媒体的宣传报道,受到社会公众的称赞,博得公众的好感,提升企业的美誉度。

3. 网络公关事件运用的网络形式

除了可以使用诸如电子邮件、新闻组和网络论坛等网络工具,在事件策略里还需要综合运用,网络公关事件中还有以下几种形式:

(1) 网上沙龙。一种典型的网上互动交流活动,常常由网上媒体组织,就某个热点主题展开讨论,或者由企业与媒体合作,就企业开展的某项业务或某个网友关注的某个热门问题进行讨论,活动往往邀请一些嘉宾参与。这类活动的优点是,主题明确,网友可以有针对性地参与或浏览相关信息,主办者(企业)也可就某个主题层开深层次和多角度的讨论,并可与网友进行深入探讨与互动,是一种很好的网络公关形式。

(2) 主题访谈。类似于广播电视节目里看到或听到的访谈节目,网上也有类似的主题访谈节目,比如针对网友普遍关心的某企业的大事件对该企业的管理层进行访谈,或者就某一时段的社会热点对相关人士的访问等。网上访谈的形式为政府或公益事业应用比较多,比如新华网组织的"两会"网上特别访谈,媒体邀请"两会"代表通过网络访谈与网民即时交流,传递更多的"两会"信息;也有很多公益组织借助网络访谈向网友宣传某项工作或就某公益事业发出呼吁等。访谈的形式较沙龙更为正式一些,可与新闻发布会结合进行,一般应用于企业对外界披露某个事情,或者发布企业的重要新闻等。

(3) 主题活动的参与或赞助。一些主流的网上媒体也会在某个时段推出一些吸引网民参与或关注的主题活动,如新浪的在线名人访谈节目,就受到网民的欢迎,有很高的人气。也可能是就某些社会热点问题,在网络上组织相关活动,请广大网民积极参与。社会组织可选择性地参与或者赞助这些活动,借助这些活动增进网民对组织的了解,展示组织热心社会公益事业的形象。

(4) 事件博客。利用博客作为发布平台,对组织的某一公共关系事件的前因后果、事件的过程等信息进行跟踪报道,与网民们实行互动交流。例如,某些知名博主与大型户外用品企业携手举办的"神秘西藏之旅"活动,设立了关于此次活动报道的事件博客,都受到了网民的关注和积极参与,极大地推动了户外用品企业的知名度。

(5) 网上新闻发布会或网络路演。网上互动交流、新闻发布、音视频演示、专题报道等多手段的立体组合,适合于新产品上市、企业形象推广、招商引资、网上会议等。这种集合了多种宣传手段的活动形式,能够使组织与公众之间达成更深层次的交流与互动,使每一个参与公众都能得到更全面的关于组织各方面的信息。

### 4. 站点宣传推广策略

站点宣传也称网站推广,目的是通过对企业网络营销站点的宣传吸引用户访问,起到宣传和推广企业以及企业产品的效果。建立组织网站是社会组织与网络结合的最佳契合点,通过网站,组织可以掌握信息传播的主动权,开展网上新闻发布、网上展览、组织形象展示,与各界公众进行及时沟通。组织网站是组织网络公关的重要载体和手段。

搭建一个组织与网络公众直接交流的平台,组织网站通过美观的设计、简洁方便的操作和不断更新的有趣内容,吸引更多的网络公众与组织进行互动交流,促进组织与公众相互理解和相互支持,为组织的发展创造良好的网络形象。拥有了自己的网站后,要让它发挥应有的宣传效果,不能默默无闻,组织公共关系人员需通过各种活动和渠道宣传推广自己的网站,使网络公众可以很方便地找到组织的站点。

一般来说,网站的推广方式有两种:一种是网下传播媒介宣传,一种是在互联网上利用各种网络资源进行宣传。利用网下传媒宣传组织的网站,首先可以利用广播、电视、报纸、杂志等大众传播媒介,针对目标公众的利益和兴趣,以富有个性的方式把组织的网站信息传递给他们。需要注意的是,不能一味地追求知名度的提升,还要尽可能地传递目标公众关心的、感兴趣的、对目标公众最有价值的信息,提升组织网站的吸引力。除了在大众媒体上的宣传以外,还要利用一切可以利用的机会,宣传推广网站。关键是要让组织网址和网站名称在尽可能多的地方出现,如携程网从 2001 年开始,就持续地在机场、火车站、宾馆门口发放制作精美的包括详细网址的会员卡,此举使得携程网成为我国最大的旅游服务网站之一。

## 8.3 网络广告策略

网络广告是计算机与网络技术发展的产物,自 1994 年世界上第一个网络广告以 Banner 的形式诞生在互联网上,企业对网络广告的营销地位越来越关注,网络广告已经成为互联网企业盈利的主要模式。

### 8.3.1 网络广告的内涵

网络广告就是在网络上做的广告。通过网络广告投放平台来利用网站上的广告横幅、文本链接、多媒体的方法,在互联网刊登或发布广告,通过网络传递到互联网用户的一种高科技广告运作方式。一个完整的网络广告包括五个部分,即广告主、广告信息、广告媒体、广告受众和广告费用。网络广告凭借其得天独厚的优势以惊人的速度迅速发展,它不但给传统广告带来了挑战与冲击,也为全球企业带来了无限商机与广阔的发展空间。网络成为继传统四大媒体(电视、广播、报纸、杂志)之后的第五大媒体。

1. 网络广告是建立在需求之上的新形态

第五媒体具有传播速度快、容量大、覆盖面广、能检索、可交互等特点。它采用数字化多媒体手段,在全球进行实时性的信息传递。具体而言,第五媒体与传统媒体在信息传播的模式上有如下区别:

(1) 参与性不同。网络媒体是双向媒介,即信息源积极地向用户展示信息,用户也积极地向信息源索取信息。人们不但可被动地观看,还可主动地参与;同时,只要合法,谁都可以向大众发布和传播信息,具有参与的平等性。而传统媒介在参与上是有限制的,一般只有报纸杂志社和广播电视台才可发布和传播信息,公众只能被动地接受信息。

(2) 时空的限制不同。在时间上,电波和平面媒体都有固定的播出时间或刊出日期,而电子时空观下的网络媒体,可让广告主在最适当的时间,以较具弹性的方式刊登广告,而消费者则能选择适宜的时间接收广告资讯。在空间上,相对于平面媒体的版面限制、电波媒体的区域接收限制,网络媒体可更清楚地归纳信息,用超文本链接,层层罗列信息,不必拘泥篇幅;网络媒体可以无国界地通行,借此进行全球性网络营销。

(3) 传递的内容不同。平面媒体传递的是静止的文字图像,电台电视传递的是音频或视频信息。网络媒体传递的不但有文字、声音,还可以有静态与动态的图像,采用的是多媒体的数字信息传播模式。

(4) 信息供需的方式不同。多数传统广告媒体的传达方式是"点对面"的,而网络媒体讲究个性化需求,其信息的提供方式是等观众"亲自"上门索取的"零售"式的方式,传达方式是"点对点"的,从一台计算机到另一台计算机,保证信息准确完好地传达给观众。

2. 网络广告的新特质

传统广告的宣传一般都有固定的广告内容、精确的时间程序等。网络广告因其建立在第五媒体之上,含有更多的技术成分,注定了它具有传统广告所无法比拟的新的特质。

(1) 灵活性和实用性。网络广告可以通过互联网络把信息全天候不间断地传播到世界各地,其运作,从广告资料的提交到发布,所需的时间可以只是几秒钟。在传统媒体上发放广告后一般很难更改,而在 Internet 上做广告则可以随时按需变更广告内容,包括改错、实时调整价格与商品信息等,使企业经营决策的变化能及时地得到实施和推广。可见,网络广告传播范围极大、传播速度极快,具有灵活性和实用性。

(2) 费用低廉,按需设计。电台电视台的广告费动辄成千上万,报刊广告也价格不菲,超出多数中小企业的承受能力。网络广告制作相对简单,成本低廉,绝大多数企业都可承受。另外,传统媒体广告将信息强加于受众,容易引起反感,较难产生效果。而网络广告则属按需广告,具有报纸分类广告性质却无须彻底浏览,它可以自动查询,集中呈现,使广告观众享有主动选择的权利,同时节省时间,避免无效的、被动的注意力集中,成交的可能性极高。可见,网络广告制作简单,费用低廉,按需设计,成交概率极高。

(3) 观众数量可准确统计。利用传统媒体做广告,很难准确地知道有多少人接收到广告信息。比如,报纸的读者是可以统计的。但报纸上的广告有多少人阅读过却只能推测估计,至于广播电视和路牌等广告的观众人数就更难估计。而在互联网上可通过访客流量统计系统(如 Log、Webt-rends、Adstream 等软件),精确统计出每个客户的广告被多少用户看过,以及用户查阅的时间分布和地域分布,从而方便广告计费,正确评估广告效果,审定广告投放策略,及时调整市场营销的策略。可见,网络广告的观众数量可准确统计,便于市场分析、衡量广告效益。

(4) 交互性与直观性。网络广告的交互性使访问者在访问广告所在站点时,能在线填写并提交表单(Form)或发送 E-mail,向商家直接反映客户要求和意见,商家也可及时做出积极反馈。网络广告的载体基本上是多媒体,结合有文字、图片、声音、动画、超文本格式文件等,有声有色,可塑造多种目的的企业形象,建立品牌和知名度,若将虚拟现实等新技术应用到网络广告之中,消费者更能如临其境地"体验"商品与服务,并能在网上订货、交易与支付,大大增强了网络广告的实效。可见,网络广告具有强烈的交互性与直观性,是企业树立形象的新手段。

(5) 目标明确,易于保存。网络媒体正在顺应"分众化"趋势,即具有相同兴趣和议题的人们聚合成分众团体，如各类新闻组，这就使得特定网络媒体的目标十分明确，广告信息与观众的相关程度大大提高。而广播电视一般不过多顾及收视、收听时间的长短及对象，难以保存；报纸杂志因其体积较大，一般家庭与单位也很少长期保存。而在互联网上发布的商业信息一般以月或以年为计算单位，上网后，信息就一天 24 小时、一年 365 天不间断地出现在网上，不但可在线阅读，还可有选择地整体下载后保存在硬盘中，使受众从容地、深入地了解广告内容，增强了广告的效果。可见，网络广告目标明确，易于保存，便于查阅，可增强广告效果。

3. 网络广告的发布方式

由于媒体的特殊性，使得网络广告翻新出多种独特的发布方式，目前使用比较广泛的有以下两种：

（1）在别人的网站上发布广告。

在一些人气旺、访问率高的热门站点（如知名的搜索引擎、免费电子邮箱、个人主页、综合资讯娱乐服务网站等）上面宣传产品信息与公司形象。这是目前最重要、最有效的网络广告方式。

（2）建立企业自己的网站。

这是目前最常用的网络广告方式，也是建立企业形象的重要手段。主要做法有：

企业建立 Web 服务器，在互联网上注册独立域名，建立自己的网站，并派专人维护和更新。它初期投资大，适用于规模较大的企业。

企业租用 ISP 的虚拟主机，对空间相应设置后，键入企业的独立网址，即可看到相应信息。它可为中小型企业或初次建立网站的企业节省大量的人力、物力及烦琐的工作，是企业上网发布信息的最佳方式。

企业采用服务器托管的方式，将企业的主机租放于 Internet 服务商的通讯机房内，由服务商分配 IP 地址及站点必要维护，资费标准相对固定，便于企业控制支出。

### 8.3.2 网络广告的形态

网络广告无时无刻不在生活中存在着，已经成为生活中不可缺少的一部分。想象一下，我们生活的世界中如果没有了广告，这个世界会变得多么枯燥无味，所有的产品都将可能是一样的包装、一样的功能……网络广告，早期由于硬件和网络环境的限制，其展现形式极其有限。广告形式以文本链接广告、网幅广告、电子邮件广告等形式为主要传播手段。随着互联网技术、硬件的快速发展，传统互联网广告越来越不能满足需求时，富媒体互动广告的出现和发展逐渐成熟并得到了充分应用。进入移动互联网时代，以手机为载体的新媒介的诞生，移动网络互动广告将越来越重要，成为网络广告中的新秀和未来。

1. 文本链接广告

文本链接广告是一种以文字链接形式的，对浏览者干扰最小，访问速度最快，最具效果的网络广告形式，如图 8-1 所示。

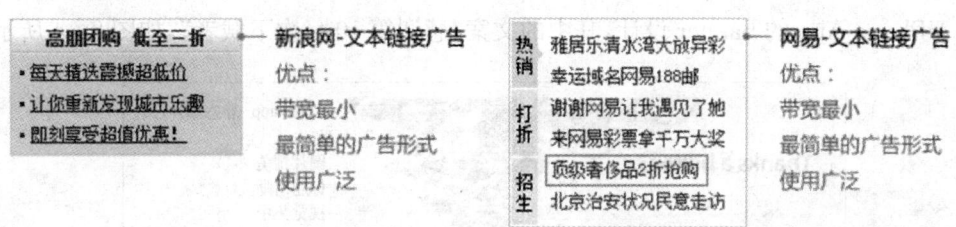

图 8-1 文本链接广告

2. 网幅广告

以 GIF、JPG 等格式建立的图像文件,定位在网页中,大多用来表现广告内容的网络广告形式。网幅广告分为两类:静态、动态。

(1) 静态:静态的网幅广告就是在网页上显示一幅固定的图片,如图 8-2 所示,它也是早年网络广告常用的一种方式。优点就是制作简单,并且被所有的网站所接受。它的缺点也显而易见,在众多采用新技术制作的网幅广告面前,它就显得有些呆板和枯燥。

图 8-2 所示是 Naver Shop 中的一个商品展示的静态图片 Banner,Banner 中大大的绿色标题,与精美的图片相映衬,既能突出文字的表意,也可以将视觉停留在精美的图片之上。

图 8-2 静态图片 Banner

iPhone 的广告,相信大家早已不再陌生,一如既往地那么简单,那么经典。没有多余的装饰,只有那一句精炼的广告语和经典的产品设计,如图 8-3 所示。

图 8-3 iPhone 广告

iPhone App 的 Banner 设计,其中的文案"感谢第 10 亿次下载者",如图 8-4 所示。

图 8-4　iPhone App 的 Banner 设计

宝马 3 系的 Banner 广告,放大的经典的宝马车灯,一眼就能认出,这就是宝马,依然是那么大气,结合音乐活动,体现出这次活动的主题——BMW 之悦,如图 8-5 所示。

图 8-5　宝马 3 系的 Banner 广告

(2) 动态:以一连串动态或闪烁的静态图片形成的具有动态效果的动画。通常采用 GIF、SWF 等格式,通过不同的画面,传递给浏览者更多的信息,这种广告并不复杂,尺寸也比较小。正因为动态网幅广告拥有如此多的优点,所以它是目前最主要的网络广告形式。

百度身边的客户端 GIF Banner 设计,可爱的百度身边形象,通过手持手机的造型,既诠释了产品特性,又体现出无线客户端的特点,如图 8-6 所示。

图 8-6　百度身边的客户端 GIF Banner 设计

3. 电子邮件广告

采用文本格式或 html 格式,把一段广告性的文字、图片放置在邮件中,也可以设置一个 URL,链接到广告主公司主页或提供产品或服务的特定页面的网络广告形式。

电子邮件的广告也已经发展了很多年了,如今我们无时无刻不在被电子邮件广告所轰炸着。一个好的电子邮件广告,能够为用户定期提供所需信息;反之,用户一定会在某个时间点抛弃它。

苹果的邮件广告,主题突出,一句话即说明这次活动的主旨:为母亲节挑选礼物,如图 8-7 所示。通过各种女性形象传达着"母亲节"的主题。

图 8-7 苹果的邮件广告

4. 互动富媒体广告

随着网幅广告越来越不能满足需求,一种更具吸引力的交互方式应运而生:以文字、声音、图像、游戏等为元素,以鼠标、键盘等其他输入输出装置为交互操作体验的网络广告形式。

传统的文字搭配图片式广告、电子邮件式广告,由于其发展多年,用户对其所带来的感受已经逐渐淡化,甚至有时候会产生反感情绪。另一方面,传统的文字、图片等广告形式的收益也越来越小。

因此,网络互动富媒体广告的出现给网络广告的设计,带来了新的发展空间,Flash 技术的应用,让广告的展示形式有了新的活力。现在互联网上较为成熟的互动广告也多是以 Flash 和 Java Script 为主要展现形式。Flash 互动广告,在网络互动广告中的贡献堪称卓越。

互动富媒体广告的常见形式:

(1) 自动播放:不需要鼠标交互,即可完成动画的播放。这种方式被大量应用在 Flash 广告中奔驰汽车的互动广告——广告中没有文案,画面就一个时钟,每过一秒钟,就有一辆汽车开了出去,用画面的意境体现:还等什么"Let's Talk!"如图 8-8 所示。

图 8-8 奔驰汽车的互动广告

(2) 单击交互：鼠标点击，触发广告交互。

大众广告——整个广告以视频播放为创意，点击播放后是一辆快速驶过的大众汽车，快到浏览者根本无法看到车是什么样子，吸引用户拖曳进度条自己回放观看，如图8-9所示。

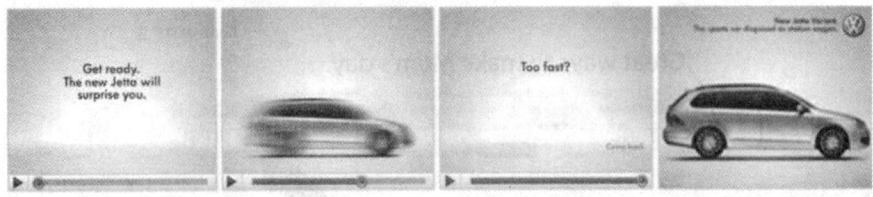

图 8-9 大众广告

Super Lub 润滑剂广告——广告一上来就是一个小女孩在荡秋千，秋千发出刺耳的摩擦声，当你关掉左上角的声音时，产品出现，如图8-10所示。广告形式简单，瞬间将产品的特性就表现得淋漓尽致！

图 8-10 Super Lub 润滑剂广告

(3) 拖拽交互：按住鼠标拖拽，享受拖拽时画面变化的快感。

保险套创意广告——一开始是一个禁止符号，当用鼠标向下拖拽，瞬间变成了一个女性符号，如图8-11所示，广告的创意意味深长。

图 8-11 保险套创意广告

PUMA 互动广告——画面上有一根鞋带提醒你去拖曳，使用鼠标拖曳的时候，会拽出一双运动鞋，如图8-12所示，形象地说明了PUMA运动鞋是如此轻薄。

图 8-12 PUMA 互动广告

Mini Cooper 广告——当你拖曳这家伙的嘴角,就从微笑变成了这副样子,如图 8-13 所示。

图 8-13  Mini Cooper 广告

(4) 鼠标跟踪交互。

当鼠标晃来晃去的时候,画面就像被施了魔法一样,你怎么操控,它就怎样播放。

这是一个数字电话的互动广告,用户在 Banner 上左右滑动鼠标,画面上的耳朵就会不停地跟着手机跑来跑去,当追到后就开心地放出心形。如图 8-14 所示。

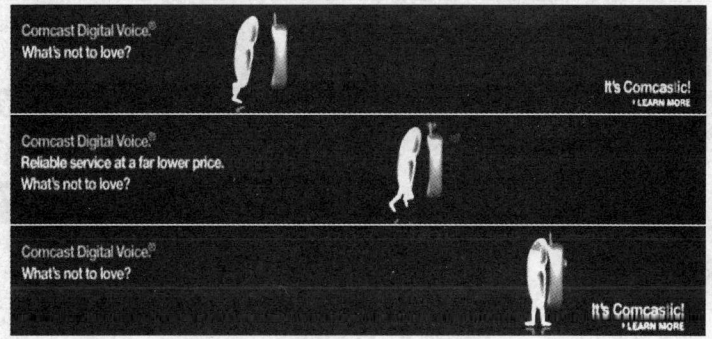

图 8-14  数字电话的互动广告

雪佛兰汽车广告——晃动鼠标,会画出汽车行驶的路线,汽车跟随鼠标来行驶。如图 8-15 所示。

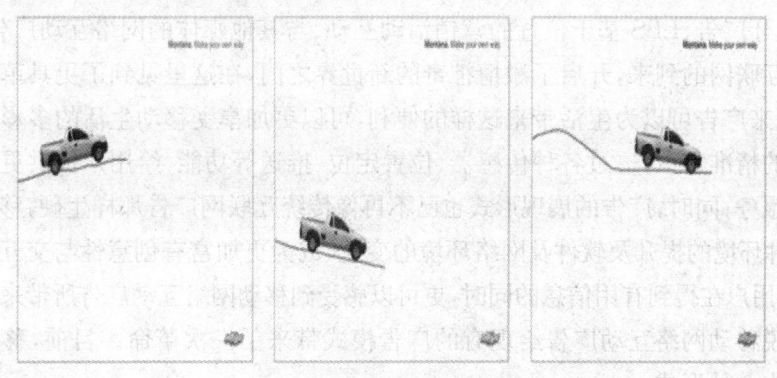

图 8-15  雪佛兰汽车广告

(5) 鼠标事件交互。

通过对事件的选择,交互事件会变化出不同的结果,娱乐性十足。

iPod nano——当你选择一个 nano 后,在背景上点住鼠标晃动,即可看到 nano 所放的光辉,与电视广告相得益彰,如图 8-16 所示。

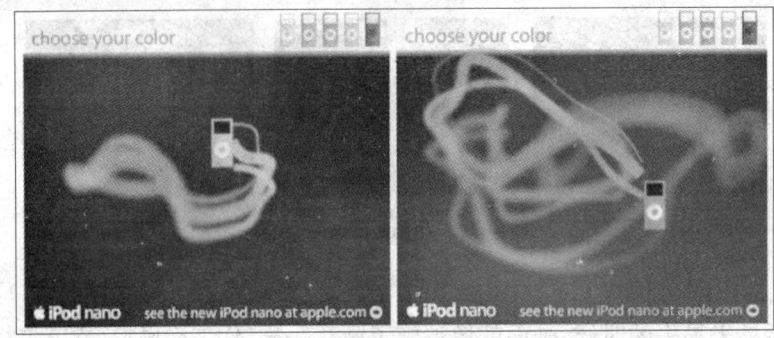

图 8-16　iPod nano 广告

WWF——地球向左转,回复到绿色的世界,向右转,城市变荒漠,如图 8-17 所示。

图 8-17　WWF

5. 移动网络互动广告

相对于其他广告形式,移动网络广告,借助于移动终端所特有的硬件或传感器特性,可以具有更强的达到率、互动性、定位能力、传播性、交易能力等广告特点,如 AR、二维码、蓝牙广告、LBS 基于位置的营销活动互动、与其他媒体的网络互动广告。

移动互联网的到来,开启了激情神奇的新世界之门,在这里见到了更具革命性的广告形式,原来广告可以为生活带来这样的便利,可以更加享受移动生活的多彩。移动广告对用户的精准定位,透过各种传感器、位置定位、推送等功能,给用户提供更加适合自己的广告服务;同时,广告的展现形式也已不再像传统互联网广告那样生硬,移动网络广告因其硬件环境的提升及软件及网络环境的变化,成为更加富有创意性与交互性的新广告媒介,使用户在得到有用信息的同时,更可以感受到移动网络互动广告所带来的乐趣。

可以说移动网络互动广告给现有的广告模式带来了一次革命。目前,移动网络互动广告分为 3 种形式:

(1) 移动网站互动广告。以移动终端浏览器为基础,以移动网页为展现形式的广告,如移动网页上的文字链接广告、图片广告,以及品牌活动等广告形式。

(2) App 植入广告。以 App 为广告载体,在 App 启动或运行中,植入了 IAD、

AdMob 等第三方广告。

（3）App 互动展现广告。App 本身即为互动广告的营销平台，如宜家、Converse 等 App 应用。

以下是一些移动网络广告的案例：

App 启动后的游戏中，在 App 上部或下部，显示有广告，点击广告可以进入 App Store 或以浏览器打开进入相应的广告主网站（见图 8-18）。这种广告模式是以 App 为基础，常以免费 App＋广告的模式出现。在满足用户需求的同时，也达到了广告传播的目的。

图 8-18

QR 应用案例：《你的简历够帅吗》。

一张个人简历，做一段视频，结合二维码。如图 8-19 所示，打印出来，招聘方可以使用手机中的扫码软件，即可看到视频。结合二维码可以很方便地把线下和线上链接起来。

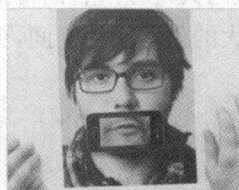

图 8-19

宜家（IKEA）AR 增强实景技术运用案例：

宜家家居的 App，允许你将宜家的产品，以虚拟现实的方式，显示在你的空间中（见图 8-20）。

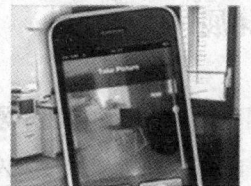

图 8-20

Converse AR 互动营销 App：

和之前宜家的 App 创意如出一辙，都是借助增强实景技术，让消费者虚拟体验商品（见图 8-21），然后促进购买。

图 8-21

iPad 内嵌入式广告展示：

晃动 iPad，下面 banner 中的相机会根据 iPad 的晃动角度旋转不同视图，点击 banner 后全屏显示，手可以拖动相机 360°旋转展示相机的各个角度（见图 8-22）。

图 8-22

移动互联网时代的到来，为我们的工作、生活提供了无限的便利与效率，也让我们有了更多的选择。移动网络广告让用户拥有越来越多的主动权，用户才是决定一个产品是否有用、一个广告是否有价值的关键。广告的传播形式的转变，创造了一个新的广告产业。移动网络广告也将有更大的创意发挥空间，更强的传播力。

 复习思考题

1. 什么是网络公共关系？
2. 网络广告具有哪些新特质？
3. 网络促销的形式有哪些？
4. 简述网络公关事件和传统公关事件的区别与联系。

 思维拓展

### 滴滴网络促销——内容营销方式

谈起滴滴的促销方式，很多人会联想到它简单粗暴的红包补贴，不过你有没有发现，朋友圈已经很久都没有滴滴红包的身影了，最近一次小刷屏的，应该是苹果的库克大叔给滴滴投资了十亿美元这件事。

2014年,滴滴发了几十亿红包给司机和用户,用滴滴高管自己的话说就是:与其把钱花在电视台广告上,不如直接让用户体验产品。从0到1,补贴大战让滴滴成功登上叫车行业老大的宝座。

回头看近年来,滴滴的招式已经远不止于生硬的红包补贴,几乎每次战役都在用内容营销的思路衍生出很多有趣的促销方式。

1. 情感式内容营销——"今天坐好一点"衍生滴滴体

"如果现实是苦逼的,至少梦想是牛×的,全力以赴的你,今天坐好一点。"

2014年12月,滴滴专车品牌TVC"感谢自己篇"和"感谢最爱篇"正式上线,随即通过院线、主流视频网站贴片进行发布,经过网络社交平台发酵,在城市"赶跑族"中引发共鸣。

网友提炼出"如果……至少……"的句式,并总结为"滴滴体",网络上出现了用"滴滴体"造句热潮,百度上甚至有了"怎么写滴滴体"的经验……

# 网络营销

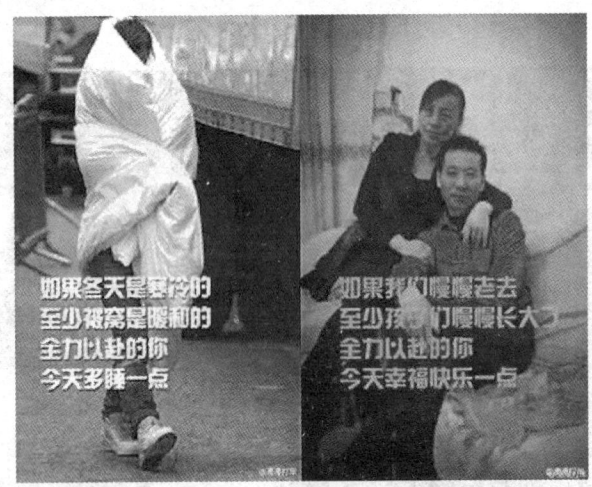

发布#回家是一种信仰#TVC和话题,邀请大众和明星一起代言,借着全民关心的"回家之路",也很容易深入人心。

**2. 事件式内容营销**

2015年滴滴做得最漂亮的一件事莫过于"品牌升级换Logo"。从9月4日开始,滴滴就通过其App上的广告位挂出"再见"的海报,然后通过辟谣、倒计时海报、创意H5等各种手段一层层揭开真相的面纱,活生生把普通公司开个新闻发布会就完了的事情做成了一个社会化营销事件,吊足了用户的胃口。

# 网络营销

到9月9日上午，#滴滴打车再见#的微博数据达到了333.2万阅读量、4.5万讨论量，当天CEO程维来了一剂猛药，宣布公司完成了新一轮总计30亿美元的融资。滴滴在这次社会化营销事件中抓住了一切可以与用户对话的机会。

## 3. 跨界式内容营销

一谈跨界，你首先想到的可能是 Uber，不过滴滴如今的营销思维显然也受到了这个竞争对手的一些启发。向竞争对手学习，也是一种开放的心态。

比如滴滴就做了一件很酷的事，叫"城市再发现"。它刷新了吉尼斯世界纪录，携手奔驰 GLA SUV，为阿根廷摄影师 Esteban 定制了一部特别快车，沿着北京 32.8 公里的二环线，拍摄了一张长达 79.37 米的照片，并得到了央视的报道。

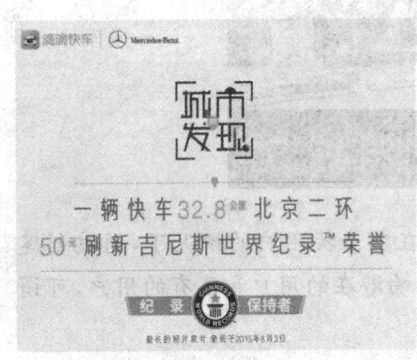

再有滴滴在圣诞和可口可乐一起玩的"圣诞心愿车"。滴滴和可口可乐联合打造"圣诞心愿车"，用户只要在 H5 填写脑洞大开的心愿，被选中，即有机会达成心愿，并在线下体验"圣诞心愿车"。

比如牵手露露股份在北京推出 20 000 辆"露露抗霾快车"，天时地利人和的情况下，共有六十余万用户乘坐了"露露抗霾快车"。

## 4. 情怀式内容营销

情怀营销和情感营销不同，情感营销从消费者出发，而情怀大多是从企业自身出发。罗永浩的"匠心"情怀，三个爸爸的"爱子"情怀，滴滴演绎的是"小公司努力让世界变美好"的情怀。

滴滴官方的一条微信"为什么这支片子让滴滴 CEO 泪流满面"，说的是滴滴的创业故事，没有经过任何推广，被朋友圈疯传，阅读量轻松破十万。好内容不炒作也会成为话题，这就是情怀的力量。

网络营销

所谓内容营销,它是通过一种不谈营销的手段,在不干扰用户的情况下,通过创建一些有价值的、有针对性的、吸引用户注意的内容,影响潜在的用户和已有的用户,可谓"随风潜入夜,润物细无声"。

(资料来源:媒介匣.http://edu.meijiexia.com/pinpaiguanli-5674.html.)

# 第九章
# 基于营销的企业网站建设

## 案例导入

### 两天半时间刷好评几百条,百度商业推广暗藏新的危险

2016年5月31日,是国家网信办要求百度完成推广信息整改的截止日期。

5月9日,因为"魏则西事件",由网信办、工商总局、卫生计生委等部门组成的联合调查组公布调查结果,认为百度竞价排名机制存在付费竞价权重过高、商业推广标识不清等问题,影响了搜索结果的公正性和客观性,容易误导网民,必须立即整改。

同日,百度做出回应,根据整改要求将从6个方面全面落实,"不打一丝折扣"。23天过去了,实际整改效果如何?根据记者调查情况来看,百度首页竞价排名的商业推广数量确实大幅减少,但与此同时,一种新的赚钱模式正被大力推广,而想要上到百度首页的关键词已疯狂上涨数倍。

**历时23天,百度都改了什么**

"对商业推广信息逐条加注醒目标识,并予以风险提示;严格限制商业推广信息比例,每页面不得超过30%。"这是网信办对百度的整改要求中真正有约束性的内容。

对于这两条硬性要求,百度先后于5月17日和5月23日做出反馈。自5月17日开始,百度搜索结果页面的推广提示全部更改为更为醒目的"商业推广"字样,同时设置浮标风险提示:"本搜索结果为商业推广信息,请注意可能的风险。"在右侧,有着"百度搜索,有V有保障"的提示。

5月23日,百度搜索页面再次出现细微变化。比如,在百度搜索中输入"男科"时发现,总计14条搜索结果中前列有4条商业推广链接,而且有了"V1""V2""V3"不同等级以及来自百度口碑的"用户评价"。

医疗信息之外,其他商业推广信息的占比似乎也相应做出了调整。以"维修抽油烟机"为例,除了首页右边栏的相关信息外,一共14条搜索结果中,商业推广信息在页面首尾的显示数量合计为4条。

5月24日,百度宣布全面落实整改措施,对搜索页面调整完毕,全面实现每页面商业推广信息条数所占比例低于30%。百度还采取了一系列医疗推广信息的整改措施,对2 518家医疗机构、1.26亿条医疗信息进行了下线处理。

## 网络营销

**靠企业自律,持续整改很难**

业内人士称,在搜索结果列表中展示付费推广内容和链接,是所有搜索引擎的做法,百度不是第一个,也不是唯一一个,但却是招来非议最多的一个。

就在调查组入驻百度第二天,360搜索宣布下线所有的消费者医疗商业推广业务。搜狗则在2016年5月8日宣布上线"搜狗明医"频道,为用户提供包括维基百科、知乎问答、国际前沿学术论文等在内的内容。

6月1日,记者以"整形"为关键词分别在百度、搜狗、360进行搜索,三家结果基本都符合此前的承诺。百度结果页前4条为推广内容;搜狗结果页第一条是搜狗明医的内容,接着是3条推广信息,以黄底白字标注"推广"字样;360搜索结果页第一条是提示看病挂号请到正规医院,接着是360问答和百科,没有推广内容。

不过,以"南京证券"为关键词的搜索结果差异很大:百度首页没有推广;搜狗结果页前4条均为推广内容;360搜索首页前6条均为推广内容,网址后面有淡绿色的"商业推广"字样,和自然搜索结果区别不明显。

值得一提的是,今年年初,谷歌对其搜索竞价广告进行了该公司诞生以来最大规模的调整:右侧广告被取消,转而在搜索结果上方展示4条广告。谷歌此举遭到了部分用户的质疑,认为谷歌新的页面布局是一个十分糟糕的举动。

事实上,不管是国内,还是国外企业,仅靠企业自律,整改效果都很难持续。在发布百度整改措施的同时,网信办也表示将于近期在全国开展搜索服务专项治理,加快出台《互联网信息搜索服务管理规定》,促进搜索服务管理的法治化、规范化。

**关键词价格将疯狂上涨**

"审核、清退、下线,接下来是合同赔偿,很可能还有一堆官司在后面等着,很多麻烦事。"一位百度员工表示。

更关键的问题是,这一次责令整改,将在多大程度上改变这家中国最大的搜索平台?是否能够让百度丢弃其"作恶"模式?

根据百度公布的2016年第一季度财报,当期共有58.7万个活跃网络营销客户。这一季百度的网络营销收入为149.31亿元人民币,同比增长19.3%,平均每个客户带来的收入为2.54万元,同比增长6.7%。不过,在O2O、人工智能、无人驾驶等方面的投入,全都要靠网络营销供血。

另一个常常被忽视的关键问题是,目前百度只设有上海、深圳、东莞、北京四家分公司直接销售,百度的网络营销收入很大程度来自第三方代理商,即便百度能痛下决心放弃竞价排名,与百度有合约的代理商也不会答应。

2015年10月30日,山东开创的公开转让说明书首次披露了百度代理商的经营情况。山东开创是百度在山东省内7个城市的独家代理商,百度搜索引擎推广收入在主营业务中占比在99%以上。

山东开创2013、2014、2015年1—6月主营业务收入中,百度搜索引擎推广收入分别为5.47亿元(占比99.58%)、9.72亿元(占比99.02%)、5.56亿元(占比99.24%),

同期净利润分别为557万元、1228万元和800万元。这些数字背后,是山东开创的1144名员工。

所以,想要百度彻底放弃竞价排名这个模式,基本上没有可能。那么,整改对百度的营收有什么影响?

调整前,顶部有10个竞价广告位,底部有3个,右侧还有8个。但根据调整后的结果,百度左侧广告位从最多8个缩减为4个,右侧广告位没有了。按理说,广告位减少,收入会下降,但在百度竞价排名这里,这并不成立。

原因很简单:有大量企业需要在百度这个最大的搜索引擎上进行商业推广,广告位缩减后,大量商家会为这4个广告位打得头破血流。

"我公司所在行业的关键词价格,以前一次点击2元的,现在是12元,已经上涨6倍了,还在涨,这真是太疯狂了。"某民营医疗器械公司一位负责与百度代理商接洽的相关人士告诉记者,早在5月中旬,他就接到当地百度代理商的电话,称关键词价格会大幅上涨。

关键词价格将会疯狂上涨,是众多业内人士的共同结论。一位刚刚参加了一个行业会议的互联网观察人士表示,现在参与竞价企业也非常焦虑,广告位缩减,商家获客成本就会上升,意味着商家的SEM投放将会更加艰难,未来推广的成本上升50%~100%甚至200%都有可能。

目前未能证实关键词价格上涨,是来自百度还是代理商。一位不愿透露姓名的百度员工表示,只要资质齐全,百度推广投放近期并无调整,也不存在涨价问题。不过他也表示,医疗广告百度不会放弃,技术和现实有扭曲的时候,最终还是会匹配。

事实上,根据百度过往调整情况,每次缩减广告位百度收入都不会下降,之后反而会上升。最明显的就是2009年从经典版切换到凤巢,广告位缩减导致商家曝光量减少了50%,但点击单价也上升了近50%。原因就在于广告位减少了,商家需要出更高的价格竞争靠前的排名。

**口碑疯狂刷单,只为商业推广中的100%好评**

在竞价策略上,百度方面表示将依据百度生态合作政策,对公司推广行为进行打分,信用分也就是用户评价将成为排序的主要参考因素。

记者调查发现,这恰恰是百度整改之后存在的最大问题:百度首页的4条商业推广中,用户评价是可以靠刷单得来的。

6月1日,记者以"儿童医院"为关键词搜索,第一条是名为"贵阳中医脑康医院"的推广链接,显示为V2信用,有172个用户评价。点击用户评价,进入百度口碑链接,名为"贵阳中医脑康医院有限公司"的172条评论好评率为100%。不过,一眼就能看出这个100%好评是刷出来的:19页的评论中,最早的评论是5月30日,最晚评论也就是记者调查前一两个小时。也就是说,5月30日至本报截稿时的6月1日中午,短短两天半时间就获得了172条100%的好评。从正常评论,特别是一家医院的正常评论来说,这里面有很大的刷单嫌疑。

其他商业推广中的评价,很多同样不可信。比如记者在重庆搜索"男科",第一条

# 网络营销

是有320条评论的"重庆曙光男科医院",信誉等级为"V2",但点击评价进入百度口碑后就会发现,这320条评论同样是在5月24日到6月1日之间涌出来的。

另外值得注意的是,除了正常的4条商业推广,一些行业还出现了"百度商贸"的推广。以"重庆网站建设"搜索为例,前三条是商业推广,第四条就是"百度商贸",其汇聚了和上面没有任何区别的商业推广,此外在右侧,也还有16家企业链接。

"百度商贸跟百度竞价类似,都是竞价关键词,出价越高展现的排名就越高。"一位熟悉百度商贸的人士表示,开通百度商贸需要先开通百度竞价,然后找百度竞价客服开通百度商贸端口,就可使用百度商贸,开户需要6 500元。该人士表示,以"百度商贸"形式出现的商业推广,将很可能成为百度新的吸金点。

因此,从这个角度来说,百度的整改的确如网友所说,很多都是"换汤不换药"。5月30日,有传言称"百度会与第三方推出SEO付费服务",这遭到了百度的否认。但不管是SEO优化,还是百度商贸,不过都是在说明,百度对商业化的开掘,已经到了用力过猛的程度。

按照百度营销中心的介绍,其推广产品主要分为搜索推广、网盟推广、品牌植入、移动推广四类。目前,除了常规的在搜索结果页展现推广内容主链接信息,还有百度蹊径(子链)、网站头像,首屏首位是品牌专区位置,搜索结果页右侧展示的被称为品牌地标,原本属于用户贡献内容的百度百科(企业百科)、百度贴吧(企业之窗)、百度知道(问答营销)、百度图片(百度阿凡达)也都包括在商业推广之中。

《南方周末》就举了一个例子,2016年3月,佛山一家具企业的负责人王献(化名)先是做搜索推广,然后在代理商建议下做网盟推广。在百度开户花了3 600元,后来又存了1万元,关键词价格从0.5元一次加到1.2元、1.5元、2元一次,也只能排进推广前十名,而且只有一个消费者通过推广找上门来。而想要在推广排名中靠前的方法,则是购买第三方的网络优化服务,只是还要再付费。

(资料来源:电脑报.2016年6月6日第017版.)

企业网站要达到网络营销的目的,就要满足客户需要,便于使用、传播,这除了要求有简单易记的域名、稳定快速的服务器外,还需要有优质的网页作支撑,需要优化网站的设计。同时,企业网站设计与网络营销方法、效果有直接的关系。没有专业化的企业网站作为基础,网络营销的方法和效果将受到很大限制。

## 9.1 企业网站建设要素

### 9.1.1 做好企业网站的四个要素

**1. 设置网站结构**

一个企业网站的结构就犹如一个城市的交通,清晰有序的交通指示便于市民快捷地找到目的地的地理位置,同样,一个结构明晰的企业网站也便于用户及时地发现目标信息。

要合理引导用户查看相应的信息,就要从网站的栏目设置、网页布局、信息的表现形式等方面设计好网站结构。网站结构属于网站策划过程中需要确定的问题,是企业网站建设的基本指导方针。只有确定了网站结构,才能开始技术开发和网页设计工作。

(1) 网站栏目(菜单)结构。要清楚地通过网站表达企业的主要信息和服务,可根据业务性质、类型或表现形式划分为几个部分,每个部分称为一个栏目,每个栏目可以根据需要继续划分为二级、三级、四级栏目。

一般来说,一个企业网站的一级栏目不应该超过 8 个,而栏目层次在三级以内比较合适。这样,对于大多数信息,用户可以在不超过三次单击的情况下浏览到该内容页面,过多的栏目数量或者栏目层次都会为浏览者带来麻烦。

(2) 网页布局。网页布局是指当网站栏目结构确定之后,为了满足栏目设置的要求需要进行的网页模板规划。网页布局主要包括网页结构定位方式、网页宽度定位模式、网页信息的排放位置等。

① 网页结构定位。网页结构定位通常有表格定位和框架结构两种方式。虽然框架结构的使用便于网页的打开,但由于其结构复杂,容易产生一些意想不到的情况,同时不便于搜索引擎检索,因而一般情况下,建议网站选择表格定位。

② 网页宽度定位。由于网页宽度定位模式(固定像素模式和显示器自适应模式)不同,造成不同客户在不同分辨率可能看到的网站效果不同,因而网站建设也应该注意解决这个问题,正如许多网站上会提示"建议客户在 1024×768 的分辨率下使用网站"等。

③ 网页信息的排放位置。网页布局对用户获取信息有着直接的影响,并且有一些遵循的规律。通过对用户获取信息的行为特征、主要搜索引擎抓取网页摘要信息的方式,以及一些优秀网站网页设计布局的分析,可以归纳出如下原则:

将最重要的信息放在首页显著位置,企业网站不同于大型门户网站,网页内容不要太复杂,与网络营销无关的内容尽量不要放在主要页面;在页面左上角放置企业 Logo,这是网络品牌展示的方式之一;为每个页面预留一定的广告位置,这样不仅可以为自己的产品进行推广,还可以合作推广,在主要位置留一个合作伙伴链接区,这是开展网络合作的基本;公司的介绍、联系方式、网络地图等网络公共菜单一般放在网页最下方;站内检索、会员注册/登录等服务放在右侧或显眼位置。

2. 设置企业网站的内容

客户登录企业网站就是想在上面找到能够满足自己需要的内容,从而给自己带来价值,因此企业网站上安排哪些内容,应该站在企业客户的角度考虑。但由于企业规模大小、发展阶段不同等原因,网站营销侧重点有所不同,在此介绍一般企业营销型网站的内容。

(1) 产品服务信息。客户登录企业网站一般最想了解的就是企业的产品/服务信息,因此,企业网站上的产品信息应该全面反映所有系列和各种型号的产品;对产品进行详细的介绍,除了文字介绍外,还可以准备相关的图片、视频等。用户对产品的购买是一个很复杂的过程,其中可能受到多种因素的影响,因此企业在产品信息中除了产品型号、性能等基本信息之外,其他有助于用户对产品的信任和购买决策的信息(如成功案例、客户好评)都可以用适当的方式发布在企业网站上。

在产品信息中,有关的价格信息是用户关心的问题之一。对于一些常用产品及价格相对稳定的产品,也有必要留下产品价格。但考虑到保密性或者非标准定价,有些产品的价格无法在网上公开,也应尽可能为用户了解产品的相关信息提供方便。

(2) 公司信息。公司信息是为了让公司网站的新的访问者对公司进一步的了解,公司能否获得潜在用户的信任,在很大程度上取决于基本信息。在公司信息中,如果内容比较丰富,就可以进一步分解为若干子栏目,如公司发展历程、公司组织结构、优秀员工介绍等。考虑到公司概况和联系方式等基本信息的重要性,有时也将这些内容作为独立菜单出现在每个网页下方。

(3) 销售信息。用户对于产品和企业有了一定的了解,并且产生了购买动机,公司应在网站上为用户购买提供支持,以便促成销售(无论是网上还是网下销售),在决定购买产品之后,用户需要进一步了解相关购买信息。

(4) 促销信息。当网站有了一定的访问量时,企业网站本身便具有广告价值,因此,可以在自己的网站上发布促销信息。网站的促销活动通常与线下结合,网站可以作为一定的补充,供用户了解促销活动规则、参与报名等。

(5) 其他信息。根据企业的需要,可以在网站上发表其他有关的信息。在进行企业信息的选择和发布时,应该掌握一些原则:有价值的信息应该尽量丰富、完整、及时;不必要的信息和服务要力求避免。另外,在公布有关技术资料时应该注意保密,避免被对手利用,造成损失。

当然关于信息的提供因"公司"而异,不同的企业在不同的阶段侧重点不同,因此网站突出的信息也应该有所差异。销售型公司、发展中的公司应该更为突出的是促销、销售信息,从而扩大销售,增强生存能力;而生产型、服务型公司或具备一定规模的公司应该更强调的是公司信息、产品服务信息,从而突出网络品牌形象。

### 3. 设置网站的服务

网站的服务是网站的基本要素之一,如果一个网站只有简单的公司简介和产品介绍,不仅会显得枯燥无味,通常也无法满足客户的要求,因此有必要根据产品特点和客户的需求特征提供相应的服务内容。

网站的服务内容和形式有很多,常见的如下:

(1) 产品选购和保养知识。对于生产商和销售商来说,用户的产品知识是比较欠缺的,利用网站为用户提供更多的产品知识是市场培育的有效方法之一。

(2) 产品说明书。除了随产品送说明书之外,在网上发布详细的产品说明书对用户了解产品具有深远的意义。

(3) 常见问题解答。把用户在使用网站服务、了解和选购产品过程中可能遇到的问题设置一个列表,并根据用户提出的新问题不断增加和完善,这样不仅方便了用户,也提高了企业的顾客服务率,节省了服务成本。

(4) 在线问题咨询。如果用户的问题比较特殊,需要专门给予解答,开设这种服务是有必要的,这样不仅解决了顾客的问题,也可以从中了解到一些顾客对产品的看法。

(5) 即时信息服务。在条件具备的情况下,利用即时信息开展实时顾客服务更容易获得用户的欢迎。

(6) 会员通信。定期向注册用户发送有价值的信息是顾客关系和顾客服务的有效手段之一。

4. 设置企业网站的功能

企业网站的网络营销功能是通过网站的技术功能得以实现的,企业网站可分为前台和后台两个部分,前台的功能是后台功能的对外表现,通过后台来实现对前台信息和功能的管理。因为网站功能不仅涉及网站前台所能为客户提供的内容和服务,同时还将关系到企业对网站的长期维护以及对客户的管理效果,因此网站的技术功能在网站策划阶段就要确定。一个企业网站需要哪些功能主要取决于网络营销策略、网站维护管理能力等因素。常见的网站技术功能包括信息发布、产品管理、会员管理、订单管理、邮件列表、论坛管理、在线帮助、站内检索、广告管理、在线调查、流量统计等。

### 9.1.2 开展网站推广

网站建设完成之后,往往会面临无人知晓、无人访问的问题,企业首先要考虑的就是网站推广,否则新建网站的价值将荡然无存。在网络营销体系中,常用的网站推广方法有搜索引擎营销、交换链接、网络广告和 E-mail 营销、论坛和博客营销、病毒性营销等。

1. 搜索引擎营销

在诸多的网站推广方法中,搜索引擎营销是最行之有效的方法。通过搜索引擎营销推广网站,主要方式可以分为自然检索优化、免费向各大搜索引擎网站提交网站、搜索引擎竞价广告等。

2. 交换链接

交换链接或称互惠链接、互换链接、友情链接等,是具有一定互补优势的网站之间的简单合作形式,即分别在自己的网站上放置对方网站的 Logo 或网站名称,并设置对方网站的超级链接,使得用户可以从合作网站中发现自己的网站,达到互相推广的目的。

交换链接的作用主要体现在:增加网站在搜索引擎排名中的优势、通过链接推广获得直接的访问量、增加网站的可信度、获得合作伙伴的认可和为用户提供延伸服务。

3. 网站广告和 E-mail 营销

新网站建设成功之后可以通过对潜在用户影响比较大的门户网站或企业网站做相应的网络广告,或者通过 E-mail 营销直接向潜在客户推荐企业网站。

4. 论坛和博客营销

现在相关行业论坛或商业博客用户中有相当多的企业潜在客户,因而通过行业论坛或某些知名商业博客开展营销是一种不错的选择。可以通过在行业论坛或商业博客上发表软文的形式开展,也可以通过论坛、博客留言,博客签名档,论坛、博客广告来实现。

5. 病毒性营销

病毒性营销并非真的以传播病毒的方式开展营销,而是通过用户的口碑宣传网络,信息像病毒一样传播和扩散,利用快速复制的方式传向数以百计、数以千计的受众。例如,一些免费软件、电影提供网站的发展,类似 QQ 软件的发展,都是采用了病毒性营销。

利用病毒性营销推广网站关键在于网站要提供对客户有价值的、低成本,甚至免费的资源。当然进行网站推广还可以选用 IM 即时工具,也可以选择传统媒介上面的推广,形式不限,关键要考虑潜在对象以及财务支出。

当然,网站推广除了可以采取网络推广外,还可以适当地配以线下推广,比如在公司员工的名片、公司简介、公司产品的说明书及在路灯广告、电视广告上进行推广。总之,不要因为网络而忽视线下推广,只有线上线下共同推进,才能带来最佳的效果。

## 9.2 企业网站建设规划

### 9.2.1 企业网站建设规划的意义

一个网站的成功与否与建站前的网站规划有着极为重要的关系。网站规划是指在网站建设前对市场进行必要的分析,明确网站的目的和功能,确定网站的规模、投入费用等,并根据需要对网站建设中的技术、内容、费用、测试、维护等做出计划。网站规划对网站建设起到计划和指导作用,对网站的内容和维护起到定位作用。企业网站建设规划主要有以下三个方面的意义:

(1) 企业网站建设规划可以合理分配和利用信息资源(信息、信息技术和信息生产者),节省系统的投资。

(2) 通过制定规划,找出要解决的核心问题,更准确地识别出为实现企业电子商务营销目标而必须完成的任务,进而促进网站的应用,最终为企业带来更多的经济效益。

(3) 企业网站规划可以指导网站系统开发,用规划作为网站建设工作的标准。

### 9.2.2 网站建设目标

确定网站建设目标是网络营销人员的一项重要基础工作,它决定着企业今后如何利用网站开展网络营销活动,是网站定位的前提,同时也规定了网络营销的效率和成果。例如,组织的任务或目标是什么?网站的近期目标和远期目标是什么?谁是确定的访问者？网站的服务领域和服务对象是什么？网站的盈利方式是什么？为什么人们会来到你的网站等。一般企业建站的目的主要有以下几方面：

(1) 发布企业的产品、服务信息；

(2) 开展网上客户服务；

(3) 开展网络营销；

(4) 进行网上市场调查；

(5) 收集客户反馈意见；

(6) 逐渐实施电子商务；

(7) 介绍企业历史、辉煌成就等。

每一个企业的目标客户群不一样，需要在建立企业网站前做具体的分析，确立网站的目标客户群，并根据目标客户群的特点来确立网站的功能。对目标客户的年龄、性别、学历、职业、个性、行为、收入水平、地理位置分布等各种资料加以分析。企业要加强对网上消费者行为进行研究，这将是提高客户服务的基础。

### 9.2.3 网站的定位

企业的发展有赖于企业战略定位，企业网站的定位就如同企业的战略一样，企业网站定位也将决定着这个网站的命运。一个好的网站定位，既有助于顾客区别于竞争者的网站，又要有助于顾客形成网站品牌偏好。所谓网站定位是指塑造本网站与众不同的特征，并把它传递给顾客(浏览者)，使之接受并产生偏好。即向顾客说明本网站与现有或潜在的其他网站的区别，使目标市场的顾客正确理解、认识本网站有别于其他网站的特色，给浏览者一个访问本网站的特殊理由。

定位有长期定位和短期定位之分。短期定位是指网站某项新功能或新内容，以此作为区别竞争者的特色。严格地说，短期定位不是真正意义上的定位，它只是网站在一定时期的一个"卖点"。短期定位可以是网站推出的最新活动，如竞赛、社区等，率先推出者可以通过强调一项新项目以区别于竞争者。随着竞争者的跟进，此类特色逐渐成为这类网站的基本特征，失去了作为区别竞争品牌的基础。对网站来说，既要有短期定位，也应有长期定位，没有短期定位的长期定位是呆板的，没有长期定位的短期定位是缺乏生命力的。

企业进行网站功能服务的定位时，要考虑在当前的资源环境下能够实现的，而不能脱离了自身的人力、物力、互联网基础以及整个外部环境等因素。企业进行网站功能服务的定位主要包含下面几点。

1. 企业自身分析

根据企业所处的行业状况、产品特点和行业成本结构，考虑网络能否降低待售产品市场营销、货物运输和支付的费用；企业产品是否与计算机有关，产品使用者的计算机水平如何；通过网络，产品是否便于得到较充分的了解，交易过程是否便于自动化；企业传统的促销活动、广告宣传是否能和互联网促销工具相互受益；产品是否具有全国性，甚至全球性，企业的分销渠道建设能否满足网络消费者的需要。另外，企业在给网站定位时，要充分考虑产品线的长度和宽度，综合企业所有的产品和服务。

2. 资源分析

企业进行网站功能服务的定位要考虑在当前的资源环境下是能够实现的，而不是脱离了自身的人力、物力、互联网基础以及整个外部环境等因素。要研究企业的财务状况是否能够支持一个大型网站的建设、运行和维护；企业的计算机、市场营销、美工、创意策划等各类专业人员配备是否完备；企业所要建立的网站提供的各种信息、服务、资源等是否合法，是否能被我国的法律环境和政治环境所接受；网站的内容和服务是否为社会文化环境所接受，是否和网络文化以及网站目标顾客所崇尚的价值观兼容。

3. 目标顾客分析

对目标顾客的年龄、性别、学历、职业、个性、行为、收入水平、地理位置分布等各种资料进行分析。企业要加强对网上消费者的行为进行研究，这将是提高顾客服务的基础。

4. 竞争对手分析

研究网上的竞争对手，主要从其主页入手。一般来说，竞争对手会将自己的服务、业务和方法等方面的信息展示在主页中。研究主页应从以下几个方面入手：首先，观察主页的整体布局是否具有吸引力。因为在网上浏览的人对时间的要求是非常迫切的，如果你的主页不能引起注意，他们可能会放弃访问该站点。其次，设计水平。注意观察图形构思、栏目设置和文字表达。第三，查看链接情况。看页面的链接是否方便浏览，有无死链接，页面传输的速度，图形下载的时间。第四，研究宣传力度。研究宣传力度一是竞争对手在网络的导航台、新闻组宣传网址的力度，研究其选择的类别，使用的介绍文字等，特别是旗帜广告的投放量等；二是查看在竞争对手网上是否有别人的旗帜广告，在这些旗帜广告上有没有其他竞争对手的广告，是否形成松散的旗帜广告宣传联合体。第五，体察业务运营情况。即竞争对手网上业务经营状况和特色。

5. 网站技术解决方案

根据网站的功能和企业自身的技术力量、财力等方面来确定网站技术解决方案和实现手段，包括服务器的选择、操作系统的选择和相关程序的开发等。网站的服务器可选择虚拟主机或主机托管等方式。

目前网站所采用的操作系统主要有两大类，一类是 Linux 和 Unix，另一类是微软的 Windows NT。Windows NT 操作系统在开发和后期维护上比较方便，但网站提供的功能不是很强，适用于小型的企业网站。UNIX 系统在稳定性、效率管理性和透明度等方面优于 Windows NT，但需要较高的技术要求，如果企业网站的功能要求非常强大，用户数量众多，就需要使用这种操作系统。

企业还需根据自身的资金、技术、人员等条件来决定是企业自己建立网站还是委托专业制作公司代理制作。因为技术条件限制，中小型企业建设网站一般选择委托专业公司代理制作，但在选择代理公司时要认真考察，毕竟网站建设属于较专业的事，要尽可能多地了解代理公司的设计制作能力和信誉。对技术条件较好的企业，可考虑用企业自身的力量建设网站,这有利于网站的维护和管理。

6. 网站内容规划

不同类别的网站,在内容方面有较大的差别。因此,网站内容规划没有固定的格式,需根据不同的网站类型来制订。但要避免"八股"式的网站内容:领导致辞、公司简介、业务范围等非常简单的信息。当然,网站内容要尽量丰富多彩,因为网站的信息量越少,其能够发挥的作用就越小。但也不是说越多越好,最好对企业的资源进行整合分析,针对需要和市场情况对内容进行整理。也有的企业不知道如何安排网站内容,企业可以把网站看作是一个推销员,思考在面对客户时他应该说些什么,什么内容对客户有说服力。

7. 网站测试和发布

在网站设计完成之后,应该进行一系列的测试。测试实际上是模拟客户访问网站的过程,以此来发现网站中存在的问题并加以改进。如果有条件,可尽量让客户参与网站测试。当一切测试正常之后,才能正式发布。

8. 网站推广和维护

网站推广活动一般发生在网站正式发布之后,但在网站规划阶段就应该对将来的推广活动有明确的认识和计划,以便在网站建设过程中做出相应的配合。

网站发布之后还要定期进行维护,如服务器及相关软硬件维护、网站内容的更新、调整等,要确定维护的方式和人员。

9. 网站财务预算

网站建设和推广在很大程度上受到财力预算的制约,所有的规划都只能在财务许可的范围之内,因此不应忽视财务预算。

从网络营销的观点来看,网站建设的每一步工作都应与网络营销效果有关。为了充分发挥商业网站的功能,在有关网站建设的内容中,强调网站要有方便的导航功能、完善的帮助系统、尽可能快的下载速度、简单友好的用户界面以及便于在搜索引擎中友好的META标签设计(方便搜索引擎搜索到企业网站的关键字和网页简述)等。为了实现这些目标,应该对网站建设进行合理的规划。网站规划的主要意义就在于树立网络营销的全局观念,将每一个环节都与网络营销目标结合起来,增强针对性,避免盲目性。

### 9.2.4 网站设计的原则

网站是企业向用户和网民提供信息(包括产品和服务)的一种方式,是企业开展电子商务的基础设施和信息平台,离开网站(或者只是利用第三方网站)开展网络营销,很难真正实现网络营销的优势。企业的网址被称为"网络商标",也是企业无形资产的组成部分,而网站是Internet上宣传和反映企业形象和文化的重要窗口。企业网站设计显得尤为重要,下面是网站设计中应注意的一些原则。

1. 明确建立网站的目标和用户需求

　　Web 站点的设计是展现企业形象、介绍产品和服务、体现企业发展战略的重要途径，因此企业必须明确设计站点的目的和用户需求，从而做出切实可行的设计计划。企业根据消费者的需求、市场的状况、企业自身的情况等进行综合分析，以"消费者"为中心，而不是以"美术"为中心进行设计规划。在设计规划时应考虑：建设网站的目的是什么？为谁提供服务和产品？企业能提供什么样的产品和服务？网站的目的消费者和受众的特点是什么？企业产品和服务适合什么样的表现方式（风格）？

2. 总体设计方案主题鲜明

　　在目标明确的基础上，完成网站的构思创意即总体设计方案。对网站的整体风格和特色做出定位，规划网站的组织结构。

　　Web 站点应针对所服务对象（机构或人）的不同而具有不同的形式。有些站点只提供简洁文本信息；有些则采用多媒体表现手法，提供华丽的图像、闪烁的灯光、复杂的页面布置，甚至可以下载声音和录像片段。好的 Web 站点应该充分利用各种信息载体，增强对服务对象的吸引力。

　　为了做到主题鲜明突出，要点明确，企业应以简单明确的语言和画面体现站点的主题；调动一切手段充分表现网站的个性和情趣，办出网站的特点。

　　Web 站点主页应具备的基本成分包括页头，准确无误地标识企业的站点和企业标志；E-mail 地址，用来接收用户垂询；联系信息，如普通邮件地址或电话；版权信息，声明版权所有者等。企业在设计站点时应充分利用已有信息，如客户手册、公共关系文档、技术手册和数据库等。

3. 网站的版式设计

　　版式设计作为一种视觉语言，特别讲究编排和布局，虽然版式的设计不等同于平面设计，但它们有许多相近之处。版式设计通过文字图形的空间组合，表达和谐与美。

　　多页面站点页面的编排设计要求把页面之间的有机联系反映出来，特别要处理好页面之间和页面内的秩序与内容的关系。为了达到最佳的视觉表现效果，要反复推敲整体布局的合理性，使访问者有一个流畅的视觉体验。强生公司的网站就能让访问者有比较好的视觉体验。

4. 注意色彩在网页设计中的作用

　　我们常常感受到色彩对我们心理的影响，这些影响总是在不知不觉中发挥作用，左右我们情绪。色彩的心理效应发生在不同层次中，有些属于直接的刺激，有些要通过间接的联想，更高层次的则涉及人的观念、信仰，对于网页设计者来说，无论哪一层次的作用都是不能忽视的。

　　对于网页设计者来说，色彩的心理作用尤其重要。因为网络的使用是在一种特定的历史与社会条件下的环境下（即高效率、快节奏的现代生活方式），这就需要做网页时要把握人们在这种生活方式下使用网络的心理需求。

　　对网页设计师来说，做到有针对性的用色是相当重要的。因为网站往往是各种各样的，大公司的、政府组织、体育组织、聊天的、新闻的、个人主页等，不同内容的网页的用色应有较大的区别,所以要合理使用色彩来体现出网站的特色。

5. 网页形式与内容相统一

为了将丰富的意义和多样的形式组织成统一的页面结构,形式语言必须符合页面的内容,体现内容的丰富含义。

灵活运用对比与调和、对称与平衡、节奏与韵律以及留白等手段,通过空间、文字、图形之间的相互关系建立整体的均衡状态,产生和谐的美感。例如,在页面设计中,对称原则的均衡有时会使页面显得呆板,但如果加入些富有动感的文字、图案或采用夸张的手法来表现内容往往会达到比较好的效果。点、线、面作为视觉语言中的基本元素,巧妙地互相穿插、互相衬托、互相补充,构成最佳的页面效果,充分表达完美的设计意境。

### 9.2.5　企业网站建设的准备工作

在企业实际建设网站前,还有一些建站前的准备工作要做,如选择网站服务器建设方式,即是采用自设服务器还是虚拟主机;Web 服务器的确定;建设站点的资料准备等。

1. 网站服务器选择

企业若建设自己的服务器,则需要投入很大的资金,包括安装服务器、架设网络线路以及网站投入运行时需要投入很大的租用通信网络资金。对于一般的中小型企业来说,在建设企业网站时,通常都采用服务器托管、虚拟主机、租用网页空间或委托网络服务公司代理等方式,这样既能满足企业上网的需求,又能大大降低费用支出。

所谓服务器托管,是指企业在建设自己的网站时,拥有自己独立的服务器,只不过是将服务器放在 ISP,由 ISP 进行日常运行管理。企业维护服务器时,可以通过远程管理软件进行远程操作,企业可以租用 ISP 提供的服务器,也可以自行购买服务器,这样企业不但可以拥有自己独立的域名,而且可以节省架设网络和租用网络的昂贵费用。

虚拟主机则是利用 ISP 提供的主机为企业开设一个网站,该网站在外界看起来就如同企业自己建立的一样,但费用很低廉,而且可拥有高速的网络出口。虚拟主机的数据上传、更新等日常维护工作由用户通过 FTP 的方式来完成,网页则是直接存放在 ISP 主节点服务器上。

租用网页空间方式为比虚拟主机方式更简单的方式,用户甚至不需申请域名,而只需向网络服务公司申请一个虚拟域名,将自己的网页存放在 ISP 的主机上,同样可自行上传、维护网页内容,自行发布网页信息。

如果企业缺乏网络营销方面的网络专门人才,最简单的方法就是采取委托网络服务公司代理方式,将公司所有产品或服务的网络推广工作全部委托专业的网络服务公司代理。目前提供此项业务的网络服务公司很多,用户只要选择好合适的网络服务公司,就能把公司的网络推广任务交给网络服务公司代理完成。

2. Web 服务器的确定

网络营销站点是通过通信网络连接到互联网的，它主要通过 Web 服务器来实现与互联网进行信息交互、向外发布信息，用户只要在客户机运行通用的 Web 浏览器就能够访问 Web 服务器，并和服务器进行一定的交互。Web 服务器是企业与用户交互的窗口，因此 Web 服务器的建设是一个不可缺少的重要环节。

Web 服务器的建设就是要选择一台服务器，安装上 Web 服务器软件，并对其进行正确的配置和管理，为信息发布提供软硬件支持。目前常用的 Web 服务器中大型机厂商有 IBM、SGI、COMPAQ、Unisys、富士通和日立等公司；中型（企业级）服务器的厂商较多，主要有 SGI、SUN、IBM、HP 等；PC 服务器（工作组级）是一种新型的、基于 IA（Intel Architecture）系统架构、以 32 位处理器、32 位或 64 位系统总线为基础的服务器系统，在突出内存与硬盘容量和系统运行速度的同时，更注重其稳定性、安全性和可用性，PC 服务器的国际著名生产商有 COMPAQ、DELL、IBM 和 HP 等，国内有浪潮、联想、方正等。运行于服务器上的网络操作系统主要有 Unix、Windows NT、NetWare 以及 Linux 等。Web 服务器上比较常用的服务器软件有 Microsoft Internet（IIS）、Netscape Enterprise Server、Domino Go Web Server、Apache HTTP Server 以及 TBM Web Sphere 等。Web 服务器建设中的硬件和软件系统的选择与安装是一件技术性很强的工作，许多专业性公司都提供这种服务。

3. 站点的资料准备

在确定了网站服务器的建设方式后，接下来要做的一件事是为网站设计和开发工作准备有关的数据和各类资料。企业若要建设一个能提供企业信息发布、在线产品销售或在线服务、用户技术支持和信息反馈等功能的网络营销站点，则需要准备多方面的数据和各类资料。首先，有关企业需要反映到网站的一些数据资料，如企业的简介，产品的规格、图片、单价等内容；其次，准备一些企业有关用户技术支持方面的资料，如产品性能、使用方法、日常维护等内容，这些内容可以是文字、图像、动画、影视等类型的多媒体信息。

### 9.2.6 企业网站建设的具体步骤

网络营销站点的设计和开发可以按照以下步骤进行。

1. 确定网站的主题、营销目标

（1）创建企业网站首先应确定网站的主题和营销目标。一个网站不可能包含所有的信息，面面俱到不可能设计出好的网站来，因此在建站初期就应有明确的指导方针，确定网站的发展方向，设计几个有竞争力的服务项目。每个网站都要有其目的性，或是侧重于盈利，或是侧重于宣传产品。企业在引入网络营销的时候可根据自身的特点，设定相应的营销目标。这些目标包括销售产品、进行企业间的采购、销售、交流等方面的合作；提供相关的服务与咨询，方便客户对信息的索取，节省业务接待、咨询和回应的负担和费用；极大地拓展客户群，减少因地域带来的局限性，提高销售额；面向媒体和股东,宣传企业的最新动态和经营状况;树立企业的高科技形象。网站提供的周到服务也有利于在公众中建立及维持企业形象等。

(2) 要有明确的网站定位。首先要明确定位营销网站的诉求风格,网站在诉求风格上有理性诉求、感性诉求及综合型三种。一般来说,理性诉求强调理论及逻辑性,以事实为基础,以介绍性文字为主;感性诉求则强调直觉,以价值为基础,以形象塑造为主。

强调理性诉求的网站以事实为依据,以产品或技术为核心,通过产品或技术,突出企业特点,进行营销活动,着力点在产品或技术的视觉冲击力和吸引力上。这种类型的网站往往在对产品或技术方面不惜笔墨,以理性诉求确立其营销地位,力求在顾客心中营造一种技术领先的氛围,从而产生对企业的信任感。显然,这类站点在设计方面相对要求不高,但一定要在技术、产品的宣传、展示以及应用和对实际的具体作用等方面大力渲染,并在风格上一定要保持一致,最好与企业的 CI 形象一致,以保持企业在消费者网络、网下形象的连续统一,从而树立稳定的地位。

强调感性诉求的网站多以树立企业形象为主,以服务为导向。这里的服务有两方面含义:一是企业本身提供的就是服务,如航空、旅游服务;二是企业的售前、售后服务。通过服务提升企业在客户心中的地位,从而促进营销。这一类型的网站一定要注重网站的风格设计和创意,以感性诉求为主,重点渲染或营造一种特有的企业氛围,着重体现一种网站或产品及服务的价值感,绝不能平铺直叙,更不能只是将传统的服务搬到网络上来。但目前绝大多数企业的网站就是如此,企业向客户提供什么样的服务,欢迎与我们联系等。互联网只是一个虚拟的环境,试想企业如果没有给访问者营造一种可信的氛围,消费者凭什么相信企业的服务,现实中企业的信誉在网络中一样有效。企业可能找不出自己真正具有实力的地方,却可以通过网站建设,回过头来审视一下自己的企业,重新为企业塑造一个新的形象定位,并在以后的运营中下力气加强建设,从而在行业中独树一帜,力求在顾客心中营造一种崭新的形象,并产生信任感。企业要仔细考虑,互联网络成百上千的同行业网站,顾客为什么购买或使用本企业的产品或服务,而没有选择竞争者的产品或服务。市场经济是具有竞争性的,企业必须为顾客选择企业的品牌而不是竞争对手的品牌创造理由。因此,一方面,要加强特殊氛围的营造,在感性诉求上下功夫,消除企业与顾客在时间与空间上的距离,建立客户忠诚度,增加客户价值,通过拓展、建立、保持并强化客户关系使自身效益最大化;另一方面,好好设计企业的网站,设计能够营造一种独特的企业文化——互联网企业文化。

综合类型也比较常见,就是将上面二者结合起来,因为对于同一种产品,不同的人可能基于不同的决定——有时产品本身的特性可以决定网站是理性的还是感性的。因此,在网站的氛围营造上就要注意分辨:如果某一方面不能充分说明产品或服务的特性,就要将二者结合起来,在不同的部分分别进行理性和感性的诉求,借以打动不同类型的顾客,既以大量的事实突出企业的技术优势,又营造一种感性的氛围,强调产品或服务给人带来的价值,通过二者的结合,共同营造企业独特的氛围。

2. 信息的收集、整理

建立一个营销性的网站绝不能简单随便地准备点资料，找一些象征性的图片，这是绝对错误的。也许企业得知同行企业已纷纷建网，并取得了一定的收效；也许企业是被网络公司业务员再三劝告，才准备投资建立网站。不管什么原因使得企业准备建立网站，必须在一开始就明确：企业能够利用网站做什么？通过网站，企业能够为访问者或顾客提供什么，也就是说企业给消费者带来了什么利益？企业能够从中获得什么利益？弄清楚了这些问题然后去收集准备与之相关的资料。

企业的文字资料最好由专人负责整理，最好是熟悉市场营销并有一定文字组织能力的人，他们能够站在企业、市场和消费者的角度考虑文字的组织方式。企业在提供资料时常常是基于企业宣传手册、彩页、各种报告、技术资料。这些资料往往技术性太强或一味地站在企业角度；企业有悠久历史、先进技术、荣誉称号，但缺乏从客户角度来考虑问题。当然，这些都是很好的资料，但企业应找专人整理分析，尽量从顾客角度出发，以满足顾客需求，树立企业形象，改善企业经营，提升企业效益。

3. 对企业网站进行整体设计

总体设计在网站的建设中是非常重要的。在前期准备工作完成后，如何把信息以恰当的形式表现出来，就成为网站建设中工作的重点。必须创建一种易于人们查找的信息和网站的结构。好的页面设计以及有意义的新的内容是引起用户兴趣并鼓励其反复访问页面的关键。

4. 设计支持上述主题、营销目标的网页内容并上传

网站的总体结构设计出来后，下一步就是对各个页面内容的详细设计。主页页面应尽量做到简洁，在文字、图像的安排方面，应多考虑普通用户的使用方便。其指导思想是以文字信息为主，声像为辅。因为声像可以活跃和丰富页面，表达文字所不能表达的信息，但影响网页的下载速度。最后将这些文档上传到网站。

## 9.3 企业网站建设评价

企业网站是开展网络营销的综合性工具，网站专业性与否直接影响到网络营销的最终效果，因此对网站进行专业性评价是网络营销管理的重要内容之一。

### 9.3.1 进行网站专业性评价的时间选择

企业网站专业性诊断评价的时机可以分为两种：一种是在网站建设完成正式发布之前进行；另一种是在网站经营到某个阶段后，根据网络营销策略的需要进行评价。

1. 企业网站正式发布之前的专业性诊断评价

了解网站的专业水平，最理想的状况是在企业网站正式发布之前进行一次全面的专业性诊断评价。这里所指的网站发布，既包括企业第一次完成网站建设，也包括对原

有网站进行升级改造完成之后的重新发布。新竞争力研究发现,企业网站在建成后的一定时期内,网站在技术功能等方面具有一定的稳定性,网站一旦正式运营则不太方便从网站结构、功能等方面进行重大调整。如果网站建设在某些方面具有重大缺陷,无疑会对正常运营带来不利影响。因此,在网站正式发布之前进行一次综合性网站诊断评价是非常必要的,有利于及时了解网站的问题,少走弯路,降低贻误时机可能造成的损失。

如果企业网站是外包给网站建设服务商来完成的,网站建设的专业水平如何,由第三方出具的网站专业评价报告最具有说服力,因此在一定程度上也是对网站建设服务商提供的网站建设服务项目的检验。

2. 企业网站运营过程中的诊断评价

随着网络营销应用的深入,对企业网站功能、内容、服务等方面的要求会越来越高,并且竞争者的网络营销水平也可能在不断提高,这就对企业网站的专业性提出了更高的要求。因此,除了网站发布之前的专业性综合评价之外,在网站运营过程中,还应根据网络营销策略的需要适时地进行调整,其中重要的基础工作内容之一,就是对企业网站的专业性进行全方位的评价诊断。

归纳起来,在企业网站发布之后的运营过程中,在下列任何一种情况下,都有必要对企业网站进行全面的诊断评价,并根据网络营销专业人士的建议对企业网站进行必要的改进:

(1)网站发布初期,专业的网站诊断评价便于及时发现网站建设中的问题并做出调整,以免不专业的因素对网站运营造成不利影响;

(2)当网站进行了常规的推广,甚至采用多种付费推广之后并没有取得明显效果时;

(3)当发现网站的PR值远比主要竞争者低时,比如网站PR值低于4;

(4)当网站在搜索引擎中表现不佳时,比如搜索引擎收录网页数量少,低质量网页比例高;

(5)网站运营进入稳定期,难以再进一步提高访问量时;

(6)需要重新制定更加有效的网络营销策略时;

(7)企业网站有必要进行升级改造时;

(8)竞争者的网站专业性水平远远领先时。

企业网站发布运营之后,要想全面提升网络营销效果,对企业网站的专业水平进行全面的评价分析是必不可少的步骤,这一综合评价分析结果是网络营销策略升级的基本依据。

### 9.3.2 企业网站评价原则

1. 企业网站评价的动态性

由于企业网站本身是一个动态交互的信息平台,因此其评价体系应从动态角度出发。

2. 企业网站评价的差异性

由于不同行业、不同企业、不同发展阶段,其评价标准是不同的,因此在具体的评价过程中,也应当视具体情况具体分析。

3. 企业网站评价的整体性

由于企业网站本身的原因,决定了在评价标准中既有可以量化的标准,又有不可量化的标准。因此在评价中,应当遵从整体性的原则。

### 9.3.3 企业网站评价的主要指标

企业网站评估应该综合考虑各个方面的因素,主要围绕网站功能建设、网站内容设置和网站推广能力方面。

1. 网站整体评价指标

(1) 域名的选择。域名与企业名称、商标及其主营业务的关联性越强,越简洁易记,域名选择就越成功。一个恰当、精炼的域名对于网站的发展是十分重要的。同时,独立域名是十分重要的一项指标。

(2) 链接有效性。在企业网站中,链接有效性占有极其重要的地位。无效链接会直接影响用户对网站本身的信任度。在指标评价过程中,链接的完备性也是一项十分重要的指标。

(3) 下载时间。调查显示,一个网页的打开时间超过 20 秒会引起浏览者的厌恶感。

(4) 网站认证。作为一个合法的企业网站,不仅应当提供工商认证,同时还要提供 CA 认证。对于某些特定行业,还应该提供各种相应认证。

(5) 符合网络伦理。所谓网络伦理,是 Internet 上一种特有的商业道德,即充分尊重用户的个人意愿和个人隐私,对用户不能有任何强迫行为。例如,不首先发送商业信息,未经授权不修改、公布访问者的个人资料和信息,或对用户访问提出要求和条件。

(6) 联系方式。在首页和网站的各个链接上,都需要提供十分详尽的联系方式,不但要提供电子邮件、电话、传真,还要提供公司地址、邮编以及联系人姓名。

(7) 更新。网站提供内容和页面设计的不断更新,以提高网站的信任度。更为重要的是,应当注明网站的最后一次更新时间。

2. 网站设计

(1) 风格与布局。网站内的所有页面应当遵从统一的风格,包括统一色彩、统一主题、统一语气和人称、统一图片效果。同时在页面布局方面,应当加强视觉效果,加强文案的可视性和可读性。

(2) 美工与字体。网页色彩应当均衡,要突现可读性;同时切忌用很多种颜色,一般控制在三种以内。由于中国大陆汉字系统采用 GB 编码方式,台湾地区汉字采用 BIG5 编码,而欧美用户则没有安装任何支持汉字的系统,因此,定位于国际性质的网站应当针对不同的目标访问者,设计不同的字体或语言。

(3) 动画与声音。在页面上应该慎用视频和音频,更不能滥用。因为视频和音频一方面会影响下载速度,另一方面可能会使用户产生厌恶和抵触情绪。

(4) 网站内容与服务。

3. 评价内容

网站基本信息完整,如公司介绍、联系方式、服务承诺等;网站信息及时、有效;产品信息详细;查找产品信息方便;网站功能运行正常;用户注册/退出方便;体现出网站的促销功能;具备网站的各项网络营销功能;是否采用弹出广告等对用户造成骚扰的功能。

(1) 信息有用、准确。网站的长期发展取决于能否长期为访问者提供有用的信息,这也是网站自身发展的需要。信息资源与数据是否切实可信,如果涉及一些关于信息来源与知识产权的信息,要注明出处与来源。

(2) 内容页面长度。网页内容页面的长度以不超过三个屏幕高度为佳,因此将篇幅过长的文档分隔成数篇较小的页面,可以增加网站的亲和力;如果基于特殊理由,应在长页面上加上一些书签,以使用户快速查询。

(3) 网站服务有效性。评价内容主要包括网站帮助系统;详尽的 FAQ;网站公布多渠道顾客咨询方式;提供会员通信;建立会员社区。

(4) 交互能力。可以从论坛、留言板、邮件列表以及 FAQ 等能够促进网站和用户交流的内容的建设情况来测评。作为一个企业网站,应当设立如论坛、留言板、邮件列表之类的栏目,以供浏览者留下他们的信息。有调查表明,提供双向交流站点比简单地留下一个 E-mail 地址更有亲和力。

(5) 检索功能。网站内容结构的设计是否成功,主要表现在能否使浏览者快速准确地找到要找的信息。

4. 网站推广指标

(1) 网站被各个主流搜索引擎收录的网页数量。网页被收录的数量越多,意味着被用户发现的可能性越大。通过对搜索引擎收录的网页数量进行评价,可以反映出网站的内容质量,因为内容贫乏的网站不可能产生大量高质量的网页。被搜索引擎收录的网页数量占企业网站全部网页数量的比率越高,就说明网站基于搜索引擎自然检索推广的基础工作越扎实。

(2) 在搜索引擎检索结果中的排名。在搜索引擎利用一些核心关键词进行检索时,与竞争者相比,本企业网站在这些关键词检索结果页面中的排名是否靠前,也是检验网站搜索引擎推广的一个重要指标。只有在搜索结果中排名靠前才能获得用户的点击。

(3) 其他网站提供的交换链接的数量。获得其他网站的链接是常用的推广方法之一,因此与其他网站建立链接的数量和质量在一定程度上可以表明企业网站推广的效果。

5. 网站流量指标

(1) 页面浏览量 PV(Page Views)。统计每天网页被浏览的次数,包括刷新页面、每点击一次链接、同一个页面的多次浏览。PV 在网站流量统计中是一个重要的指标。

(2) 用户平均访问量(Page Views per User)。这个值是通过页面浏览量/访问者数量求得的,该指标说明访问者对网站内容或者产品的兴趣度、黏度。

(3) 独立访客 UV(Unique Visitor)。访问网站的一台电脑客户端视为一个访客,一般 00:00—24:00 内相同的客户端只被计算一次。

(4) 访问者平均停留时间。即在特定时间段内每个访问者的访问时间长度之和与总的访问者的比值。

(5) 平均浏览停留时间。即在特定时间段内每个访问者的访问时间长度之和与总的浏览量的比值。

### 9.3.4 企业网站的自行诊断

尽管第三方提供的网站专业诊断对企业开展网络营销具有重要价值,但是由于受到各种原因的限制,企业不可能总是能获得专业机构的评价,因此企业有必要进行网站的自行诊断。但由于网站诊断评价是一项综合性很强的网络营销工作,不是简单的网站外观评价,需要对网站建设的基本要素和流程有所了解,还需要对网站运营管理有一定的认识。

一般而言,对网站进行初步诊断可以从下列四个方面开始:网站规划与网站栏目结构、网站内容及网站可信度、网站功能和服务、网站优化及运营。

1. 网站规划与网站栏目结构

(1) 网站建设的目标是否明确?网站为用户提供哪些信息和服务?

(2) 网站导航是否合理?用户通过任何一个页面可以回到上级页面以及首页吗?

(3) 各个栏目之间的链接关系是否正确?

(4) 通过最多三次点击,是否可以通过首页到达任何一个内容页面,是否可以通过任何一个页面到达站内其他任何一个页面?

(5) 是否有一个简单清晰的网站地图?

(6) 网站栏目是否存在过多、过少,或者层次过深等问题?

2. 网站内容及网站可信度

(1) 是否提供了用户需要的详尽信息,如产品介绍和联系方式?

(2) 网站内容是否更新及时?过期信息是否及时清理?

(3) 网站首页、各栏目首页以及各个内容页是否分别有能反映网页核心内容的网页标题?是否整个网站都用一个网页标题?

(4) 网站首页、各栏目首页以及各个内容页面的 HTML 代码是否有合理的 META 标签设计?

(5) 是否提供了产品销售信息、售后服务信息和服务承诺?

(6) 公司介绍是否详细,是否有合法的证明文件(如网站备案许可)?

3. 网站功能和服务

(1) 网站是否可以稳定运行,访问速度是否过慢?

(2) 为用户提供了哪些在线服务手段？

(3) 用户真正关心的信息是否可以在网站首页直接找到？

(4) 网站是否可以体现出产品展示、产品促销、顾客服务等基本的网络营销功能？

4. 网站优化及运营

(1) 网站总共有多少个网页？被主流搜索引擎收录的网页数量是多少？占全部网页数量的百分比是多高？是否有大量网页未被收录，或者在搜索结果中表现不佳？

(2) 网站的 PR 值是多少？如果首页 PR 值低于 3，是什么原因造成的？是否有某些栏目页面 PR 值为 0？

(3) 网站在搜索引擎优化方面是否存在不合理的现象，是否有搜索引擎作弊的嫌疑？

(4) 网站是否采用静态网页？如果采用动态网页技术，是否进行了合理的优化？

(5) 对搜索引擎的友好性：网站首页、各栏目首页以及各个内容页面是否有合理的有效文字信息？

(6) 网站访问量的增长状况如何？网站访问量是否很低？如果访问量低是不是网站优化不佳造成的？

(7) 与主要竞争者比较，网站在哪些方面存在明显的问题？

企业通过对上述问题进行认真的分析思考，就不难发现网站是否存在与网络营销导向不相适应的明显问题。

 **复习思考题**

1. 如何进行网站的定位？
2. 如何开展网站推广？
3. 企业网站评价的主要指标有哪些？
4. 简述做好企业网站的四个要素。

 **思维拓展**

### IKEA(宜家)的网络营销

随着互联网的普及，越来越多的人开始使用互联网作为信息源，由此，家居企业开始认识到，网络营销已成为家居营销体系中不可或缺的组成部分。据统计，2006 年消费者网上购物数量占前十位的商品种类中，家居百货类位列第六，仅次于音像制品、软件、通信产品、首饰配件、礼品玩具等日常"小件"用品，部分家居建材的网上销量已超越店面销量。

IKEA 是创立于 1943 年的一家瑞典家居用品企业。IKEA 很早就注意到互联网的传播力量。2005 年，IKEA 的网站访问量就达到了 1.25 亿人次，目前，IKEA 的网上销售量增长十分迅速。相比直接的销售数字，IKEA 通过网络获得的影响力和客户忠诚度似乎更为可贵。

## 一、IKEA 家居网站的内容设计

在 IKEA 家居中国网(http://www.ikea.Com/ms/zh_CN)上我们可以看到,它基本上具备了完整 B2C 网站所应具备的功能模块——信息发布模块、产品发布模块、网上定购模块、社区互动模块、人事招聘模块、专题活动网上调查模块、信息检索系统模块、资料下载模块、多语言浏览模块、在线咨询模块。

打入中国市场之后 IKEA 将主要目标消费群体瞄准为 25 岁至 35 岁的"新中产阶层",因为年轻化和时尚化,决定了他们对家具和家居产品的要求是强调设计以及能够体现流行的不同搭配。这种定位是十分巧妙准确的,IKEA 抓住了这个新生消费层,向他们提供设计精良、功能完善、价格相对低廉的家居产品,来迎合他们注重品质和品位并兼顾价格的消费习惯,网站的整体风格和设计也都明显偏向白领阶层的喜好。

IKEA 家居用品的风格是瑞典家居设计文化史的凝聚,现代但不追赶潮流,很实用又不乏新意,注重以人为本,在多方面体现了瑞典家居的古老传统。在这样的品牌基础上,怎样才能把 IKEA 家居产品的产品信息生动而且强烈地传达给网上的消费者,就成了 IKEA 网站的主要建立目的。

IKEA 产品系列中总共有大约 12 000 种产品。除了在网站的右上方始终提供一个全站检索和高级查找服务之外,IKEA 网站的导航栏设计也典型地体现了 IKEA 展示产品的特点。

方便快捷的导航栏设计是一个商业网站成功的要点之一。好的设计可以让消费者快捷地得到想要的信息,不然只会降低消费者的购买欲望。色彩的组合醒目但又沉稳,不仅符合白领阶层的喜好,而且和实物店招牌色彩的风格一致,达到了宣传效果。

与实物店的样板间展示方式相呼应。网站除了提供所有产品的下拉菜单导航和新产品专栏外,还以设计精巧的样间展示的方式宣传其各系列的产品。每一类房间,每一类产品的 Flash 设计都不尽相同。相同的是,IKEA 都在竭力用一种良好的形式给消费者传达他们的产品信息,提供各种居家布置方案,启发大家的灵感。展示 Flash 是视频播放式的,把鼠标停留在某产品上,就会出现该产品的名称和价格。衣服储物系列的产品介绍除了视频式播放图片之外,还会伴随着怎样排放物品的动画,视觉效果非常棒,让人怦然心动。

IKEA 网站上的家居产品无论从单件产品还是从家居整体展示,都给消费者传达了一种强烈的信息:无论是罗宾床还是邦格杯子,无论是比斯克桌子还是 MTO 柜子,IKEA 家居无不是简约自然、匠心独具、美观实用。一方面,这种展示方法生动活泼,充分展现了每种产品的现场效果。消费者可以在 IKEA 挑选到除电器之外几乎所有的家具和家居用品,使消费者能够充分享受一站式服务带来的快捷和便利。另一方面,这种传达方式可以产生"连带购买"的效果——因为居室布局是整体展示而不是单件展示,而 IKEA 的家具无论外观还是功能都确实能够打动大多数消费者的心,激起他们的购买欲望。

IKEA 的另一个重要产品策略就是"销售梦想而不是产品"。在网站上,每一个设计,每一个展示,都在传达着 IKEA 给消费者打造的美好家居的梦想。这种梦想销售在 IKEA 的专题活动里更为明显。它曾经为大学生制作了一个专题站点,病毒工具是 E-mail。填好收、发件人的姓名和邮件地址,再点"发送"就 OK 了。在这个站点上,邀请学生设计、制定预算,甚至赢取宿舍家具的信息很清楚。在整个 IKEA 活动中,学生都有打开物品的方法,而吸引他们的那些家具风格与价格也得到了有趣和聪明的展示。画面领着点击者穿越了房间,这让每个参与的学生都很兴奋。站点还提供这些视频和背景音乐的免费下载。风格迥异的宿舍装扮与 IKEA 家具的多样性,和学生们迫切装点自己个人环境的愿望相一致。纵观 IKEA 的所有专题活动,可以发现 IKEA 网站多数采用多媒体的方式来进行活动的推广和产品信息的传达,而且所有的 Flash 都做得相当完整和精美,也很有趣,几乎没有任何的 BUG。

**二、IKEA 家居网站的服务**

为了给消费者节约时间成本和精神成本,IKEA 网站还为了消费者的购物方便提供了很多服务。

1. 及时的活动信息和周到的各种查询

作为外来品牌,IKEA 以每年的 9 月作为每个新财年的开始。IKEA 网站上也会及时更新各地商场的每个促销活动的预告或者详细信息。

IKEA 精心地为每件商品制定"导购信息",有关产品的价格、功能、使用规则、购买程序等几乎所有的信息都一应俱全。为了展示产品系列的广度和深度,网站 Head 提供了全站搜索和高级查找,首页提供了在线咨询;"寻找您的 IKEA 商场"在多个网页都能看到;"客户服务"的"问和答"里可以看到的有关 IKEA 的各种常见问题和解答;网站还提供了透明的库存查询,消费者还能查到缺货中的家具大概的到货时间。

2. 时尚的产品目录册

IKEA 另一个强有力的服务策略就是 IKEA 目录册。目录册中包含了 IKEA 的家具、家居用品、样板间布置以及有关材料、颜色、尺寸、产品保养和价格等方面的详细信息,同时蕴含了大量家居和室内装饰的灵感。电子版的目录册还添加了背景音乐以及免费下载功能,有的页面上还有衔接,消费者可以点击查看更多该类产品的信息。顾客利用 IKEA 目录册,可以以最简捷的方式查阅 IKEA 产品的信息。

网站不仅在首页提供了《美好家居指南》专栏,还在每个网页的右下方都放了一个目录册的缩略图,点击可以选择查看或者订阅。

IKEA 不仅通过目录营销促进销售,更重要的是,它通过商场和网站两大媒介,大力宣传推广这一精美的目录册,进一步巩固了品牌形象,提升了品牌美誉度和顾客忠诚度。

3. 对顾客的人性化关怀

虽然不提供线上销售服务,但是在网站"客户服务"和"关于 IKEA"栏目里都设了"购物经历"。"客户服务"里面还提供了关于 IKEA 商场服务项目的详细说明、常见的购物问题、免费注册、商场和库存的查询等服务。细节化和人性化的关怀能为消费者省去了很多不必要的购物麻烦。

**4. 个性的 DIY 订购服务**

IKEA 为人所津津乐道的服务还有顾客 DIY 服务。在 IKEA，顾客可以通过 DIY 来省钱——自己选购、自己运送和自己组装家具；也可以在线上预约 IKEA 的室内装饰建筑师和设计师等，请他们帮助设计新房，或提出改造的建议；网站上还专门提供了帕克思衣柜设计、厨房设计、局势灯光设计、中小企业工作室设计等功能，如果顾客对自己的设计方案满意的话，就可以直接打印带到商场方便购买。IKEA 还会不定期举办"IKEA 杯 DIY 组装大赛"，鼓励新创意。

**5. 活跃的"IkeaFamily"俱乐部**

在美国，IKEA 的"粉丝"们自发成立了"IkeaFansite"，这个俱乐部自然也推广到了中国，发展为专为中国"粉丝"设立的服务平台——"IkeaFamily"俱乐部。在"IkeaFamily"里，IKEA 为"粉丝"们提供了各种会员服务。"粉丝"们在这里热烈讨论的话题从如何使用 IKEA 的手册到厨房的用色方案，他们既可以无拘无束地发表自己的肺腑之言，也贴了大量日常生活中和 IKEA 相关的图片，俨然成了一个 IKEA"粉丝"的网上家园。

# 第十章
# 网络营销方法演进

## 案例导入

### "种草"千万种,"拔草"须谨慎

"网红经济"又有了升级版——"种草经济"。此"种草"不是要去栽花栽草,而是泛指"把一样事物推荐给另一个人,让其他人喜欢这样事物的过程"。一名美妆达人在直播间试涂口红,给不同色号搭配不同使用场景;一名网络红人拍摄短视频,时不时给某品牌零食"带货";一名摄影爱好者在专业论坛里交流,顺带推介某款相机……"种草"无处不在,万物皆可"种","种草经济"正在塑造一种新的消费形态。

"种草经济"本质上仍是一种注意力经济,是"网红经济"的延伸。以前,一件商品要卖出去,更多是"货找人",先有生产、库存,然后广告推销;但在"种草经济"中,变成了"人找货",只要有合适的人带货,就有人自动找上门。消费者通过"偶像同款""同一色号"等符号,还能找到和自己兴趣相投的群体,获得一种认同感和归属感。所以说,"种草经济"盛行一点都不意外。嗅觉敏锐的商家洞悉到这一点,纷纷建设自己的"种草"平台。例如,抖音、快手、今日头条在平台上运用视频、文字、图片等分享用户的日常,形成虚拟的社交圈。意见领袖"种草",电商平台"拔草",甚至已经成为内容营销的标配。小红书、天猫、京东等电商平台借势开设了"种草"入口,让从"种草"到"拔草"的"社交+内容+电商消费"文化逐步流行。

客观地讲,"种草经济"为打破专业信息壁垒、提高消费者决策效率等提供了便利,但也有可能带来某些弊端。网络社区里很多人反映兴冲冲买回来的产品,结果并不合适——"种草经济"有催生冲动消费之嫌。最近大火的"口红一哥"10分钟卖掉上万支口红,然而很快评论里有消费者抱怨,买的口红一年都用不完——"种草经济"有纵容过度消费之嫌。还有记者调查发现,部分人气爆棚的"种草产品"特别是护肤、医美产品最终被发现是"三无产品",这样的"种草经济",是对消费者的欺骗,也是对网购环境的伤害,透支了年轻人的消费力。

"种草"千万种,"拔草"须谨慎。只有严格的监管追责、完善的制度设计、健全的市场机制,才能形成一条"护城河",守住"种草经济"的"质量关"。

(资料来源:见微评论.https://www.sohu.com/a/319820006_100028979.)

## 10.1 搜索引擎营销

搜索引擎作为网络营销最重要的一种营销手段,做搜索引擎营销前要做好五件事:选阵地、选内容、选形式、选客户、选产品。因为不同的内容、不同的发布、不同的渠道,呈现的结果大不相同,仅从编辑和分享上来看,十大因素决定结果:发布场所、链接入口、标题结构、题材样式、关键词概率、互动性、自然浏览率、更新时间、内容契合度、内容质量。

### 10.1.1 使用搜索引擎的技巧

搜索引擎可以帮助用户在互联网上找到特定的信息,但同时也会返回大量无关的信息。如何才能花尽可能少的时间找到需要的确切信息呢?这是大家最关注的问题。

1. 在类别中搜索

许多搜索引擎都提供选择类别,如果单击其中一个类别,然后再使用搜索引擎,就可以将搜索范围限定在特定的范围内。显然,在一个特定类别(如计算机、经济)下进行搜索所耗费的时间很少,而且能够避免大量无关的 Web 站点,提高了搜索的准确度。当然,也可以搜索整个互联网,以搜索特定类别之外的信息。

2. 使用具体的关键字

如果想要搜索以"包"为主题的 web 站点,可以在搜索引擎中输入关键字"包"。但是,搜索引擎会因此返回大量无关信息。为了避免这种问题的出现,可以使用更为具体的关键字,如"手包"。所提供的关键字越具体,搜索引擎返回无关 Web 站点的可能性就越小。

3. 关键字与搜索引擎优化技巧

关键字在搜索引擎中是非常重要的一项,搜索引擎对于关键字的排名是有自己的规则的,而搜索引擎优化,其中的一项主要内容就是对于关键字的建设。搜索引擎优化又称 SEO,SEO 的主要工作就是将目标公司的关键字在相关搜索引擎中利用现有的搜索引擎规则进行排名提升的优化,使与目标公司相关联的关键字在搜索引擎中出现高频率点击,从而带动目标公司的收益,达到对目标公司进行自我营销的优化和提升。所以,关键字与搜索引擎优化之间是有密不可分的关系的,搜索引擎优化为关键字的建设与提升提供了一种新的途径和工具,是使用搜索引擎技巧中不可或缺的一部分。

4. 使用多个关键字

用户可以通过使用多个关键字来缩小搜索范围。例如,想要搜索有关佛罗里达州迈阿密市的信息,则输入两个关键字"Miami"和"Florida";如果只输入其中一个关键字,搜索引擎就会返回诸如 Miami Dolphins 足球队或 Florida Marlins 棒球队的无关信息。一般而言,用户提供的关键字越多,搜索引擎返回的结果越精确。

5. 留意搜索引擎返回的结果

搜索引擎返回的 Web 站点顺序可能会影响人们的访问，所以为了增加 Web 站点的点击率，一些 Web 站点会给搜索引擎一定费用，以在相关 Web 站点列表中靠前的位置显示。好的搜索引擎会鉴别 Web 站点的内容，并据此安排它们的顺序。

此外，因为搜索引擎通常会对最常用的关键字进行搜索，所以许多 Web 站点在自己的网页中隐藏了同一关键字的多个副本。这使得搜索引擎不再去查找互联网，以返回与关键字有关的更多信息。

正如读杂志、看报纸或看电视新闻一样，用户须留意所获得的信息的来源。搜索引擎能够帮用户找到信息，但无法验证信息的可靠性和真实性，因为任何人都可以在网上发布信息。

### 10.1.2 如何进行搜索引擎营销

搜索引擎营销融合了专业的营销理念、广告策略以及搜索引擎技术，一般企业进入的门槛较高，许多企业面对搜索引擎营销不知从何处着手，或者投入了大量的资金而收效甚微。

1. 关键词分析

搜索引擎是通过一系列的关键词进行搜索的，选择符合企业自身的营销关键词是搜索引擎营销首先要考虑的问题。关键词的选择决定着搜索引擎营销的成败，如果关键词选择不当，企业的目标顾客很难找到该企业的网站。关键词的选择要综合考虑企业名称、行业名称、产品、网站内容、竞争对手网站内容、用户使用关键词频率等多种因素。

2. 网站优化

搜索引擎的原理是"网络机器人"自动爬行整个互联网抓取网页信息并建立数据库的，当用户输入关键词搜索时，搜索引擎返回最优的查询结果。所以要想使企业的网站被搜索引擎收录，并获得较好的排名，网站的规划和设计非常重要，要使企业的网站"有利于搜索引擎"。由于一般企业网站在建立的时候并没有考虑到搜索引擎因素，这为搜索引擎营销带来了很大的困难。

3. 网站维护与更新

因为一个数月或数年没有更新网站的内容，用户是不愿意重复光顾的，所以经常更新的网页，在搜索引擎中会获得较好的排名，也更容易吸引顾客。

4. 搜索引擎登录

在理论上说，一般网站是可以不做搜索引擎登录的，但主动提交自己的网站到著名的搜索引擎和网站目录，会使企业网站获得更为高效的推广，搜索引擎公司也是欢迎网站主这样做的。但是没必要把网站提交到所有的搜索引擎和网站目录，这样既浪费时间，还可能会给企业的网站带来负面影响。如何选择搜索引擎和网站目录，何时提交，以及如何提交，是有一定技巧的，这关系到网站能否被收录和排名情况。不要使用登录软件毫不选择地将网站提交到所有搜索引擎,因为这样会大大降低网站被收录的概率。如果条件允许的话,可以将网站提交到收费目录中,特别是要做国际营销的企业网站。

5. 搜索引擎广告

搜索引擎广告一般分为竞价排名和右侧赞助商链接,按点击付费。相对于传统的电视广告等广告方式,这是一种真正的按广告效果付费的广告方式,非常适合中小企业。

## 10.2 电子邮件营销

电子邮件营销是在用户事先许可的前提下,通过电子邮件的方式向目标用户传递价值信息的一种网络营销手段。

电子邮件营销有三个基本因素:用户许可,电子邮件传递信息,以及信息对用户有价值。三个因素缺少一个,都不能称之为有效的电子邮件营销。

### 10.2.1 电子邮件营销的特点

电子邮件营销是利用电子邮件与受众客户进行商业交流的一种直销方式,同时也广泛应用于网络营销领域。电子邮件营销是网络营销手法中最古老的一种,可以说电子邮件营销比绝大部分网站推广和网络营销手法都要老。

电子邮件营销(EDM)具有以下六大特点。

1. 营销范围广

2019 年 8 月 30 日,中国互联网络信息中心(CNNIC)在京发布第 44 次《中国互联网络发展状况统计报告》,据《统计报告》统计显示,截至 2019 年 6 月,我国网民规模达 8.54 亿人,较 2018 年年底增长 2 598 万人;互联网普及率达 61.2%,较 2018 年年底提升 1.6 个百分点。面对如此巨大的用户群,作为现代广告宣传手段的电子邮件营销正日益受到人们的重视。只要你拥有足够多的 E-mail 地址,就可以在很短的时间内向数千万目标用户发布广告信息,营销范围可以是中国全境乃至全球。

2. 操作简单效率高

使用专业的邮件群发软件,单机可以实现每天数百万封的发信速度。在操作上不需要懂得高深的计算机知识,不需要烦琐的制作及发送过程,发送上亿封的广告邮件一般几个工作日内便可完成。

3. 成本低廉

电子邮件营销是一种低成本的营销方式,费用支出主要是上网费,成本比传统广告形式要低得多。

4. 应用范围广

广告的内容不受限制,适合各行各业。因为广告的载体就是电子邮件,所以具有信息量大、保存期长的特点,具有长期的宣传效果,而且收藏和传阅非常简单、方便。

5. 针对性强，反馈效率高

电子邮件本身具有定向性，可以针对某一特定的人群发送特定的广告邮件，根据需要按行业或地域等进行分类，然后针对目标客户进行广告邮件群发，使宣传一步到位，这样做可以使网络营销目标明确，效果较好。

6. 精准度高

由于电子邮件是点对点的传播，所以可以实现高针对性、高精准的传播，比如可以针对某一特定人群发送特定邮件，也可以根据需要按行业、地域等进行分类，然后针对目标客户进行邮件群发，使宣传一步到位。

 想一想

想象一个场景：一个浏览者，即潜在客户，通过搜索引擎来到你的网店，他正在寻找某种商品，而你的网店正好提供这个商品。他浏览了你的网站首页和产品页，很感兴趣，但并不很肯定要在你的网站购买。他要货比三家，想再看看其他网店，所以又回到搜索引擎，但十分可惜的是这个人极有可能永远不会再回到你的网店了。

很多浏览者很可能不记得自己是通过搜索什么关键词，单击了哪个链接，去过哪个网店。一旦离开特定网店，再次进入的概率很低，除非你的网店已经是业内的知名品牌，到处都有你网店的信息和链接。

在正常情况下，一般电子商务网站的转化率为1％。换句话说，一般情况下99％的潜在客户来到你的网店，没买东西就离开，以后再也不会回来了。这对在此之前所有网店推广的付出实在是一个浪费。

再想象另外一个场景：一个浏览者来到你的网店，他想买某种商品或有个问题要解决，你的网店刚好能满足他的要求。不过毕竟是第一次来，用户虽然感兴趣，但99％的可能性是并不会马上购买。如果你的网店"刚好"提供一个电子杂志，并且注册电子杂志的用户可以得到十元优惠券，外加免费电子书，而电子书讨论的话题正是这个潜在用户想要解决的问题。顺其自然，用户填上名字和邮件地址，得到了优惠券及电子书。

作为网店运营者，拿到潜在客户的电子邮件地址，也就拿到后续沟通、不断提醒潜在用户存在的权利。潜在客户通过你发给他的电子书，以及电子杂志中的小窍门、行业新闻、节日问候等，更加信任你和你的网店，并且由于这些重复的提醒让潜在客户记住了你的网店，当他决定要买这个商品时你的网店就会出现在他备选网站的最前面。

如果网店设计及电子杂志策划得当，注册电子杂志的转化率达到20％左右也是常见的。相对于1％的销售转化率，通过电子邮件营销将极大地提高最终销售的转化率。

### 10.2.2 电子邮件营销流程

电子邮件营销流程如图10-1所示，根据各个流程的各个环节逐步改善转化率，即可提高购买转化率。

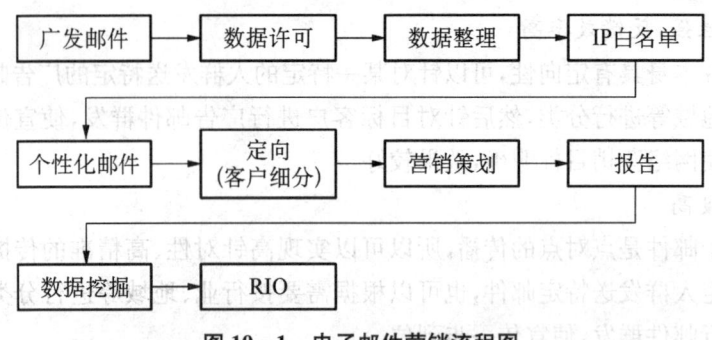

图 10-1 电子邮件营销流程图

1. 邮件地址的选择

网络营销企业要针对自己的产品来选择 E-mail 的用户,比如一家公司是做儿童用品的,那么应该选择什么样的 E-mail 用户群呢?据调查,母亲是最关心自己孩子的,所以要锁定在女性 E-mail 用户群。而一般有宝宝的女性年龄在 25～35 岁,所以最终锁定在年龄是 25～35 岁的女性 E-mail 用户。因此,要根据自己网店的商品来定位 E-mail 用户群,以便于宣传率达到最高。

2. E-mail 的标题与内容

最重要的也是最关键的,就是 E-mail 的标题与内容。首先要考虑什么样的标题才能醒目,让人看到标题就想去点击内容。标题是最重要的,如果标题不够吸引人,那么你的目标客户群可能不去看你的邮件,有可能会把你的邮件直接删除。因此,一定要让你的客户群体通过标题知道这是他关心的内容,要有引人注目的卖点。

E-mail 的内容怎么写呢?要简洁明了地让目标客户一看就知道是做什么的,字数不要太长,一般在 200 字以内。在发邮件之前一定要审核你写的邮件内容,确保准确无误。

3. 不发附件,注意发送频率

由于邮件系统会过滤附件,或限制附件大小,所以发送电子邮件一定要注意不要将附件作为邮件内容的一部分,而应该采用链接的形式来使收件人进入你想让他们看到的网页内容。同时要掌握好发邮件的频率,一般情况下,每两周发送一次邮件就是最高频率了。

4. 电子邮件营销与 SEO 结合

电子邮件营销与 SEO 的结合,大大提高了网络营销的成功效率。SEO 针对搜索引擎的发展,恰当地结合电子邮件营销,进一步提高了网络营销的效率。

### 10.2.3 营销邮件的内容规划和格式

如今越来越多的网店开始采用电子邮件的营销方式,如果运用得恰到好处,营销者可以立即与成千上万的潜在和现有顾客建立联系,其成本要远远低于邮寄营销。

1. 定期发送

成熟的电子邮件营销计划必须确定好邮件的发送频率,并严格执行,千万不要突然连续发几封 E-mail,然后隔几个月又没消息了。如果是电子杂志月刊或周刊,发送周期已经确定,每月一次或每周一次。

就算不是定期的电子杂志形式,其他邮件列表也应有一个适度的发送周期,通常以一个月一到两次比较合适。这样订户既不会因为长时间没有收到邮件而忘了自己曾经订阅过,甚至再次收到邮件时以为是垃圾邮件,也不会因为短时间内收到太多邮件而觉得厌烦,造成退订或报告垃圾邮件。

2. 邮件内容始终如一

营销邮件的内容不要偏离当初订阅时所承诺的方向。如果订阅时承诺邮件将以小窍门为主,就不要发太多广告;如果承诺是以新品信息和打折信息为主,就不要发与订阅者实际上不相关的公司新闻等内容。

3. 不要过度销售

营销邮件要注意千万不可过度销售。除非邮件列表本身就是专门提供促销信息的,订户有心理预期,不至于太反感。绝大部分电子杂志订阅者看重的是对自己有帮助的行业新闻、评论、技巧、窍门等内容,所以应该以这些内容为主。

邮件营销的目的当然是销售,但在营销邮件中不可以高调宣扬,只是简洁地在邮件正文结尾处加一句类似这样的话就可以了,如:

"要想了解更多窍门,请点击这里浏览我们的网站。""××××中有更多照顾婴儿的技巧,您可以点击这里参考。"

在邮件中是提供对用户有帮助的信息,然后以扩展阅读的方式,推荐读者点击链接回到网站,在网站上完成销售。

4. 营销邮件的常用内容格式

(1) 邮件最开始通常应该首先清楚地表明:

"这不是垃圾邮件。

您订阅了某电子杂志,这是某电子杂志×年×月最新一期。如果您不想再继续收到我们的邮件,请点击这里退订。"

这段内容必须要放在邮件最上面,让订阅者第一眼就能看到,知道收到的是自己订阅过的电子杂志,确保订阅者不会把邮件当作垃圾邮件删除。如果想退订,操作也很简单。

(2) 简单的邮件内容目录。

如果邮件包含 2~3 篇文章,可以在此列出文章名称及一到两句话的简要说明,让订阅者可以一目了然地了解邮件内容,再决定要不要继续阅读。当然,如果每封邮件只有一篇文章,这个问题可以忽略。

(3) 邮件正文,通常应该是 2~3 篇文章。

像前面所说的,在文章结尾处可以适度地以扩展阅读的方式推销网站上的商品。另外,如果邮件中有卖给第三方广告商的广告位,可以穿插在文章中间,但应该以清楚的文字标明中间是广告内容。

(4) 主要文章内容结束后,应该有一段下期内容预告,列出下一期文章内容标题及简介,吸引订阅者期待下一期邮件,尽量减少退订率。

(5) 页脚。

这一部分必须包含用户注册信息，比如：

"您收到这封邮件是因为您在某月某日，从 IP 地址××订阅了×月刊。"

然后是隐私权及退订选择：

"我们尊重所有用户和订阅者的隐私权。如果您不希望再收到×月刊，请点击这里退订。"

"隐私权"和"点击这里退订"两处文字链接到相应的隐私权政策页面和退订程序链接。另外一个可以放在这里的内容是说明怎样订阅本电子杂志的，比如：

"如果您是从朋友那里收到转发的这封邮件，并且喜欢看到的内容，您可以点击这里，在我们的网站上订阅某周刊，以后您也可以收到我们的周刊。"

这么做的目的是当订阅者把这封邮件转发给他的朋友时，收到转发邮件的人也可以清楚地知道自己怎样订阅。在页脚也可以鼓励订阅者把收到的邮件转发给他的朋友，但应强调只能转发给订阅者认识的朋友，不要发给不认识的人而变成垃圾邮件。

### 10.2.4  电子邮件营销的技巧

盲目地推行电子邮件营销存在着巨大的风险，用户会对收到的大量带有营销目的的电子邮件产生反感甚至感到愤怒，他们总是将那些邮件直接删除，甚至有可能投诉至邮箱服务提供商，使得网店在电子邮件营销中的大量努力付诸东流。

电子邮件倘若被直接当作垃圾邮件删除，就失去了递送至顾客面前的机会。因此，如何提高电子邮件营销的效果就显得至关重要。下面将详细介绍电子邮件营销的技巧。

1. 提供更多的价值

找出新点子，提供比竞争对手更多的价值。其中重要的一条就是不要只是进行简单的推销，劝说顾客购买商品，而要加强对顾客的教育。根据商品为什么值得购买的特性进行相关背景介绍，甚至是与之相关配套商品的介绍。

尽管有些商品可能并不是公司的主打，但这样会吸引到更多的用户来注册、点击相关邮件，进入网店并查看相关信息，从而创造巨大的商业价值。

据统计表明，用户一般最多只能容忍 15 封商业信息邮件，因此这是一个零和游戏，如果要抢占那 15 个席位之一，就必须传递出更多的价值。

2. 要对新用户及时反馈

网店必须有一个特定的电子邮箱来接收用户的所有反馈。这需要有专人负责，即使是某个未注册用户的询问也应该得到回复，因为他们是潜在用户，有着很大的价值。或许每周收到的反馈只是简单的寥寥数字，但也不能掉以轻心，因为这表示他们已经对商品产生了兴趣，所以才提出问题或者进行反馈，很有可能其中的某些人便是最有价值的客户。

一般而言，在大型营销活动结束前 30~60 天内注册的用户是最为活跃或者说最为有效的用户。一旦他们进行注册，需要立即发出邮件表示感谢，以此建立起良好的关系。此后，根据用户的兴趣在电子邮件中提供更多的相关内容，这样他们才会在每天收到的几十甚至上百封邮件中挑选你所发出的信息,并做出回应。

给出一些小礼物通常是非常有效的,比如为了鼓励第一次购买而给出10%左右的折扣,在60%的情况下都是行之有效的,有利于和用户保持良好健康的关系,并吸引他们关注下一步的优惠信息。

3. 了解注册用户

了解注册用户,尽管这意味着要浏览成千上万的邮箱地址,但这种费力的工作确实是必要的,这是因为：

(1) 要清楚用户会选择哪些邮箱,以此来采取一些措施避免被当作垃圾邮件直接删除,或者是根据各个邮箱不同的特性来表现得更为醒目;

(2) 如果一些人使用的是公司邮箱,那就能大致了解他们所从事的行业,以此来提供更有针对性的服务;

(3) 能够修正一些明显的拼写错误;

(4) 如果有竞争对手混杂在其中,可以将之删除。

4. 对用户进行细分

电子邮件营销现在也不是放之四海而皆准的营销方式了,需要对投递信息的用户进行细分。目前已经有一些比较精密的市场细分技术或者软件(有不少邮箱提供商准许邮件中带有相关分析代码),但最为重要的还是要创新。

可以跟踪那些打开过产品信息邮件的,或者是压根没打开过邮件的客户信息;也能跟踪那些已经为订单交过费,或还没有付费的用户,或者是那些阅读过邮件但是还没有购买的,他们都是值得认真去研究的对象。

还有另外一种"前端"分析的市场细分方法,即在用户注册完登录之后适当地问一些问题。一般而言,只要是不难回答的选择题,用户一般都乐意回答至少四个问题,包括给出他们的手机号码或者邮箱地址。这时可以根据用户的意图来进行细分,如为什么用户想要企业的产品信息或网店新闻？或者他用你的信息来做什么？甚至也可以进一步进行手机电话营销或者短信营销等。多种多样的工具使得为客户提供个性化的邮件成为可能,同时顾客也更乐意接收这样的信息。

5. 根据邮箱特点优化邮件内容

用户使用最多的邮箱是什么？QQ、163,还是公司邮箱？需要区分清楚并按先后顺序进行相应的调整。

如果是QQ或163邮箱,就不应该盲目地点击发送,而要尽可能地了解QQ邮箱的一些特性,调整邮件的标题,内容的颜色、字体、大小等;如果是公司邮箱,也是非常有价值的,这将决定你的邮件性质。

6. 为大客户提供更多优惠

大客户是所有注册用户中最有价值的群体,因此给予他们的优惠也会更多,一般是在他们进行下一次购物时提供20%的折扣,或者直减100元。当然,偶尔会发现有几个用户可能只购买101元的商品(平均而言,这些大客户会购买350元的商品),但这无关紧要,首先有不少大客户并不会经常使用这些优惠,而在他们享受优惠时通常会买平均价位在 1 000 元的商品。

此外，根据这类客户的特性,同时结合 E-mail 营销方便、快捷的特点,可以提供一些对时间敏感的信息。例如,旅游公司可以向顾客发送被称之为"在线订票"的电子邮件,可以在客户需要时给出实时更新的机票信息。

7. 算出每封邮件所产生的收益

一旦知道每封电子邮件所产生的财务收益,就能判断出邮件营销成功与否。比如每 100 封邮件发送出去,一般应该会产生一位新注册用户,如果低于这个数目,就要弄清楚究竟哪里出了问题。这也有助于搞清发送的邮件名单中混杂有多少不去订购的注册用户,可以将他们剔除出去,重新回到期望的收益上去。

8. 推荐一件商品还是多件商品

只推荐一件商品或许会重点突出并介绍得很深入,但也有可能不讨某些用户的喜欢;同时推荐多种商品也会冒很大的风险,比如会让人觉得商品介绍太多。最好是针对一项有意思的主题来推荐多种商品,如"在海滨度假时最值得穿戴的 10 件配饰"。究竟怎样做效果才好,需要具体情况具体分析。此外,还要根据商品的不同特性结合主题进行详细的介绍。

## 10.3 网络事件营销

### 10.3.1 网络事件营销的概念

网络事件营销是指企业通过策划、组织和利用具有新闻价值以及名人效应的人物或事件,以网络为传播载体,吸引媒体、社会团体和消费者的兴趣与关注,以求建立、提高企业或产品的知名度、美誉度,树立良好品牌形象并最终促成产品或服务的销售的手段和方式。

网络事件营销已经是国内外企业在品牌行销过程中经常采用的一种公关传播与市场营销推广的手段了。企业通过精心策划、实施可以让公众直接参与并享受乐趣的事件,并通过这样的事件达到吸引或转移公众注意力,改善、增进与公众的关系,塑造企业、组织良好的形象,以谋求企业长久、持续发展的营销传播活动。

### 10.3.2 网络事件营销的基本技能

随着网络互动技术的发展和越来越多的社会热点从网络上爆发,企业正在尝试或者已经利用互联网和消费者进行多种形式的互动,并开展网络事件营销,即组织和利用具有名人效应、新闻价值以及社会影响的人物或事件,引起媒体、社会团体和消费者的兴趣与关注。简言之,网络事件营销就是通过把握新闻的规律,制造具有新闻价值的事件,并通过具体的操作,让这一新闻事件得以传播,从而达到广告的效果。网络事件营销者应具备以下的基本技能。

**1. 丰富的知识储备**

进行事件营销,策划者或组织者需要在经济、人文、历史、法律等各方面有所涉猎。对设计判断网络话题能力要求等同于传媒工作者,并能时刻保持政治敏锐性,对网络话题的设计不能触犯底线,既要勇敢出击又要能够把握全局,能够从企业、产品、需求以及网友等多重角度中转换工作职能,甚至能够从网友的跟帖中找到灵感和思路,以此突破话题方向。

**2. 准确的甄别能力**

当前,随着互联网用户的增长,用户成分复杂,利益趋于多元化。SNS、微博、微信等新的沟通工具的出现,网络氛围及话语权已经从精英转移到草根层面,从娱乐需求转向多元利益诉求。一个不起眼的小人物及一个不起眼的小帖子,也能引起轩然大波,网络用户可分为政治利益诉求、情感利益诉求以及经济利益诉求等多种心态。

**3. 高度的职业敏感**

网络新闻是一种极其容易"过期"的物品。抢时间、抓内容品质是话题保鲜的最好方法。但信息传播借助科技手段,产品更新换代速度迅猛,覆盖群体纵深发展,网站竞争激烈,新闻传播方式已经发生改变,单向传播路径已经发生改变。每一个人的面前都有一个麦克风,大家都是无冕之王。因此,需要时刻保持高度职业敏感性,要在最早最短时间内寻找到最有爆发力的新闻事件,迅速植入客户产品和品牌信息。

**4. 培养网络感觉**

网络感觉需要随时随地进行培养,很多策划不是闭门造车就可以完成的,要学会泡论坛,写博客。要学会如何判断一条新闻对于网友潜意识的冲击,以及网友面对此新闻的第一感觉。一个媒体工作者一定要具备杂文家的素质,能够看出新闻背后的话题,做好新闻延续报道及深度报道。针对话题炒作,抛出话题仅仅是开端,后续的修剪非常重要,如果没有良好的网感素质,在话题的延续和品牌信息的衔接上就会存在很大难度。

要钻研网络世界,对百度搜索风云榜、百度新闻关键词,必定代表着当天互联网上最热的事件。要经常去新浪、搜狐、网易和腾讯的博客看看大家都在写什么,同时自己也试着每周写两到三篇;订阅《华尔街日报》《联合早报》《金融时报》和《财经》的新闻,看看这些新锐媒体都在讨论什么,他们的专业文章是怎么写出来的;对于任何一个网络热点事件,要及时进行跟踪。

### 10.3.3 网络事件营销的主要方法

**1. 情绪感染法**

当前社会的主要矛盾已经转化为人们日益增长的美好生活需要和不平衡不充分的发展之间的矛盾,国家强大类、民生类、情感类、励志类等话题最容易引起网民共鸣。网络平台自身的优势在于传播话题的多样性，一段视频、一篇微博，甚至几个字，均能够在互联网上引起轩然大波。

2．"超女"营销法

千篇一律的线上活动缺乏网民的深度参与，活动组织者不得不投放大量的广告甚至注册虚假账号来敷衍雇主需求。组织者过分注重页面的设计和主题的策划，并没有对活动进行包装和传播，也就是说只有开头没有过程，认为只要活动页面上线就可以了，最后只需要做一份漂亮的报告而已。

"超女营销法"是指在线上活动传播过程中，对参与活动的网民进行主动包装或者事先预埋参与选手，有针对性地进行话题炒作，从而达到提升整个活动效果的方法。在早期"超女"比赛中，事先参赛选手的预埋，活动进程的话题炒作，使得"超级（快乐）女生"成为人人梦想出名的大舞台。

3．草船借箭法

草船借箭法是指在事件传播过程中，要善于学会在适当的时机借助其他热点事件达到产品传播的效果。例如，借助当前热点事件、借助名人参与、借助专家点评、借助传统媒体引导等。

北京奥运会期间，全球体育明星和金牌得主成为网络热点词汇的时候，一则名为《赤壁之大学泡妞版》的视频短片在网络上迅速走红，并占据百度搜索风云榜第三名。该视频短片中植入社交网站"爱情公寓"，吸引大量网友的关注与转载，并成为仅次于奥运会的网络热点事件。由于该视频标注是上集，所以众多网友开始期待下集，或许是策划方并未想到能引起这么大的轰动效应和鉴于制作事件的问题，下集迟迟未能公布，而在该视频发布后第三天，另一则名为《赤壁之风行版》的视频短片在网上公开发布，效果不亚于泡妞版的转载率和传播率，其中植入了"风行电影"。原来，风行网站的市场部在看到泡妞版风靡互联网的时候，利用下集未发布的空隙，制作了风行版的视频短片。这正是借助了网络热点关注词汇，利用别人的力量轻松进行了自身产品的传播，使得风行网快速成长为一个新媒体公司的翘楚。

4．概念带动法

企业在传播一个产品的时候，都希望快速走红，但网络的不可预见性又使得众多企业组织者对事件营销望而却步。而概念带动法新的传播方式正在被越来越多的企业尝试。概念带动法开始为自己的产品或服务创造一种"新概念""新潮流"。理论市场和产品市场同时启动，先推广一种观念，有了观念，市场慢慢就会做好。互联网无疑提供了一个良好的平台，从早期的农夫山泉的天然水，到诸如蚂蚁族、奔奔族、时彩族，都是先概念、后产品或者概念产品同步推广的经典案例。

### 延伸阅读

"时彩族"指的是一群有着相同爱好的网友，通过网络联络他们所从事的各种各样的工作，其中多数为公司白领，他们利用工作闲暇时间干着同样的事情，聊着同样的话题,也通过网络购买可以时时开奖的彩票等,除了调节工作状态,也可以算是一种赚取外快的好方法。但因为这个彩票玩法很多,中奖概率比较高,游戏性很强,让一些白领把手头的工作放到了一边,严重影响了办公效率。时彩族们经常聚集在第一视频、博弈网,网络是他们沟通交流的主要渠道,告别了社交网站的插件游戏,他们不再把采菜当作自己的任务,而是另外开辟了一个新的天地,通过网络进行小投资。其实,时彩族是第一视频为了推广自己的彩票网站而进行的概念炒作,该案例的成功之处就是充分对概念进行前期渲染,不仅打造一个全新的概念,还将需要传播的产品进行了有效的结合。

网络事件营销的方法关键在于各种素材的融合以及有效的传播控制,犹如照顾自己的孩子一样传播一个公共事件,不仅能达到客户的传播预期,更能提高自身的成就感。

## 10.4 微博、博客营销

### 10.4.1 博客营销

博客营销就是利用博客(博客网站或博客论坛)这种平台帮助企业或公司零成本获得搜索引擎较前的排位,以达到宣传目的的营销手段。它是靠原创的、专业化的内容吸引读者,培养一批忠实的读者,在读者群中建立信任度、权威度、形成个人品牌,进而影响读者的思维和购买决定的一种网络营销方式。

博客在2005—2007年是最为鼎盛流行的时期,现如今博客营销仍是网络营销的主要方式之一。

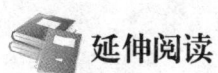
**延伸阅读**

**读博客抢博洛尼沙发**

北京科宝博洛尼厨卫家具有限公司自2001年成立后,试图打造一个高端的家装品牌。但是,在竞争越来越激烈的家具行业,如何成功打造企业品牌是创始人蔡明一直头疼的事情。在博客越来越受大家的关注时,蔡明注意到了网络营销。经过充分的准备和筹划,富有创意的蔡明决定利用博客来做营销,大力提升企业品牌。后来,一条标题为"读蔡明博客,抢总价值40万元博洛尼真皮沙发"的消息出现在新浪网首页。这条消息在网络上不胫而走,一时间前来打探的人络绎不绝,大批网民纷纷登录蔡明的博客查看详情。仅仅用了不到一个月的时间,蔡明博客的点击量就猛增到100多万,许多原本对博洛尼一无所知的人,也通过这个活动记住了博洛尼。

在这个活动中,博洛尼投入的只是一些作为奖品的沙发和电视及平面媒体推广费用,整个活动的投入估计不过数百万元,但是它获得的品牌增值回报却是很多企业投资上亿元的广告都不能达到的。"抢沙发"活动不仅为博洛尼赢得了极大的品牌声誉,而且让人们通过图文并茂的博客认识了有才华的蔡明和富有时尚、极高品位的博洛尼品牌,更让博洛尼超越橱柜产品而成为一个引领潮流的高端生活方式品牌。今天,博洛尼的博客营销事件已经成为一个经典,以至于很多人一提到"网络沙发"就会想到博洛尼,而蔡明博客的点击率已经达到了惊人的1 200多万,这不能不说是网络营销的一个奇迹。

### 10.4.2 博客营销的步骤

1. 选择一个稳定运营的头部平台

可以选择新浪、网易、搜狐等中国较大的博客网站。在上面注册一个账号,开通自己的博客,把博客的版面做得漂亮精致一点,这样能吸引更多的人来踩你的博客。

2. 增加关注度

吸引更多的人来关注博客:

(1) 坚持每天写博文。要有一个具有吸引力的标题,博文的内容要简明扼要、便于浏览。在现在这个信息拥挤的时代,大家不会愿意在那些文字臃肿的文章上花时间,所以最好保证你的博文内容明确,主旨清晰,同时要便于浏览。另外,内容最好是每天给别人留一个小悬念,吸引读者每天都关注你的博客。

(2) 主动关注他人的博客。要想别人关注你的博客,首先你就要多关注别人。

(3) 要经常互相往来。多去他人的博客串门。只要你经常去"关心"一下别人,别人也会经常来"关心"你。尤其是一些名博主,一定要记得给自己占个沙发,这样也有很好的自我宣传的价值。

(4) 关注好的博客。阅读好的博文,拓展自己的知识面,为写出精美的博文打好基础。

3. 开始营销

当你有了一定的关注度之后,就可以开始你的营销了。你可以在你的博文中适当地添加一些你的产品信息、网站链接或者联系方式。写博文的时候应该提供自己真实正确的观点,特别要学会与人分享宝贵的经验,这是写一篇好的博文所需要具备的素质。文章中最好多添加一些图片或者视频,这样会更有吸引力。

4. 维护博客群

博客群体打造好后,就是想办法维护它。经常给博友回复,或者听取他们的一些意见;经常和他们互动;经常组织一些活动,必要的时候可以在博客中组织一些有益的活动,带动大家的积极性。比如,可以组织一些团购活动,然后把你的产品销售出去,这样就达到了你的营销目的。

总之,伟大的成就和辛勤的劳动是呈正比的,有一份劳动就有一份收获,日积月累,从少到多,奇迹才能创造出来。所以,博客营销要用心去做,不要半途而废。

### 10.4.3 微博营销

微博营销是一种网络营销方式,其方式是通过微博的发布与讨论向每一个听众(粉丝)传播企业信息、产品信息,从而树立良好的企业形象和产品形象。

企业只要每天更新自己的微型博客的内容或者发布大家感兴趣的话题,就可以和大家互动交流,来达到营销的目的,这样的一种网络营销方式就是微博营销。

### 10.4.4 微博营销的特征

微博作为自媒体,具有传播速度快、病毒式传递信息、信息传播范围广、操作简易等特征。微博对使用者没有挑剔,准入门槛较低,原创性很强,用户自己可以随便发表信息,内容短小精悍,易于传播。微博营销是微博的衍生物,除具备微博的所有的特征外,还具有营销的部分特征,但又拥有区别于传统营销方式的特征,主要表现为以下几点:

1. 企业信息发布具有自主性

传统营销方式中,企业信息的发布通常需要借助外部的收费媒体来完成,企业自身缺乏信息发布和信息传递的渠道,受成本和政府对媒体的管制限制,企业不可能获得自有的信息发布系统。企业在信息发布的方式和内容上,同样要受到外部收费媒体的制约,外部收费媒体的设备条件、技术水平,以及信息传播的范围都将制约企业的信息发布,企业不能独立地完成信息的发布。企业的企业文化、经营理念等很难通过外部收费媒体向社会渗透,只能间接地、局部地渗透,除了大型的集团企业可以专门投入费用,进行企业文化、经营理念渗透外,中小企业和微型企业都会将有限的资源用在产品的发布、促销等方面。企业采用外部收费媒体进行信息发布后,没有办法对信息传递的方向、范围进行控制,更没有办法对信息发布的效果进行评估,一旦发布的信息出现负面效应,企业就需要追加更多的费用对负面信息进行消除。由此看来,企业在传统营销中,是相对被动的。而在微博营销中,企业拥有更多的自主权,发布信息的方式和内容在 140 个字限制内,可以发布任意内容,也可以将更多的信息以图片或视频的方式发布,既增加了发布的信息量,又丰富了信息的形式,增添了趣味性,不再受外部收费媒体的制约。所有的企业,包括微型企业和个体工商户,都可以向社会公众发布自己的产品信息、促销活动等,甚至是企业文化和经营理念。在对信息发布后的控制方面,微博相对传统媒体,可控性更强一些,效果的评估也可以相对量化。

2. 企业与顾客双向互动

传统营销中,企业是信息发布的主体,顾客是信息接收的客体,受传统媒体功能和传播信息方式的制约,企业只能单方面向顾客发布信息,顾客仅仅是信息的接受者,一般情况下,双方无法建立起双向联系。顾客与顾客之间都是独立个体,彼此之间也无法建立联系,不能对企业的信息进行分析讨论。在微博营销中,微博为企业和顾客、顾客和顾客、企业和企业之间建立了一个彼此联系的平台,这个平台上,彼此之间的信息可以相互流通，可以评价讨论。企业发布信息后，顾客可以以粉丝的形式直接对信息内容进行评价，收藏或者点"赞"（微博的一种表示喜欢或认同的方式）。顾客（俗称粉丝）可以直接给企业发私信或者企业的微博，企业可以接收到顾客的信息。企业还可以发起话题，让顾客进行讨论，抒发自己的见解，也可以发起投票，设置与企业发展有关的选项，让顾客参与，类似于企业发布的问卷调查。顾客之间也可以通过评论、私信等进行交流。微博营销的互动性是传统营销方式不可比拟的。

3. 营销成本低

传统的各种营销方式，其花费的成本较高，需要投入大量的资金对产品进行宣传。微博营销是通过互粉即粉丝之间的互动来达到宣传的效果，实际上类似于病毒式营销和口碑营销的方式，只要企业通过注册认证在微博发布产品信息与粉丝进行互动交流，通过粉丝之间的转发转载即可达到为企业的产品做宣传的效果，企业无须为此花费大量的人力、物力和财力，节省了大量的成本。

4. 营销形式具有附属性

微博营销属于企业营销的一部分，是企业营销的一种营销手段，目的与传统营销方式一样，为扩大企业盈利水平，扩大企业知名度。微博营销不具备独立营销的能力，它不同于网络购物，网络购物通过互联网平台，利用网店、网上银行和第三方支付，可以直接为企业带来收益，而微博没有交易功能，只是信息交流传播的平台，所以，微博营销的开展必须有实体营销的支撑，也就是说，微博营销是附属于实体营销的。实体营销中，企业开展的新产品发布、促销活动以及售后服务等，如果要得到更广泛的宣传，又只花费很小的成本，就可以采用微博营销，进一步增加实体营销的效果。微博营销不能替代传统营销，传统营销具备很多微博营销不具备的优势。传统营销系统稳定性强，客户关系稳定，有实体的交易形式，企业盈利的最终落脚点还是要在传统营销方式上。通过传统的营销方式来检验各种营销的成果。实际操作中，微博营销与多种营销方式整合营销，采用微博营销的同时，传统营销的形式继续保留，微博营销与网络购物、实体购物共同拓宽企业的交易渠道。微博营销是附属于其他具体营销方式的基础上，起到促进推广的作用，它不能离开实体营销的支持，所以说，微博营销具有附属性。

## 10.5 网络社区营销

网络社区是指包括 BBS/论坛、贴吧、公告栏、个人知识发布、群组讨论、个人空间、无限增值服务等形式在内的网上交流空间，同一主题的网络社区集中了具有共同兴趣的访问者。

网络社区就是社区网络化、信息化，简而言之就是一个以成熟社区为内容的大型规模性局域网，涉及金融经贸、大型会展、高档办公、企业管理、文体娱乐等综合信息服务功能需求，同时与所在地的信息平台在电子商务领域进行全面合作。"信息化"和"智能化"是提高物业管理水平和提供安全舒适的居住环境的技术手段。

### 10.5.1　网络社区营销的定义

在现代社会学中,社区是指地区性的生活共同体。构成一个社区,应包括以下五个基本要素:一定范围的地域空间、一定规模的社区设施、一定数量的社区人口、一定类型的社区活动、一定特征的社区文化。传统社会学认为社区与社区之间存在着种种差异,不同社区因结构、功能、人口状况、组织程度等因素体现出不同的分类和层次。

构建网络社区同样必须具备五个因素:

(1)一定范围的地域空间指的是网站的域名、网站的空间,同时还包括到达这个空间的带宽。带宽正如你去往不同地方的公路,假如到达这个社区的公路宽敞、方便,那么这个社区会更容易凝聚人气。

(2)一定规模的社区设施在现实社区中指的是人们居住的条件和环境。社区需要为居民提供独立的住所、公共的活动场所、娱乐场所、生活服务设施等;网络社区指的是网站的功能和服务,人们在网络社区上仍然需要独立的个人空间(如 Blog、SNS),需要公共的活动和娱乐场所(如论坛、游戏等),需要各种服务(如商城、生活资讯、分类信息、在线咨询等)。完善的功能和服务正如优良的小区,可以吸引人们来到这里,并做长期驻足的打算。

(3)一定数量的社区人口指网站的注册用户数,当然注册的用户数并不等于有效的用户数。网络社区与现实社区有一个很明显的区别,现实社区中,社区中的人口容量是有限的;而网络社区中,人口的数量几乎是无限的。网络社区的运营者应该通过一切有效的手段让更多的网民到达这个社区,并想办法留住这些人。关于人口的容量,网络社区具有无可比拟的优势。开发商耗资上亿元建设一个现实的社区,耗资百亿元打造一条繁华的商业街,而且这样的社区和商业街空间、商铺和房屋的数量也是有限的。然而网站运营者只需要建设现实社区的 1/10 甚至 1/100 的成本,就可以打造出一条同样繁华的社区和商业街。例如,淘宝网每天的人流就远远超过西单商业街的人流。一定类型的社区活动指的是人们在生产过程中参与的各种生活、工作和娱乐活动,以及在这个过程中结成的人与人之间的关系。

(4)一定类型的社区活动,在网络社区上具体体现为记录自己的感情和生活,发起和参与各种问题的讨论,表达对一些问题的看法和观点,参与各种兴趣、各种主题的活动,通过各种方法表达和满足个性的诉求,进行倾诉、认同、交友、交易等,以及人们在这些活动中形成的社会网络。

(5)一定特征的社区文化指的是在不同的网络社区,由于社区的功能、结构、人群的组成、组织者的理念和倡导等方面的差异,形成具有一定特征的社区文化和社区认同。

在具备了五个方面的因素以后,才有可能形成一定特征的社区文化。社区文化不是某个人赋予的,而是人们在社区活动中积累和沉淀下来的一种价值认同。

### 10.5.2 网络社区营销的优势

提供一个企业主、用户之间平等对话、交流沟通的机会,这是社区营销的本质。新兴网络社区在企业营销中发挥着越来越重要的作用。网络社区营销的优势主要体现在以下几个方面:

(1) 广告投放更加精确;
(2) 营销互动性强;
(3) 口碑价值;
(4) 营销可信度增强;
(5) 更低的营销成本。

### 10.5.3 网络社区营销的缺陷和不足

1. 同质化现象严重

企业开展网络社区营销的方式都大同小异,用单一的路径来引导用户参与,用户参与的积极性不高。比如,很多活动都是依靠博文大赛来获取奖品吸引用户参与。这种形式一开始很新颖,很受欢迎,但长期反复使用,就会导致一些潜在目标群体因为参与惰性而流失。另外,国内的社区型网站,营销手段多以方案式和植入式为主,缺乏标准化、产品化,难以实现规模效益。

2. 网络社区营销活动的效果难以评估

社区的天然属性决定了社区营销具有不可复制的特性。社区营销主要通过口碑、关键词、流量等相关指标来评估社区营销活动的效果,但这样的评估方法是不是合理,还存在一定争议。社区营销活动更适合塑造或者强化企业品牌,而非促销等销售活动。所以,社区营销活动效果需要时间的检验,而很多企业更看重短期对品牌、对产品的促销。

3. 对网络营销起到反作用

"好事不出门,坏事传千里",网络社区营销如果选择的平台或人群不对,或者营销的手段不当,负面信息就会通过网络社区快速传播,大范围扩散,这会严重损害企业的形象。

 复习思考题

1. 为什么要使用搜索引擎?
2. 电子邮件营销的技巧有哪些?
3. 策划网络事件营销的方法有哪些?
4. 简述什么是网络社区营销。

## 思维拓展

### 网络社区,年轻人的精神家园

作为现实生活的扩展空间,这些社区不只是镜像,也是另一种生存形态"本身"。"你是 GG 还是 MM?"这句古朴又真诚的问候曾在十多年前花花绿绿的大脑袋显示器屏幕上此起彼伏,那些第一次即时连接了天南海北网民的聊天室,成为当时中国互联网中人声最鼎沸的场所;"不同意斑竹的观点……"这当然不是在跟一株植物锱铢必较。当即时聊天的属性无法满足网友们对全民讨论的需求时,论坛开始风靡网络,那里聚集了百花齐放的声音,也孕育出具有强大社会影响力的网络事件。

进入新世纪的第一个十年,大喊"贾君鹏你妈妈喊你回家吃饭"的百度贴吧,文艺青年自留地的豆瓣,怀抱各类问题咨询"元芳,你怎么看"的微博,先后粉墨登场。随后移动互联网的出现和爆发,更是催生了繁杂的新生网络平台。而这些平台在新旧文化的包裹下,为年轻人提供了发展独有精神文化的空间。

今天,一起回顾那些年承载了不同年代的年轻人活力的网络家园,看看二十多年前网络社交是什么状态,十年前"草根"力量在什么地方崛起,现在的舆论中心又迁移到了哪里。

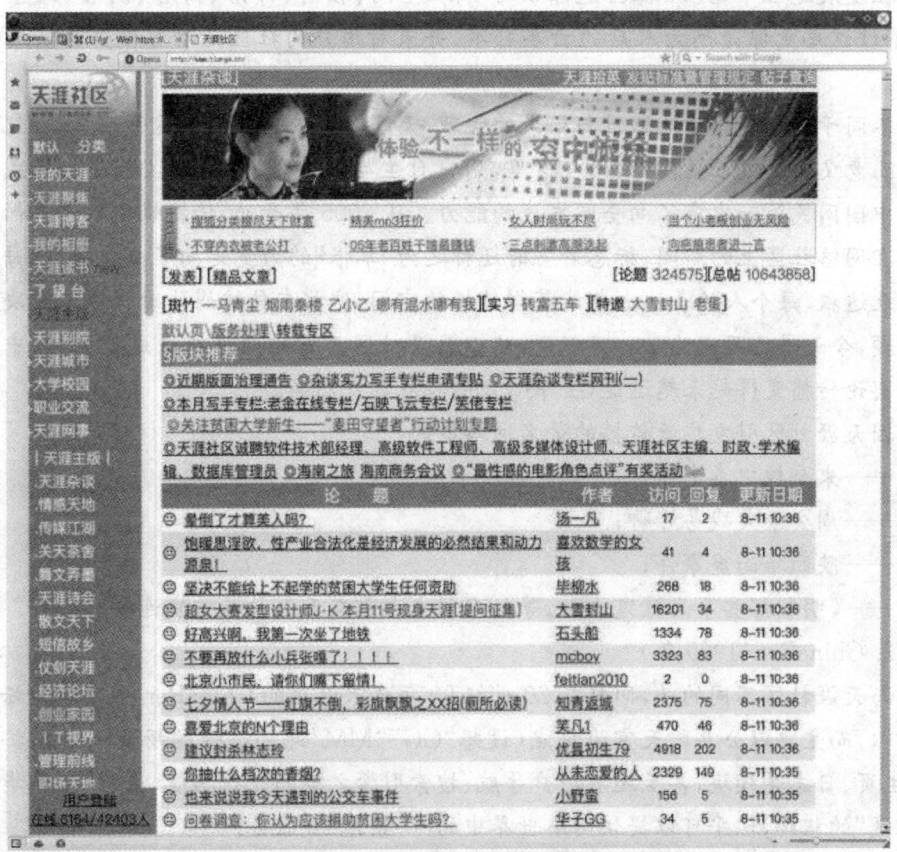

**2005 年 8 月 1 日天涯社区网页的截图**

1. 天涯社区（1999年）

在说天涯社区之前，值得一提的是，网络社区这种形式在中国互联网历史上得到广泛应用，应该要从1998年3月创立的西祠胡同开始。而将这种基于BBS的论坛式社区发扬光大的，就是至今仍在运营的天涯社区。天涯社区在2007年时就已经划分了400多个论坛板块，用户可以在不同主题的板块中自由发表相关内容的帖子，其他用户可以在下面跟帖，最新发生跟帖的帖子会被前置到板块中帖子列表的前排，由此热点文章便会自动保持在板块中最显眼的位置，一直持续到热点散去或是有了更为精彩的帖子。

在社区管理方面，天涯社区实行一定程度的自治，每个板块都设有"版主"，这种管理职务由民间力量组成，通过用户申请官方审核而来，承担着运营该板块内容的责任，日常工作诸如删除不相关/违规内容、封禁违规账号、设置精选推荐、发布板块公告等。在板块之上又设置了元老院、议事广场、站务委员会等机构，其中成员皆由用户推选及官方审核选定而来，根据这些复杂的管理层级设置，也在侧面反映了这个网站社区属性的完整性。现在天涯社区还在正常运营中，若是想细细观察尽管前往官网亲身体验，这些完备的社区属性也影响了包括百度贴吧在内的很多产品，基本上也成了论坛式社区标准样式。

在发展过程中，天涯社区也增加了个人空间、相册、部落、博客、问答、文学等功能，不过这些更像是恐为人后的亡羊补牢，并未对用户的社区活动习惯产生实质性的影响。

不同于西祠胡同的地域性与松散的管理，天涯社区依靠成熟的运营在21世纪初成为真正意义的主流社区网站，而在这里，用户自主生产内容、自治社区秩序的模式让大多数中国网民第一次有了向全网发声的能力。从2005年开始，传统媒体甚至开始报道发生在网络社区上的新闻，标志着当时还称之为"草根"的力量走向了公众视野，每个人都有表达权、每个人的表达也都能获得传播的空间，这些在传统媒体时代难以解决的效率问题，今天早已习以为常。可以说，从以天涯社区为首的网络社区成型开始，中国社会的舆论传播变得越来越迅速，去中心化的特点愈发凸显。

因天涯社区引发广泛传播的著名网络事件：

——朱令铊中毒事件；

——周公子大战易烨卿；

——陕西华南虎事件；

——《明朝那些事儿》《鬼吹灯》等知名网文也都在天涯社区首发连载。

2. ChinaRen（1999年）

与天涯社区不同的是，同样在20世纪90年代末诞生的ChinaRen并不以论坛为功能核心，而主要以公共聊天室为据点（设想"GG""MM"此起彼伏的场景……），扩展游戏、主页、日志等模块，甚至还有门户导航、搜索引擎之类的先锋功能，主打"全球华人虚拟社区"的招牌，似乎可以提供网络世界中的"一条龙"式服务。

这种只有陌生人因某种主题聚集的社区形式好像还不够，ChinaRen挖掘了另一种连接方式——熟人关系，推出校友录产品（后来在校内网上也有相似的呈现），将战略转移至大学生为主的学生群体。以班级为单位，用户可以加入自己初中、高中、大学等不同学业阶段的班级主页中，每个班级主页又是一个主题论坛，大家可以创建自己的个人档案、在班级主页贴照片发布近况，当然也可以在帖子下评论互动，成为中国互联网中较早的实名网络社区。

**2001年9月24日ChinaRen首页的截图**

最终ChinaRen的辉煌随着Web 2.0的兴起而黯淡，彼时大量博客、即时通信类的产品出现在市场中，夺走了人们的注意力与关系网。

如果说天涯社区是中国互联网历史里个体发声的里程碑，将无数陌生人用论坛的方式组织联系了起来，那ChinaRen则几乎是中国互联网连接熟人关系的起点，是中国SNS的先锋。人们发现，网络原来也可以完成本需电话做的事——保持联络。

3. 百度贴吧（2003年）

2003年百度贴吧开启服务，一年后贴吧就成了全球最大的中文网络社区。到了2005年，受现象级综艺超级女声的影响，超女相关的贴吧流量陡增，间接促使百度总体流量超过新浪网成为全球流量最大的中文网站。

**2007年5月17日百度贴吧首页截图**

  这种夸张的流量涌入受惠于百度贴吧的产品创新，它结合了百度搜索与论坛社区的特性，当用户检索想要了解的关键词时，就自动创建或进入了相应的论坛，这使得用户进入论坛的步骤大大缩减，不必付出多余的思考成本，堪称绝妙的产品特性。

  正是由于这种极低的操作成本，贴吧可以借助关键词建吧/进吧渗透到生活的方方面面，任何一个关键词都可以成为聚集感兴趣的人的阵地，学生们用它建立校园论坛、追星族用来讨论偶像的一切（有时明星本人也会出没在以自己名字命名的贴吧中，吸引海量粉丝前来跟帖，很容易就导致服务器宕机），还有病友分享、职场讨论……直到现在，贴吧也是中文网络社区的重要力量。

  发生自百度贴吧的著名网络事件：

  ——"贾君鹏你妈妈喊你回家吃饭"事件；

  ——帝吧出征事件；

  ——各种"爆吧"事件。

4. 新浪博客(2005年)

网络社区在经历过早期聊天室、论坛形式的野蛮生长后,主体内容逐渐有了从主题向个人变化的趋势,而在此过程中,博客这种形式曾经非常耀眼。它像是每个人的多媒体日记本,用户可以在上面发表文章、图片视频,也可以加入超链接到其他互联网站点,用户还可以在博客下评论,与作者沟通。

2010年6月5日新浪博客首页截图

国内的博客网站众多,采用"明星政策"的新浪博客是其中的佼佼者,包括徐静蕾、韩寒、伊能静、蔡康永、张杰、杨幂、郭敬明等都在新浪开设了博客。除了关注明星动态,人们还用博客记录自己生活的点滴、通过互动功能结识网友,而由于展现形式非常适合沉淀长篇内容,博客甚至还承担了一部分出版业的功用,许多作家、学者利也用博客发表见解,监督时事。

但是,博客的重型内容模式还是给多数用户设立了过高的使用门槛,网络社区的形态要向更为轻便的产品演变。这个过程中有个小插曲:创办了第一个博客工具 Blogger 的 Evan Williams,在2006年创立了网络社区的现代形态 Twitter,2012年,他又创建了新的博客产品 Medium,真可谓网络社区形态的开拓者。

发生自新浪博客的著名网络事件:

——赵丽华诗歌事件(梨花体);

——木子美事件;

——匿名评论事件。

5. 校内/人人(2005年)

当国外从校园兴起的 Facebook 实名社交网络走向成功,引来国内众人效仿,其中的佼佼者当属时称校内网的人人网。值得一提的是,校内网的创始人正是之前创立 ChinaRen 的陈一舟。

**2008 年 9 月 1 日校内网登录页面截图**

一开始校内网只允许特定高校的网络 IP 地址或电子邮件注册账户,鼓励实名注册,注册成功的用户可以发布文字、照片,撰写日志,与同校用户互动。改名"人人网"后,不再限制注册。而之前在 ChinaRen 中作为核心功能的校友录成为人人网班级模块的一部分,社交范围从同班同学扩展到大学生圈,乃至更广大的社会关系。只不过由于种种原因,人人网没能走到最后,用户大量流失后转型做了直播产品。

人人网的出现再次强化了中国互联网对"社交网络"的感知,它可以联络熟人、扩展人脉。鼎盛时期的人人网,在其运营强势的校园圈层,你几乎可以在上面联络到同校的所有人,同校的活动、八卦更不在话下,绝对会比其他渠道触达更多的人,就像学校扩张到网络的空间。不仅如此,新形态的社交网络还能够囊括人们在论坛、博客中对意见领袖输出内容的需求,如今许多微博明星在人人网时代也是出名的红人,vloger 井越、科普作家刘大可、人文博主赵皓阳、广告人姜茶茶、Join 创始人于宙……人们可以订阅他人主页,持续关注他们所创造的内容。正如其名,人人网可以连接每一个人,包括熟人朋友和陌生网红。

只不过对于校园社交,同学们分流到微博、QQ、贴吧等不同的平台,主流视野中,再也没出现像人人网那样适合学生的网络社区了。

### 6. 豆瓣（2005 年）

以书籍、电影、音乐主题的内容起家的豆瓣网，可以看到很多设计元素至今仍在沿用，与众多 Web 2.0 网站一样，其中的内容可以由用户上传添加，其他用户可以浏览、评论、点赞、收藏、转发，这些数据又会返回到对应的算法中，用来调整内容排序的优先级，还可以匹配有可能对之感兴趣的用户显示在其页面中。

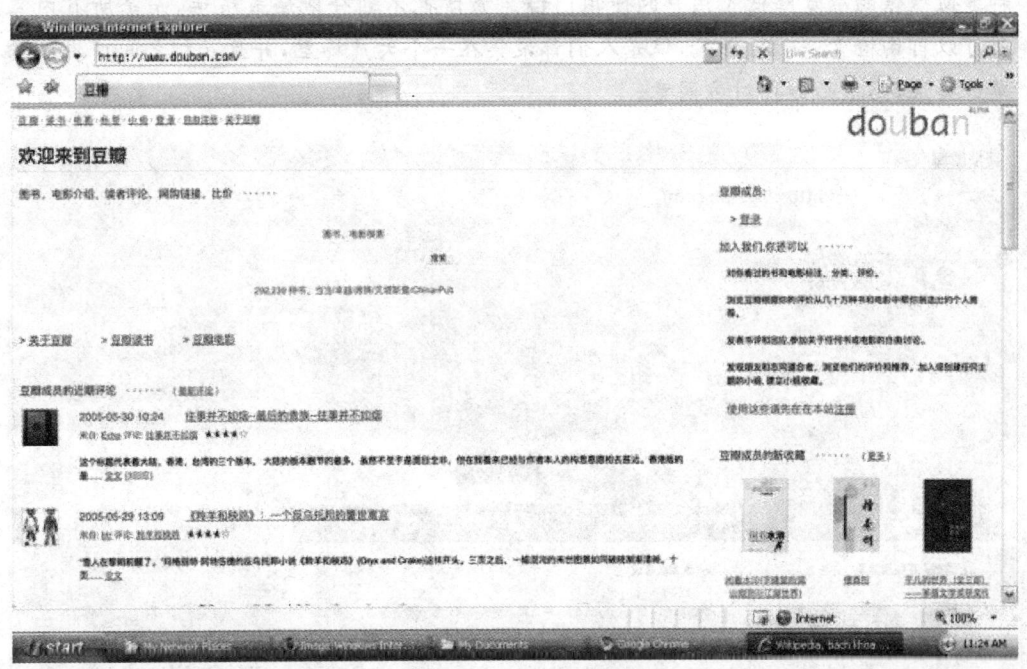

**2005 年 6 月 1 日豆瓣首页的截图**

豆瓣还设计了多种组织用户的方式，人们可以在"同城"板块浏览身边的活动信息、可以加入小组像论坛一样讨论对应的话题，或是直接在具体书影音对象的下方讨论区中抛出疑问、发表见解。或许是由于前期讨论的话题以书影音为主，豆瓣用户中所谓"文艺青年"的占比较高，这是它与其他网络社区差别最为显著的地方。尤其在电影板块，在中国，豆瓣电影算是样本数最多、算法最值得信赖的打分平台了，有种中国版 IMDB 的感觉，一些功能设置也与 IMDB 类似，像用户自主贡献的电影资料，算法生成的 TOP 250 榜单等。由此可见，豆瓣是一个依靠兴趣连接用户的网站，但也有社区的基因，它甚至想要更多，比如阿尔法城。豆瓣曾推出的虚拟网络城市阿尔法城，其中设定简直就是为现实城市社区设计了一个简约的网络镜像，你可以在里面买下房产、布置室内的内容，再加入当地的街道组织，你就在阿尔法城落户了。平常不在家里的时候，可以出去逛街，探索城内其他居民的内容，而这些豆瓣并不会给很多指引，一切就像真实的城市，不会有"官方的"上帝视角。不得不说这是一个有趣的尝试，而它的失败似乎说明了网络社区的规则要是跟现实完全一样是行不通的。

与豆瓣网有关的网络事件：

——《纯洁心灵·逐梦演艺圈》评分 2 分；

## 网络营销

——父母皆祸害小组。

### 7. 新浪微博（2009年）

网络社区形态的进化主要还是发生在美洲大陆的西海岸，当Twitter诞生后，国内的创业者马上跟进了这一新鲜形态，众多微博客网站群雄争霸后，新浪微博吞噬了绝大多数市场。这种微博客的内容以一定字数为限制，一开始用户只能发比较短的文字，这种类似短信的感觉降低了用户的使用门槛。微博也不划分地域或板块，而是所有内容都可以自由检索、转发、评论，像是人们都聚集在一个大广场里，并且互相之间可以任意单边关注，而不必等待对方同意。

**2012年2月1日微博登录页面截图**

因有透明、丰富以及自由的特点，微博可以说是当下网络社区中信息传递最快、最便利的方式。它面向的用户群也不再局限于学生或职场，而是所有人，甚至部分政府、机构也在其中设置信息发布账号。微博"热搜榜"可以说是中国互联网话题最权威的热度榜，而每次娱乐圈发生爆炸性新闻，环望互联网圈也只需担心微博服务器的安危，微博就是中国互联网舆论的暴风眼。

那些年，发生自新浪微博的著名网络meme（meme指在同一个文化氛围中，人与人

之间传播的思想、行为或者风格:

——"杜甫很忙"。

——"元芳,你怎么看?"

——"蓝瘦香菇"。

在互联网蓬勃的传播力在网络社区被验证后,新的网络社区产品层出不穷,花样频出。网络的主力——年轻群体也在不同的网络平台频繁迁徙。从聊天室到BBS,从博客到豆瓣,从人人到微博……这一过程仍在进行,像是以问答为节点的知识社区知乎、以"种草"聚集消费者的小红书,以"二次元"文化为根基的哔哩哔哩,都在近年释放出不容忽视的引力。

与此同时,新一代年轻人也夹带着新的网络文化汹涌来袭。如此自我更新迭代,也正体现了互联网生态的生命力。作为现实生活的扩展空间,这些社区不只是镜像,也是另一种生存形态"本身"。我们不再被动地寄生,而是创造一个"新家园"。网络营销的环境总是会发生深刻的变化,所有的网络营销人员,应该有清晰的认识并顺应时代的变化。

(资料来源:搜狐文化.https://m.sohu.com/a/345342197_100272654.)

# 参考文献

[1] 武化岩,仝新顺.电子商务概论[M].北京:中国水利水电出版社,2015.
[2] 黄兰英,李志敏.电子商务技术及实训[M].北京:清华大学出版社,2015.
[3] 陈晴光.电子商务基础与应用(第2版)[M].北京:清华大学出版社,2015.
[4] 范泽剑.网络营销[M].北京:机械工业出版社,2013.
[5] 李莉.网络营销[M].厦门:厦门大学出版社,2014.
[6] 田玲.网络营销理论与实践[M].北京:清华大学出版社,2008.
[7] 濮小金,司志刚.新编电子商务营销技术[M].北京:中国水利水电出版社,2011.
[8] 赵颖,陈莉,刘德华.电子商务概论[M].北京:北京理工大学出版社,2009.
[9] 魏修建.网络营销与策划[M].北京:中央广播大学出版社,2011.
[10] 吴涛.网络营销实务(第2版)[M].北京:中国财政经济出版社,2011.
[11] 潘园园,方刚.网络营销理论与实务[M].合肥:中国科学技术大学出版社,2015.
[12] 王丽萍,李创.网络营销学概论[M].北京:清华大学出版社,2014.
[13] 陈梅梅.电子商务实务[M].上海:东方出版中心,2001.
[14] 吴佩勋.网络营销[M].上海:格致出版社,上海人民出版社,2011.
[15] 陈思.营销心理学(第3版)[M].广州:暨南大学出版社,2015.
[16] 杨坚争,杨立钒.电子商务基础与应用(第9版)[M].西安:西安电子科技大学出版社,2015.
[17] 李沛.电子商务[M].上海:上海交通大学出版社,2015.
[18] 陈德人,林慧丽.网络零售(第2版)[M].北京:清华大学出版社,2015.
[19] 范小军.通道制胜大趋势——电子商务环境下的市场发展战略[M].北京:经济管理出版社,2014.
[20] 杨树青,郝渊晓.消费者行为学(第2版)[M].北京:中山大学出版社,2015.
[21] 杜丽岩.现代企业网络市场营销研究[M].北京:中国水利水电出版社,2015.
[22] 孙瑜,李莹莹.电子商务基础[M].北京:中国轻工业出版社,2015.
[23] 环博文化组,陈益材.赢在电子商务 网络营销创意与实战(第2版)[M].北京:机械工业出版社,2016.
[24] 乌跃良.网络营销理论与实践[M].北京:机械工业出版社,2012.
[25] 乔辉,曹雨.网络营销[M].北京:机械工业出版社,2015.

[26] 杨艳.网络营销理论与实务[M].北京:知识产权出版社,2015.
[27] 青虹宏.电子商务营销[M].北京:中国铁道出版社,2012.
[28] 邓少灵.网络营销学教程[M].广州:中山大学出版社,2015.
[29] 赵春辉.网络营销实务全书[M].呼和浩特:内蒙古人民出版社,2009.
[30] 秦仲篪,袁超,钟妙.市场营销策划[M].北京:清华大学出版社,2015.
[31] 杨波,许丽娟.电子商务概论[M].北京:北京邮电大学出版社,2014.
[32] 陈明.网络营销(第2版)[M].广州:广东高等教育出版社,2014.
[33] 沈凤池.网络营销[M].北京:清华大学出版社,2005.
[34] 刘蓓林.网络营销理论与实务[M].北京:中国经济出版社,2014.
[35] 王维.网络营销[M].北京:中国财富出版社,2012.
[36] 陈月波.网络营销实务[M].西安:西安交通大学出版社,2012.
[37] 张卫东.网络营销[M].重庆:重庆大学出版社,2014.
[38] 李红新,覃聪.网络营销与策划(第2版)[M].西安:西安交通大学出版社,2012.
[39] 李玉清,方成民.网络营销(第2版)[M].北京:北京交通大学出版社,2012.
[40] 宋宇辰,蔚东升,韩艳.管理信息系统[M].北京:冶金工业出版社,2014.
[41] 方美琪,潘勇.网络营销(第2版)[M].北京:清华大学出版社,2013.
[42] 刘宇福,书恒.网络营销实务[M].北京:机械工业出版社,2015.
[43] 邓文安,曾周玉,范娜娜.电子商务概论[M].北京:中国商业出版社,2014.
[44] 周贺来.网络营销使用教程[M].北京:机械工业出版社,2010.
[45] 张新彦,李建军.E-Marketing网络营销[M].哈尔滨:哈尔滨工业大学出版社,2010.
[46] 黎泽潮,郭丽,等.网络公共关系[M].合肥:合肥工业大学出版社,2011.
[47] 马兰,王常华.电子商务实用教程[M].北京:中国传媒大学出版社,2011.
[48] 陈孟建,沈美莉,徐慧剑.网络营销与策划[M].北京:人民邮电出版社,2007.
[49] 胡理增.网络营销[M].北京:中国物资出版社,2009.
[50] 潘兴华,付敬元,崔慧勇.电商实操疯狂讲义(淘宝、天猫、阿里巴巴开店+运营+推广+数据分析+客服培训)[M].北京:中国铁道出版社,2016.
[51] 尹高洁.网络营销从入门到精通[M].北京:清华大学出版社,2015.
[52] 张凌志.电子商务[M].北京:中国财富出版社,2015.
[53] 张利,杨俊清.电子商务设计师教程(第2版)[M].北京:清华大学出版社,2015.
[54] [美]肯尼思·E.克洛,唐纳德·巴克.广告、促销与整合营销传播(第7版)[M].应斌,王虹,译.北京:清华大学出版社,2015.
[55] 李锋,葛静.社群营销:终端一公里的战争[M].北京:中国财富出版社,2014.
[56] 杨海娟.电子商务概论[M].西安:西安交通大学出版社,2015.